轮 机 测 试

主　编　刘江波
副主编　罗红英　徐立华
主　审　周兆乾

哈尔滨工程大学出版社

内容简介

本书内容包括:测试系统的基本组成、评价测试仪表质量的主要指标、测试仪表特性及选择原则等测试技术的基本知识,轮机测试经常遇到的功率与转速、压力、示功图、温度、燃油消耗、振动与噪声、排气成分、烟度、防爆参数、火警参数、油水分离浓度、黏度、液位等参量的基本概念、测量方法、测试仪器仪表原理及安装使用方法,还介绍了测量误差分析、数据处理。

本书可用作高职高专院校轮机工程专业的内燃机、动力装置、轮机管理等方向的测试课程教材,亦可供有关技术人员参考。

图书在版编目(CIP)数据

轮机测试/刘江波主编.—哈尔滨:哈尔滨工程大学出版社,2011.1

ISBN 978-7-5661-0034-4

Ⅰ.①轮… Ⅱ.①刘… Ⅲ.①轮机-测试-高等学校:技术学校-教材 Ⅳ.①U676.4

中国版本图书馆 CIP 数据核字(2011)第 020170 号

出版发行 哈尔滨工程大学出版社
社　　址 哈尔滨市南岗区东大直街 124 号
邮政编码 150001
发行电话 0451-82519328
传　　真 0451-82519699
经　　销 新华书店
印　　刷 黑龙江省地质测绘印制中心
开　　本 787mm×1 092mm 1/16
印　　张 12.25
字　　数 300 千字
版　　次 2011 年 2 月第 1 版
印　　次 2011 年 2 月第 1 次印刷
定　　价 24.00 元
http://press.hrbeu.edu.cn
E-mail:heupress@hrbeu.edu.cn

前　言

轮机测试是轮机工程技术专业的一门专业课程。其教学目标是：通过任务引领型的项目活动，掌握轮机测试的技能和相关知识，能够承担"柴油机出厂试验"、"船舶系泊航行试验"等工作任务，达到轮机工程技术专业所对应的岗位群的任职要求。为了与现代轮机测试技术相适应，满足高职高专轮机工程专业测试技术教学改革的需要，本教材的编写主要体现以下特色：①与行业企业合作编写，具有工学结合的特色；②教材内容力求体现先进性、通用性、实用性，将本专业的新技术、新工艺、新设备及时地纳入教材，使教材更贴近本专业的发展和实际需要；③侧重实际应用，增加实践操作内容，强调能力和技能的培养。

本书共分11章。第1章主要阐述了测试系统的基本组成、评价测试仪表质量的主要指标、测试仪表特性及选择原则等测试技术的基本知识。第2章至第10章是测试基础知识在轮机工程中的具体应用，包括轮机测试中经常遇到的功率与转速、压力、示功图、温度、燃油消耗、振动与噪声、排气成分、烟度、防爆参数、火警参数、油水分离浓度、黏度、液位等参量的基本概念、测量方法、测试仪器仪表原理及安装使用方法。第11章介绍了测量误差分析及数据处理。

本书由武汉船舶职业技术学院刘江波高级工程师任主编（第2,7,10章），罗红英教授（第3,4,8章）、徐立华副教授（第1章）担任副主编，王焕杰老师（第9,11章）和中国船级社武汉规范研究所赵建文高级工程师（第5,6章）参编，由中国长航船舶重工总公司青山船厂质检处处长，高级工程师周兆乾担任本书的主审。

由于编者水平有限，衷心地期望使用本教材的教师、工程技术人员及学生在阅读本教材之后，对不当之处批评指正，提出宝贵意见，共同为提高该教材的质量而努力，为此我们将不胜感激！

编　者

2010年11月

目　录

第1章　测试仪器的特性与选择

能力目标：熟悉测试系统的组成；能根据测试的需要选用指标合适的仪表；能根据被测参数的性质选用合适的测试系统。

知识目标：了解测试技术的作用；掌握评定测量仪表质量的主要指标；掌握测试系统的静态特性、动态特性及选择测试系统的方法。

1.1　测试技术的作用和意义

测试就是借助专门的技术手段，通过试验和测量，以得知被测量的量值和性质。这种客观的观察与逻辑思维相结合，是研究自然科学的主要方法。古今中外历次科学技术上的重大进步，无不与测试密切相关。从某种意义上说，没有测试就没有科学，特别是现代科学研究与生产，更是离不开测试。

在轮机工程领域中，测试的主要作用可以归纳为四类。

(1)监视和控制生产过程的正常运行

测试装置往往是生产流程系统的必要组成部分，以便随时观测与运行条件有关的一些参数，保证其量值在规定的范围之内。例如，发动机在运行过程中，必须随时监测其转速、冷却水温度、润滑油压力及温度、排气温度等。将监测值与要求值比较，随时进行调节。在自动化生产过程中，将被监测值与要求值的比较结果进行反馈，自动调节有关参数，使生产过程在最佳状态下运行。测量是控制和调节的基础，也是生产过程正常运行的基础，因此，必须有正确的测量方法和合适的测量仪表。

(2)为设计工作提供有效的数据资料

在进行机械设计时，除了最简单的设计问题外，仅凭已有的理论公式计算，往往是不够准确的。而且许多复杂的结构和特殊的条件，还没有现存的公式可依据，所谓经验公式，本来也是从测试数据的处理得来的。

在现代设计工作中，往往是先进行模拟试验研究（预研），精确测定各种必需的物理量，寻找或判断最佳条件，作为实际设计的基础。在制成样机并进行一系列运行测试后，才能最终解决机器性能是否正常的问题，进而确定是否发展该机型。这就是所谓的试验法设计。试验程序已成为现代复杂工程设备设计的必要步骤和有效手段。利用现代测试手段所进行的预研，使传统的设计周期大大缩短了。

(3)评价产品的质量

任何质量指标都要通过一定的数量来表示，例如内燃机的功率、油耗率等。人们就是借助测试所获得的各种参数的数值来定量地评价产品的质量。大型船舶柴油机出厂前，必须做“船舶柴油机出厂试验”（包括磨合试验、交货试验等），新造船舶和大修后船舶必须做“船舶系泊及航行试验”，其主要目的都是为了借助测试来定量地评价产品的质量。

(4)作为科学研究的必要手段和基础

在自然科学和工程技术领域中所进行的一切研究的目的,无非是探求客观事物与量的关系,它们是离不开测试的。测试技术的不断完善,推动着科学技术的新发现并将之应用于实践中。

测试技术对从事科学技术的各部门都具有重要意义,测试技术发展的状态直接反映了国家科学试验的能力和科学技术水平的高低。

1.2 测试系统的组成

在轮机工程领域里,需测量的参数大致包括转速、扭矩(功率)、流量、压力、温度、应变、位移、振动、噪声及废气成分等。根据不同的被测参数的特性和测量要求,将选择不同的测试仪表组成相应的测试系统。测试系统就其在测量过程中所起的作用,基本可分为感知、传递、指示记录三个部分,如图 1-1 所示。

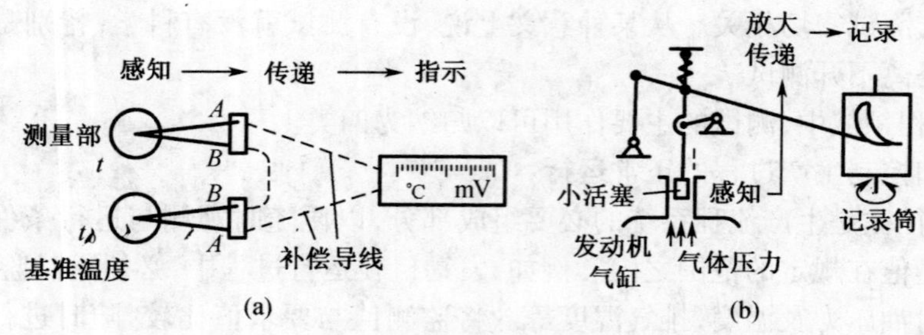

图 1-1 测试系统的组成示意图

(a)用热电偶测定温度的简图;(b)机械式示功器的机构图

1.2.1 感知部分

感知部分类似于人的感觉器官。它的作用是感受被测量,并将它转化为便于传递的物理量。例如图 1-1 中热电偶将感受到的温度转化为热电势;机械示功器中小活塞和弹簧将感受到的气体压力转化为位移。通常将感知部分的敏感元件称为变换器,例如热电偶丝(热电极);将感知部分的构件(变换器及其他附件)总体,称为传感器,例如热电偶丝及其绝缘子、保护套管、接线柱、外壳体等构成的一个总体。

1.2.2 传递部分

传递部分类似于人的神经系统。它的作用是将感知部分的输出信号进行传输及再转换(例如放大、调制、解调、阻抗变换、滤波、微分或积分运算等),使之适于指示记录或后续处理。例如补偿导线传输热电势,机械示功器中杠杆机构传递并放大小活塞的位移信号。

1.2.3 指示记录部分

指示记录部分类似于人的大脑显示和记忆,它的作用是将信号变为人们感官所能接受的形式(如指针位移、数字显示、示波图等)或将信息记录下来供以后分析之用。例如热电势用毫伏计指针位移指示,示功器用记录笔位移将信息记录在转筒上。

1.3　评定测量仪表质量的主要指标

测量仪表的质量决定所得测量结果的可靠程度,其中主要包括精度、恒定度、灵敏度、灵敏度阻滞、指标滞后时间。

1.3.1　精度

仪表的指示值接近于被测量的实际值的准确程度,称为精度或准确度。它通常以“允许误差”的大小来表示。允许误差的物理意义是:仪表读数允许的最大绝对误差折合为该仪表量程的百分数,即

$$\delta_y = \pm \frac{\Delta_j}{A_a - A_b} \times 100\% \tag{1-1}$$

式中　δ_y——允许误差;

Δ_j——允许的最大绝对误差;

A_a,A_b——仪表刻度的上限和下限值。

例如:有一温度计的刻度是 −30 ℃ ~ 120 ℃,而允许的最大绝对误差为 ±2 ℃,则其允许误差为

$$\delta_y = \pm \frac{2}{120-(-30)} \times 100\% = \pm 1.3\%$$

测量仪表采用允许误差来表示仪表准确度的级别。例如允许误差为 ±1.5% 的仪表为“1.5 级”。通常工程用仪表为 0.5 ~ 4 级,实验室用仪表为 0.2 ~ 0.5 级,范型仪表在 0.2 级以上。仪表的准确度级别一般都标志在仪表的标尺板上。

因此在选用仪表时,应在满足被测量要求的条件下,尽量选择量程较小的仪表。一般应使测量值在满刻度的 2/3 以上为宜。并根据对被测量绝对误差的要求选择测量仪表的精度等级。

1.3.2　恒定度

仪表多次重复测量时,其指示值的稳定程度,称为恒定度。通常以读数的变差来表示。当外部条件不变时,用同一仪表对某一物理量的同一参数值重复进行测量或是相隔一段时间再测量时,指示值之间的最大差数与仪表量程之比的百分数为读数的变差。读数的变差的特例是,当仪表指针上升(正行程)与下降(反行程)时对同一被测量所得读数之差(由于仪表内部有阻尼,传动系统中有摩擦和间隙,这种变差是存在的)。显然,仪表读数的变差不应超过仪表的允许误差。

1.3.3　灵敏度

仪表指针的线位移或角位移与引起这些位移的被测量的变化值之间的比例 S,称为灵敏度。

$$S = \Delta\alpha / \Delta A \tag{1-2}$$

式中　$\Delta\alpha$——指针的线位移或角位移;

ΔA——被测量的变化值。

1.3.4 灵敏度阻滞

灵敏度阻滞又称为感量，此量是足以引起仪表指针从静止作极微小移动的被测量的变化值。这一特性参数对于用在零值法中的指零仪表有着重要的意义。一般仪表的灵敏度阻滞应不大于仪表允许误差的一半。

1.3.5 指示滞后时间

从被测参数发生变化到仪表指示出该变化值所需的时间，称为指示滞后时间，或称时滞。时滞主要由仪表的惯性所引起。因仪表均存在引起惯性的因素，如机械仪表中运动件的质量，电测仪表中的电感或电容，传热式仪表中的热容量等，故时滞是无法避免的。

此外，还有一些用来评定仪表质量或特性的参数将在有关的章节中加以说明。

关于仪表的这些指标，在仪表的使用和保管过程中并非固定不变，其精度往往是逐渐降低的，因此必须及时加以检验和校正。如果检验结果表明，仪表的误差超出允许范围而又无法校正时，即应报废。

对于实验室用仪表，为了求得更为可靠的测量结果，应将其与准确度更高的标准仪表相比较其读数来进行校验，即将它标尺上各点实际误差测出，作出记录(校正曲线或数值表)。而在使用时对该仪表的读数引入一个校正数。仪表标尺上某一点的读数校正数是

$$校正数 = 标准值 - 读数$$

标尺上各点的读数可以作成如图 1-2 的校正曲线。曲线的横坐标是读数，纵坐标是校正数。

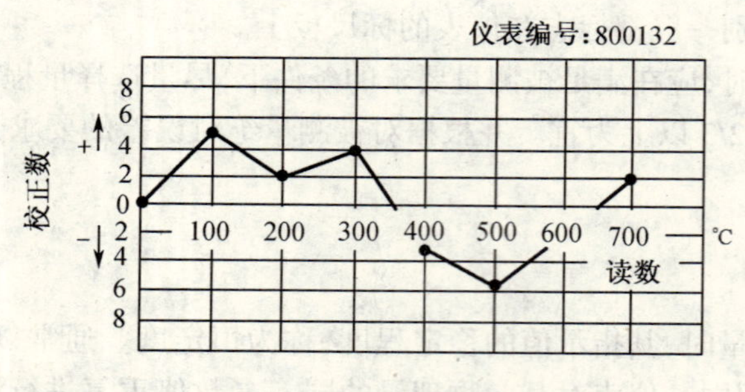

图 1-2 仪表读数的校正曲线

1.4 测试仪器的基本特性与选择

为了保证测试结果的正确性，应正确地选择和使用测试仪器。为此，必须了解仪器的特性，即仪器输出与输入的关系。

1.4.1 测试仪器的静态特性

静态特性是指被测信号不随时间变化或极为缓慢变化时，输出与输入之间的关系。

1.静态特性曲线

在静态标准条件下，由实测来确定输出与输入关系的过程，称为静态校准或静态标定。所得的曲线称为静态校准曲线或静态特性曲线。

校准时，利用一定等级的校准设备给定输入值 x，对被校准的测量装置进行测试，得到输出 y，由所得数据点通过适当方法求出其特性曲线，如图 1-3 所示。

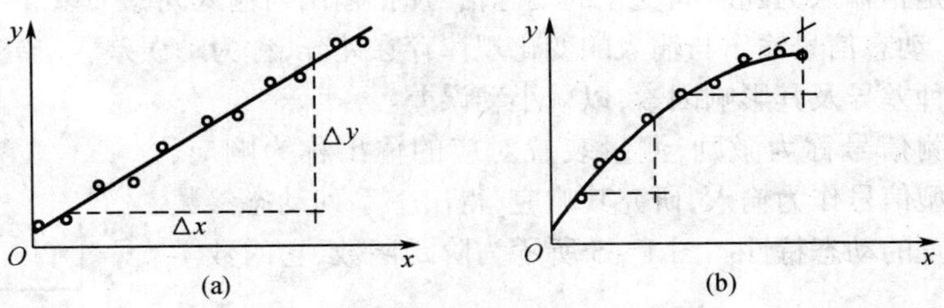

图 1-3　静态校准特性曲线及灵敏度

(a)校准曲线是直线；(b)校准曲线非直线

2.静态灵敏度 S

静态灵敏度的定义是输出变化量 ΔY 与输入变化量 ΔX 的比率，即特性曲线的斜率，其数学表达式为

$$S = \lim_{\Delta x \to 0} \frac{\Delta Y}{\Delta X} = \frac{\mathrm{d}y}{\mathrm{d}x} \tag{1-3}$$

显然，具有线性特性的测量装置，其静态灵敏度为常数，而非线性特性的灵敏度将随输入值的不同而变化。

3.线性

线性是指校准曲线接近直线的程度。

一般在设计测量装置时，总是希望输出与输入保持直线关系，即灵敏度为常数。这样可以使模拟仪表刻度均匀，数字仪表可减少线性化处理环节，给分析处理数据也带来方便。因此，在许多情况下，实际校准曲线为非直线时，也仍按直线关系处理，该直线称为参考直线。参考直线与校准曲线之间的误差，用线性度 δ_L 来度量，见图 1-4。

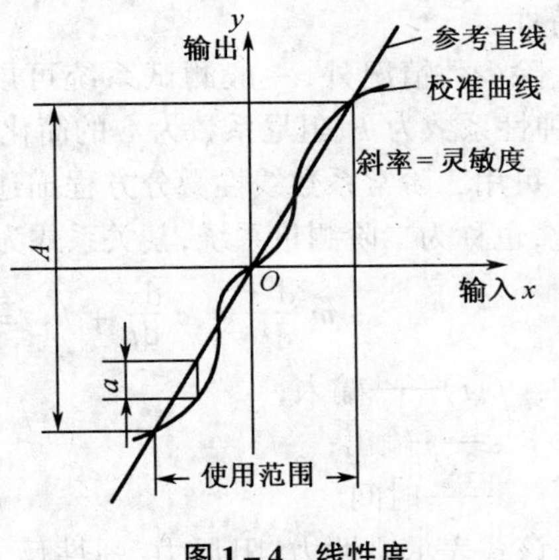

图 1-4　线性度

$$\delta_L = \frac{a}{A} \times 100\% \tag{1-4}$$

式中　a——使用范围内校准曲线与参考直线的最大偏差；

A——输出的最大变化范围。

常用确定参考直线的方法有三种，最简单的方法是用特性曲线在使用范围内的两端点所连直线作为参考直线，由此所得的线性度称为端点线性度。第二种方法是过特性曲线与输出轴的交点作一直线，使得曲线偏离此线的最大正偏差与最大负偏差相等，由此所得线性度称为零基线性度。第三种方法是用回归分析方法拟合一条直线，使得 $\sum \Delta_j^2$ 为最小，Δ_j

为任一实测校准点与该直线的偏差，这种方法叫最小二乘法，所得直线为最佳直线，对应线性度叫独立线性度。

1.4.2 测试仪器的动态特性

1. 概述

动态特性是指输入为随时间变化的动态信号时，输出与输入间的关系。

一般来说，动态信号输出与输入的变化规律存在差异，称为动误差。研究动态特性的目的就是研究这种差异及其影响因素，以减小动误差。

输入的被测信号称为激励，测量装置对应的输出称为响应。通常用一些典型信号作为输入，研究其响应，得出一系列动态参数来表征测量装置的动态特性。图 1-5 所示为阶跃函数，它的数学表达式为

$$f(t) = \begin{cases} 0 & (t \leqslant 0) \\ F_0 & (t > 0) \end{cases} \tag{1-5}$$

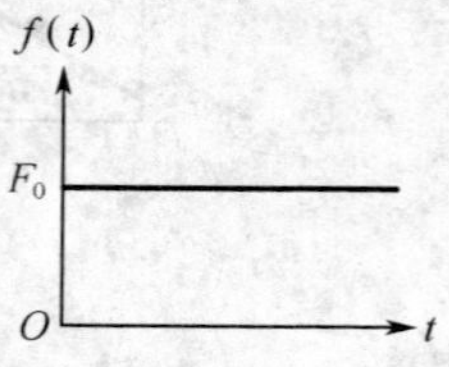

图 1-5 高度为 F_0 的阶跃函数

式中 t——时间；

F_0——常数。

任意信号均可看作许多不同高度，不同时刻出现的阶跃信号的叠加。因此研究阶跃信号输入时的响应，即为阶跃响应，可在时间域中表达测量系统的动态特性。而满足一定条件的任意信号，可以通过傅里叶变换分解成一系列不同频率的正弦信号之和。因此，研究正弦信号输入时，输出随频率而变化的特性，即频率响应，则可以在频率域中表达测量系统的动态特性。

除少数情况外，一般测试系统可以等效为一运动质量为 m、弹性系数为 k、阻尼系数为 c 的简化机械系统，如图 1-6 所示。可用二阶常系数线性微分方程描述其输出与输入的关系，因此，也称为二阶测量系统，其关系式为

$$m\frac{\mathrm{d}^2x}{\mathrm{d}t^2} + c\frac{\mathrm{d}x}{\mathrm{d}t} + kx = f(t) \tag{1-6}$$

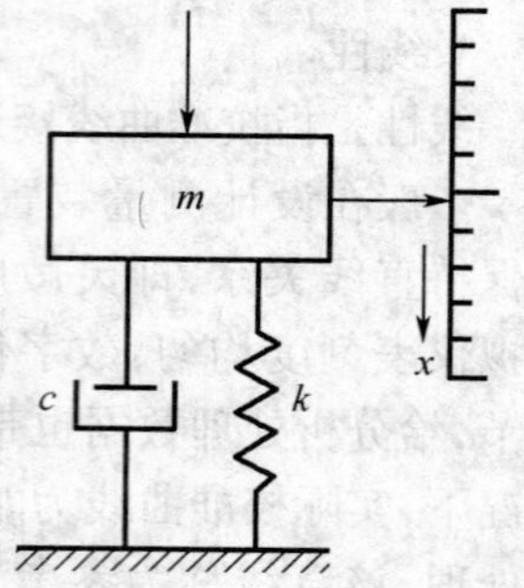

图 1-6 二阶测量系统示意图

式中 $f(t)$——输入；

x——输出；

t——时间。

该式表示惯性力、阻尼力、弹性反力与外力 $f(t)$ 相平衡。定义阻尼度 ζ、系统固有圆频率 ω_n 及静态灵敏度 S 分别为

$$\zeta = \frac{c}{2\sqrt{km}} \qquad \omega_n = \sqrt{\frac{k}{m}} \qquad S = \frac{1}{k}$$

则式(1-6)可改写为

$$\frac{\mathrm{d}^2x}{\mathrm{d}t^2} + 2\zeta\omega_n\frac{\mathrm{d}x}{\mathrm{d}t} + \omega_n^2x = S\omega_n^2f(t) \tag{1-7}$$

2. 阶跃响应

当二阶系统输入 $f(t)$ 为阶跃信号式(1-5)时，则微分方程式(1-7)的解有 3 种：

(1)$\zeta > 1$ 时(过阻尼)

$$x = SF_0\left[1 - \frac{\zeta + \sqrt{\zeta^2 - 1}}{2\sqrt{\zeta^2 - 1}}e^{(-\zeta+\sqrt{\zeta^2-1})\omega_n t} + \frac{\zeta - \sqrt{\zeta^2 - 1}}{2\sqrt{\zeta^2 - 1}}e^{(-\zeta-\sqrt{\zeta^2-1})\omega_n t}\right] \quad (1-8)$$

(2)$\zeta = 1$ 时(临界阻尼)

$$x = SF_0[1 - (1 + \omega_n t)e^{-\omega_n t}] \quad (1-9)$$

(3)$0 < \zeta < 1$(欠阻尼)

$$x = SF_0\left[1 - e^{-\zeta\omega_n t}\left(\frac{\zeta}{\sqrt{1-\zeta^2}}\sin\sqrt{1-\zeta^2}\,\omega_n t + \cos\sqrt{1-\zeta^2}\,\omega_n t\right)\right] \quad (1-10)$$

图 1-7(a)表示式(1-8)至式(1-10)的不同阻尼度的阶跃响应曲线,图 1-7(b)表示某一阻尼度时的阶跃响应。

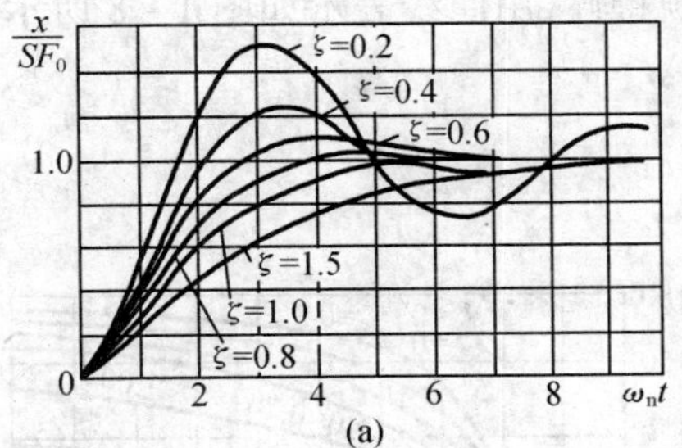

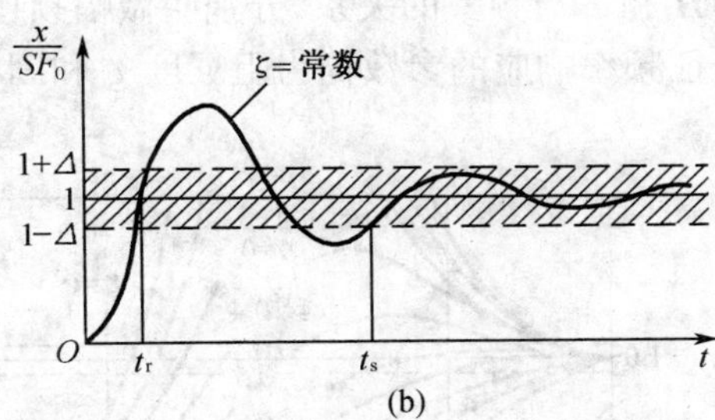

图 1-7　二阶系统的阶跃响应曲线图

曲线的形状取决于阻尼度 ζ。$\zeta > 1$ 时,$\frac{x}{SF_0}$ 慢慢增大,逐渐趋近于 1,但不会超过 1,当 $0 < \zeta < 1$ 时,系统作自由衰减振动;当 $\zeta = 1$ 时,介于两者之间,不产生振动。

在 $\zeta > 0$ 的情况下,输出与输入之间的差异随时间减小,理论上要时间趋于无穷大,此差异才会为零。实际工作中,给定一个允许误差范围 $\pm\Delta$,如图 1-7(b)所示,响应曲线最终进入此范围内不再超出,则认为响应的过渡过程结束。定义从输入开始至响应最终进入给定允许误差范围所需的时间 t_s 叫响应时间。t_s 反映了测量系统响应的速度。允许误差 Δ 给定后,可以找到一个最佳阻尼度,从而得到一个最短的响应时间。如 $\Delta = 5\%$,那么 $\zeta \approx 0.7$ 时,t_s 最小。

测量系统响应速度还与系统固有圆频率有关。ζ 一定时,ω_n 越大,则响应越快;ω_n 越小,则响应越慢。

3. 频率响应

图 1-6 所示二阶系统输入 $f(t) = F_0\sin\omega t$ 时,则式(1-6)变为

$$m\frac{d^2x}{dt^2} + c\frac{dx}{dt} + kx = F_0\sin\omega t \quad (1-11)$$

该方程的通解为

$$x = e^{-\zeta\omega_n t}(A\cos\sqrt{1-\zeta^2}\,\omega_n t + B\sin\sqrt{1-\zeta^2}\,\omega_n t) + HSF_0\sin(\omega t - \varphi) \quad (1-12)$$

式中　A, B——由特定边界条件决定的常数。

可以看出,右边第一项是暂态的,$\zeta\omega_n$ 足够大时,该项随时间的增长很快消失。第二项

是稳态的，因此稳态频率响应为

$$x = HSF_0\sin(\omega t - \varphi) = Hx_0\sin(\omega t - \varphi) \quad (1-13)$$

式中 x_0——静态响应幅值，$x_0 = SF_0 = \dfrac{F_0}{k}$；

H——振幅畸变因数或幅值比（动态响应幅值 HSF_0 与静态响应幅值 SF_0 之比），它表达了强迫振动的振幅误差，$H = \dfrac{1}{\sqrt{(1-q^2)^2 + 4\zeta^2 q^2}}$；

q——频率比，$q = \dfrac{\omega}{\omega_n}$；

φ——滞后角，它表达了强迫振动的相位误差，$\varphi = \arctan\dfrac{2\zeta q}{1-q^2}$。

H 和 φ 与频率的关系，分别叫做幅频特性和相频特性，用曲线表示如图 1－8 所示。可知表征频率响应的参数仍为阻尼度 ζ 和固有圆频率 ω_n。

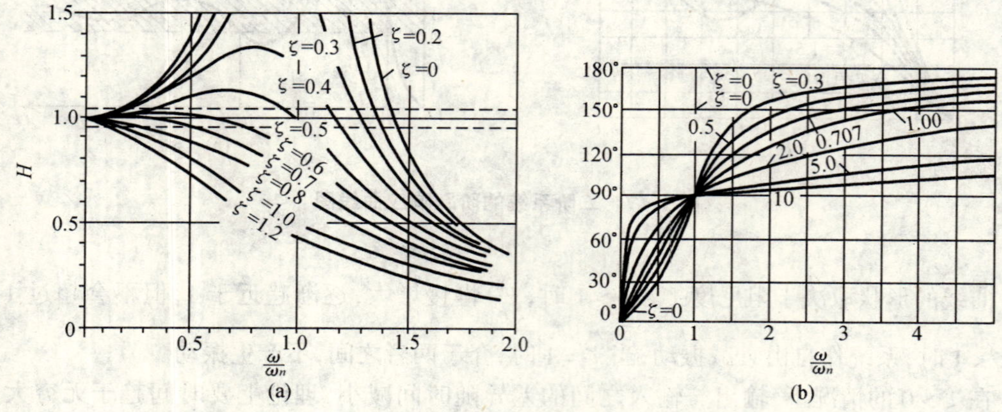

图 1－8 二阶系统的频率响应曲线

(a)幅频特性；(b)相频特性

通常希望幅值比 H 不随频率而变化，但对于给定的阻尼度，只有一二个频率上才出现理想情况 $H = 1$。因此，实际工作中给定幅值误差$(1-H)$一个允许范围，在此允许误差范围内的连续段作为测量仪器的工作频带范围。由图 1－8(a)可见，$\zeta \approx 0.7$ 左右，幅频曲线接近 $H = 1$ 的连续段最宽，若允许误差 ±5%，则此时工作频带的 q 值范围约为 0～0.6；若允许误差为 ±1%，则工作频带的 q 值范围约为 0～0.4。

显然，提高系统的固有圆频率 ω_n，可以增大允许误差范围内的工作频率 ω 的范围；反之，ω_n 越低，则此工作频率范围越窄。

由相频特性可知：

当 $\zeta = 0$，$\omega = \omega_n$ 时，输出与输入的相位差 φ 由零突变为 180°。

当 $\zeta > 0$，不论 ζ 多大，$\omega = \omega_n$ 时，$\varphi = 90°$。利用这一特点，可用来测定系统的固有频率，称为相位共振法。$\zeta > 0$ 时，φ 随频率比 q 值减小而减小。

当 $\zeta \approx 0.7$，$\omega < \omega_n$ 时，相频特性近似为一直线 $\varphi \approx aq$（a 为常数），φ 相对于输入的时间为

$$t_{\varphi}=\frac{\varphi}{\omega}=\frac{a}{\omega_{\mathrm{n}}}$$

即此时当选定仪表 ω_{n} 后，对于不同频率成分的信号，滞后时间均近似相同。

4.测试系统的频率选择

从上述分析可知，二阶测试系统的动态特性主要取决于测试系统的阻尼度及被测信号频率与系统固有频率之比。阻尼度 ζ 为 0.7 左右是最佳阻尼度，它使阶跃时间最短，使工作频率范围最宽，使时间滞后与被测信号频率无关，这种滞后对于只是为了精确测定输入的目的，是无妨的，波形并无失真。但毕竟是滞后，对于某些对滞后有限制的情况，可以通过提高仪表固有频率来减小时间滞后。

提高仪表的固有频率在任何情况下都有利于改善动态特性，它是减小动态误差的最有效的途径。由图 1 - 8 可见，当频率比 q 值非常小，即仪表固有频率远大于被测信号频率时，虽然阻尼度不同，均有幅值比 H 接近于 1，相位差接近于零。

为提高测量系统的固有频率，必须提高测量弹簧的弹性系数和减少运动部分的质量。但弹性系数的增大将引起仪表灵敏度的降低，从而导致其他测量误差增大。因此，在选择仪表固有频率时，应进行全面综合考虑。

在实际测量中，被测动态信号一般都不是单一的正弦波。大多数稳态的或瞬态的复合动态信号，都可以用正弦级数来表示，其关系为

$$f(t)=a_0+\sum_{n=1}^{\infty}a_n\sin(n\omega t+\varphi_n) \tag{1-14}$$

式中　a_n——系数；

a_0——$f(t)$的平均值分量，或称直流分量；

n——1 到 ∞ 的正整数，称为谐波阶数，对应的正弦项称为 n 次谐波项，各谐波项振幅 a_n 的大小随 n 增大而减小。

为了不失真地处理被测信号，须采用阻尼度约为 0.7 左右，以保证各次谐波的 φ_n 所对应的滞后时间相同。另外，须保证各次谐波的振幅畸变都在允许范围之内，这实际上是不可能的。因测量仪器的固有频率是有限的，所以能测量信号的工作频率范围也是有限的。但高次谐波振幅很小，故可忽略其影响，即选择仪器固有圆频率时，只须考虑到足够高的谐波频率作为工作频率即可。一般原则是：应考虑到振幅为基波（一次谐波）振幅 2% 的第 k 次谐波，即以 $k\omega$ 作为工作频率。对于周期方波，$k=51$；对于三角波，$k=70$。

5.低频系统

由图 1 - 8 可见，当频率比 q 很大，即仪表固有圆频率 ω_{n} 远小于被测信号频率 ω 时，幅值比 H 趋向于零，相位滞后角 φ 趋向于 180°。这表明测试系统这时对正弦信号已无响应输出。对于式(1 - 14)所表达的复合信号输入，系统对各次谐波均不产生输出，但其平均值分量却可以如输入静态信号一样产生输出。因此，低频测试系统（$\omega_{\mathrm{n}}\ll\omega_{\mathrm{n}}$）所反映的是信号的平均值。这种情况可用于测量动态气体压力平均值的 U 型管压力计及机械式气体平均压力计等，也可用来设计不受外界高频振动干扰影响的隔振装置。

思 考 题

1.在轮机工程领域中,测试有哪些主要作用?

2.测试系统由哪些部分组成,各有何作用?

3.评定测试仪表的主要指标有哪些?

4.什么是测试仪器的静态特性,静态特性常用哪些指标描述?

5.什么是线性,确定参考直线的方法有哪些?

6.什么是测试仪器的动态特性,为何要研究测试系统的动态特性?

7.研究动态特性的典型信号有哪些,各用来研究动态特性的哪些方面?

8.什么是阶跃响应,二阶测试系统的阶跃响应有何特点?

9.什么是频率响应,二阶测试系统的频率响应有何特点?

10.什么是相频特性,二阶测试系统的相频特性有何特点?

11.为什么说 ζ 为 0.7 左右是最佳阻尼度?

12.测量动态参数时如何选择测试系统,为什么?

13.什么是低频系统,它有何作用?

14.待测柴油机转速 1 000 r/min,现有 1.0 级精度,量程为 0 ~ 5 000 r/min 及 2.0 级精度,量程为 0 ~ 2 000 r/min 的两个转速表,请计算选择使用哪个表较好。

第2章　有效功率测量

能力目标:能正确选择、安装各类测功器和扭矩仪,测量发动机扭矩;能正确选用合适的转速表测量发动机转速;能测量发动机各类特性曲线。

知识目标:掌握各类测功器工作原理、结构、特性等基本知识和概念;掌握各种转速表原理、特性等基本知识。

发动机输出轴上所发出的功率称为有效功率,它是发动机最重要的性能参数之一。因此,在绝大多数发动机试验中都需要测定。

发动机的有效功率 P_e 可用式(2-1)表示为

$$P_e = \frac{M \cdot n}{9\,550} \quad (\text{kW}) \tag{2-1}$$

式中　M——发动机输出扭矩,单位 N·m;

n——输出轴的转速,单位 r/min。

因此,发动机的有效功率是间接地从扭矩和转速的直接测量结果经上式计算得到的。

扭矩的测定方法有吸收法和传递法两种。吸收法是用某种装置给轴以制动力矩,与发动机功相当的制动功以热的形式散发,测量这时的制动力矩就可求得发动机输出扭矩。由于是把发动机的功全部吸收,故称为吸收式测功器,或简称为测功器。传递法是测定发动机与被驱动机械的连接轴的扭转或应变,是测轴传递的扭矩,故称为传递式测功器,或简称扭矩仪。

2.1　吸收式测功器

2.1.1　水力测功器

1.水力测功器的基本工作原理

水力测功器的基本工作原理,是利用在水中旋转的运动物体,使水产生涡流运动,形成摩擦阻力矩。在此过程中,机械能转换成热能,使水的温度升高,从而吸收内燃机的功率。

图2-1为水力测功器的结构原理。测功器圆盘1固定在转轴3上,与转轴一起在外壳内旋转,构成了测功器的转子。转子由轴承支撑在外壳2内,而外壳又由外轴承支撑在测功器底座上,它可以绕轴线自由摆动。水经过进水阀流入外壳的内腔。当内燃机飞轮带动转子在外壳中旋转时,由于转盘与水之间的摩擦作用,水也跟着一起旋转。在离心力的作用下,水被甩向外壳内壁,形成一个环形水圈,并使其动量矩增加。同时外壳受水的冲击后,要绕轴系摆动。水冲击外壳内壁,受到内壁的摩擦阻力的作用降低了速度,付出了动能,在水压的作用下,折向外壳中心流动,形成如图所示的环形涡流水圈,最后使水的温度升高。由于水圈与外壳内壁的摩擦,外壳的旋转(摆动)速度比转子的转动要慢,因而水圈就要阻止转子的转动而产生一个阻力矩。此阻力矩通过联轴器直接作用在内燃机的飞轮上。这就是加在

内燃机上的负荷。或者说,水吸收了内燃机的功率。这个负荷可以通过调节进、出水量来控制。水圈愈厚,阻力矩愈大,吸收的功率愈多。

外壳受一定的力矩作用,其摆动的趋势由测力机构的摆锤所平衡。图 2-2 为水力测功器的测力机构图。根据作用力矩与反作用力矩大小相等、方向相反的原理,当转子转速稳定时,水对外壳所产生的摩擦力矩等于内燃机带动转子旋转传给水的扭矩。实际上内燃机所发出的扭矩应等于外壳传出的扭矩加上滚动轴承的摩擦力矩。但因后者很小,引起的误差仅为测功器最大制动力矩的 0.01% ~ 0.02%,所以可忽略不计。外壳偏转所传出的扭矩,可以从测力机构上测量出来。

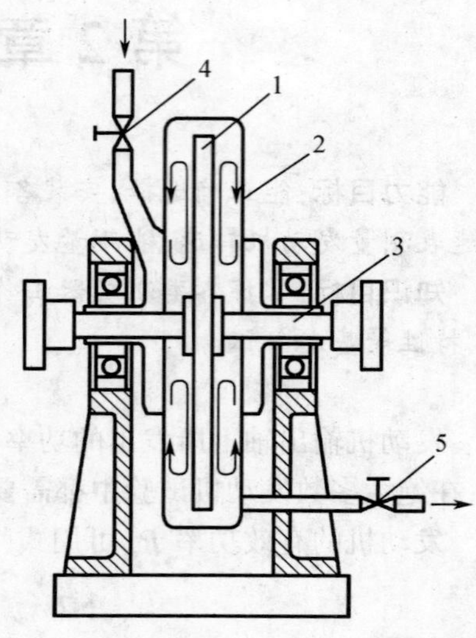

图 2-1 水力测功器结构原理图

1—圆盘;2—测功器外壳;3—测功器轴;4—进水阀;5—排水阀

设测力机构测得制动力为 F(N),力臂为 L(m),如图 2-2 所示。则制动力矩 $M_k = PL$,所测得的制动功率为

$$P_e = \frac{M_k \cdot n}{9\,550} = \frac{FLn}{9\,550} \quad (\text{kW}) \tag{2-2}$$

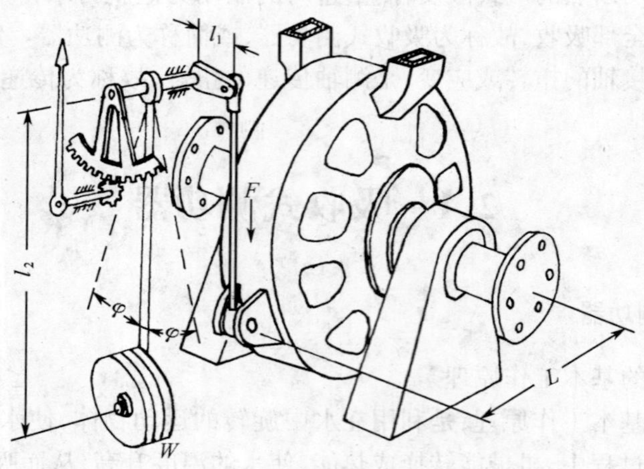

图 2-2 水力测功器的测力机构

对于某一具体的水力测功器而言,测力机构尺寸是确定的,所以制动功率为

$$P_e = kFn \quad (\text{kW}) \tag{2-3}$$

式中 k——水力测功器常数,$k = L/9\,550$。

影响水力测功器制动力矩的主要因素是尺寸和转速。设水力测功器圆盘的外半径为 R_a,其浸入水层中的内半径为 R_b,则整个圆盘对水的摩擦力矩为

$$M_m = \varphi n^2 (R_a^5 - R_b^5) \tag{2-4}$$

式中 φ——圆盘摩擦损失系数。

由式(2-4)可见,圆盘对水的摩擦力矩与摩擦损失系数、转速的平方、圆盘外半径与其

浸入水层中的内半径的五次方的差数成正比。因此圆盘表面愈粗糙、测功器尺寸愈大、转速愈高、水层在径向愈厚，则制动扭矩愈大。

调节测功器中的水量，改变圆盘浸湿内半径 R_b 的值，就能改变测功器吸收功率的大小。一般采用改变出水口的位置来改变 R_b。

2. 水力测功器的结构类型

根据水力测功器的结构特点，制动力矩的调节方法大致可分为以下几种。

(1)圆盘式水力测功器

图 2－3 为圆盘式水力测功器结构简图。转轴上固定有多片圆盘，并在各圆盘上沿同心圆开孔。转子圆盘由固定在外壳上的固定圆环相互隔开。固定圆环上也钻有孔或铸有凹坑，以增加对水的摩擦阻力。出水调节阀上有螺旋形出水窗口，当转动阀门手柄时，此出水窗口的通道截面能从最小过渡到最大，从而可以均匀地调节旋转水层的厚度。

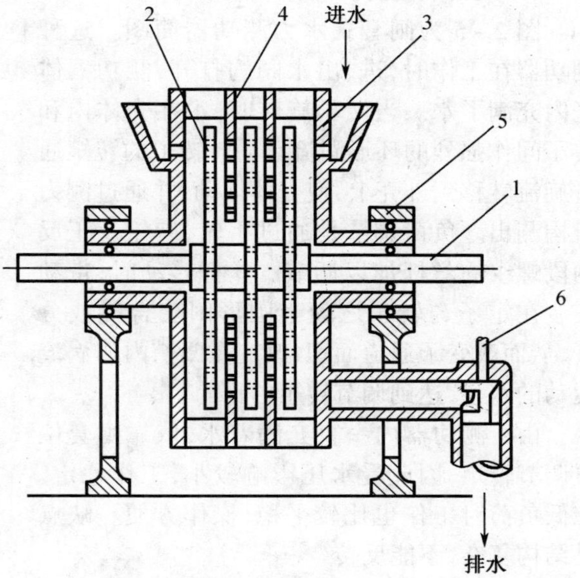

图 2－3　圆盘式水力测功器简图

1—转子轴；2—圆盘；3—外壳；
4—固定圆环；5—轴承架；6—出水调节阀

(2)销棒式水力测功器

图 2－4 为销棒式水力测功器结构简图。这种测功器的外壳内与转子转鼓上装有多排菱形或方形钢销，两者相互错开。测功器工作时，转子上的钢销搅动壳内的水形成涡流水圈，并冲击外壳内的钢销，使外壳承受一定的力矩，由测力机构测出。测功器的水量由进水

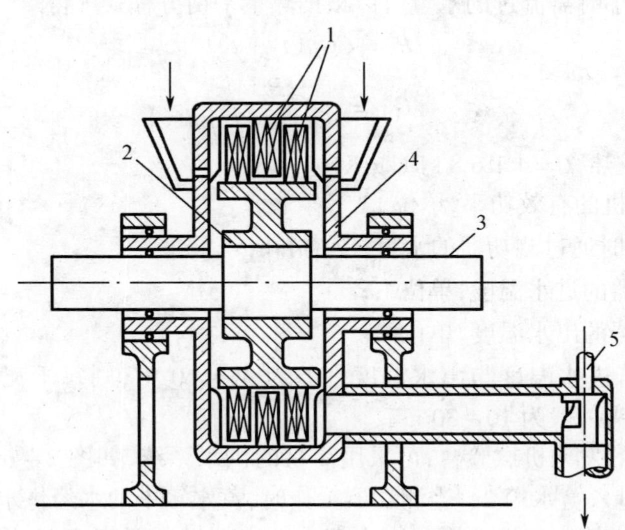

图 2－4　销棒式水力测功器简图

1—销棒；2—转鼓；3—转子轴；4—外壳；5—出水调节阀

阀调节。目前国产D系列水力测功器均为这种结构。它的优点是测功器尺寸不大，而功率储备较大。但其工作状况不够稳定，在低负荷区尤为明显。

(3)闸套式水力测功器

图2-5为闸套式水力测功器简图。这种测功器在工作时，进、出水阀均打开，测功器体壳内充满了水。当转子旋转时，水在壳体内和转子间作强烈的环形涡流运动。转子的转矩通过旋流转移到外壳上，使壳体摆动，并通过测力机构测出。负荷调节是通过手轮、齿轮及正反两段螺纹的丝杆加以调节。丝杆转动时，带动安装在定子与转子之间半圆形闸套合拢或分开，从而改变了通道面积，改变在凹槽内作涡流运动的水量，达到调节转矩的目的。

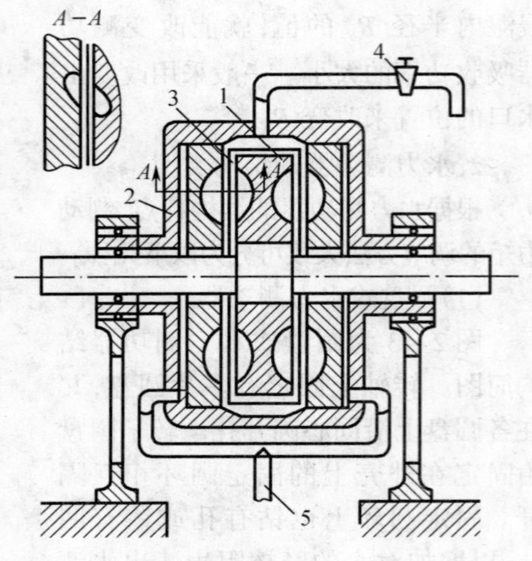

图2-5 闸套式水力测功器简图

1—转子；2—静子；3—闸套；4—出水阀；5—进水管

由于测功器内一直充满着水，依靠闸套位置调节转矩，因此受水压影响较小，工作稳定，在低负荷时工作也比较平稳，操作方便。缺点是结构复杂，不能反转。

3.水力测功器的供水系统

水力测功器属于吸收式测功器。工作中，内燃机输出的机械功通过转子转化为水的动能，并由水与转子、外壳的摩擦转变为热能，使水温升高。随着机械功的不断输入，水温就会不断升高。因此，测功器中的水需要不断循环，才能将热量带走。否则水温升高到一定程度后，就会出现汽化而影响测功器的正常工作。通常测功器出水温度保持在50~70 ℃。

为了测功器能稳定工作，对其供水系统提出了如下要求：第一，测功器的供水压力要稳定。第二，要求具有一定的循环水量，不至水温过高。否则，将直接影响测功器的工作稳定性。

水力测功器每小时需流过的水量可以根据热量平衡方程式求得

$$P_e = CG_H(t_2 - t_1)$$

$$G_H = \frac{P_e}{C(t_2 - t_1)} \tag{2-5}$$

式中 C——水的比热，$C = 4.186\,8$ kJ/(kg·K)；

P_e——内燃机的有效功率，单位kW；

G_H——每小时通过测功器的水量，单位L/h；

t_1——测功器的进水温度，单位℃；

t_2——测功器的出水温度，单位℃。

由上式可知，若进水温度与出水温度之差为35~60 ℃，则每千瓦功率所需供水量为13~25 L/h。供水水头一般为10~30 m。

对于功率较小的发动机试验台，可采用简易的供水系统，如图2-6所示。水由进水管1经水位调节阀3进入蓄水箱2。当测功器工作时，蓄水箱中的水经供水管5进入示功器6，工作完了的水经排水管7流入地沟。当水箱中的水超过需要高度时，多余的水经溢流管4排入地沟。这种供水系统的缺点是水不能回收。

对于发动机功率较大的试验台，必须考虑水的回收，否则浪费太大。故通常应建立循环水池。图2-7为有水池的测功器供水系统。地下水池中的水经吸水管5由泵6沿上水管7进入蓄水箱1。当测功器工作时,水经供水管2进入测功器,测功器的排水经排水管4流入地下水池9,管8为溢流管。这样形成一个封闭循环水系,水的消耗仅限于水的蒸发损失。

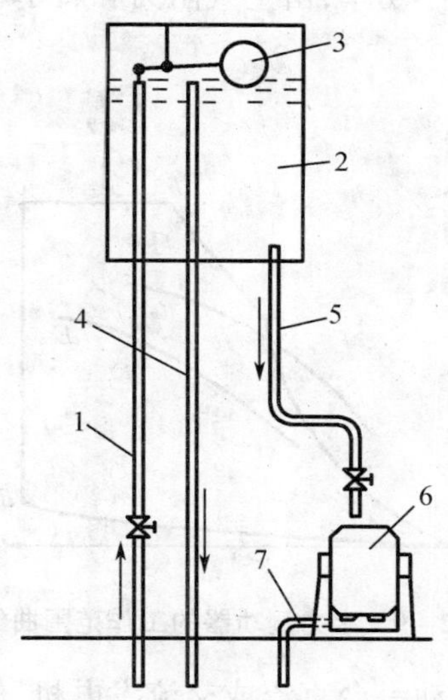

图2-6　简易供水系统示意图

1—进水管;2—蓄水箱;3—水位调节阀;4—溢流管;5—供水管;6—示功器;7—排水管

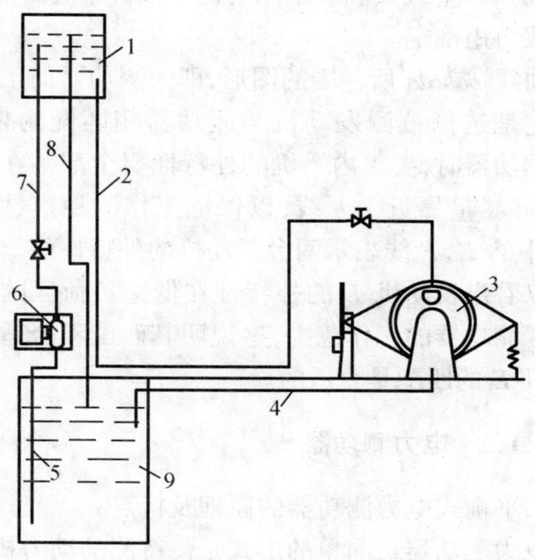

图2-7　带水池的测功器供水系统示意图

1—蓄水箱;2—供水管;3—测功器;4—排水管;5—吸水管;6—泵;7—上水管;8—溢流管;9—地下水池

闸套式水力测功器在工作时,工作腔内始终充满着水,以防止叶片受蚀而损坏。要求水必须具备一定的压力,并随内燃机的工作状况而变化。因此通常采用压力供水系统,如图2-8所示。地下水池中的水经泵2进入测功器4,测功器出水经管5至水箱6,管7为溢流管以保证水箱为等水位,8为压力调节阀,3为压力表。在测功器水温许可条件下,还可调节测功器的排水背压。

4.水力测功器的特性曲线

测功器所能吸收的功率或扭矩与转速的关系,称为测功器的特性。测功器的特性曲线表明了它的工作范围,亦即表明了在不同转速下测功器能吸收的最大及最小功率。图2-9为一台测功器的典型工作范围图。

oa(立方抛物线)——表示测功器水量最大(充满)时所能吸收的功率,*a*点达到测功器转动部分允许扭转强度的最大制动力矩。

ab——最大制动力矩线。为了保证扭矩不变,当转速增加时,需要适当减小测功器中的水层

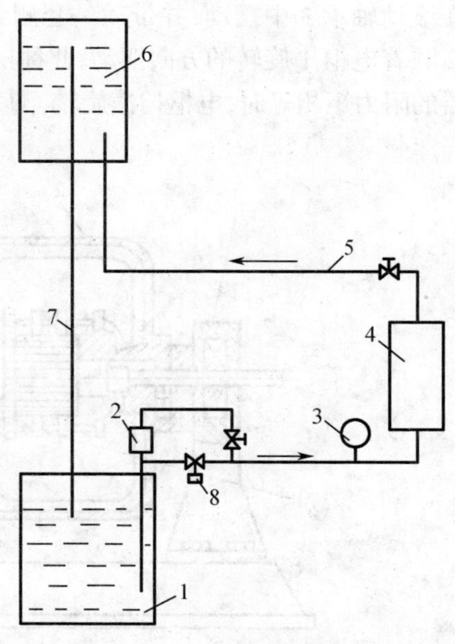

图2-8　压力供水系统示意图

1—地下水池;2—泵;3—压力表;4—测功器;5—出水管;6—水箱;7—溢流管;8—压力调节阀

厚度。

bc——最大功率限制线，由测功器的出水温度及最大循环水量确定。

cd——最大转速限制线，受测功器转子的离心力负荷的限制。

do——空载线。表示测功器中没有水时所能吸收的最小功率，由空气阻力和转子轴承的摩擦力矩确定。

曲线 *oabcdo* 所包围的图形，即为测功器的工作范围。它是选择被测发动机与测功器相匹配的依据。选择测功器时，要求内燃机的外特性要全部落在曲线图内，并尽量靠近 *oab* 线，以保证工作的稳定性。图 2-9 中的 *E*，*F* 线表示两台发动机的外特性线。从图中可以看出发动机 *F* 的外特性在低速负荷区的一段越出了测功器的工作范围，这说明其匹配不合适。而发动机 *E* 的匹配是合适的。

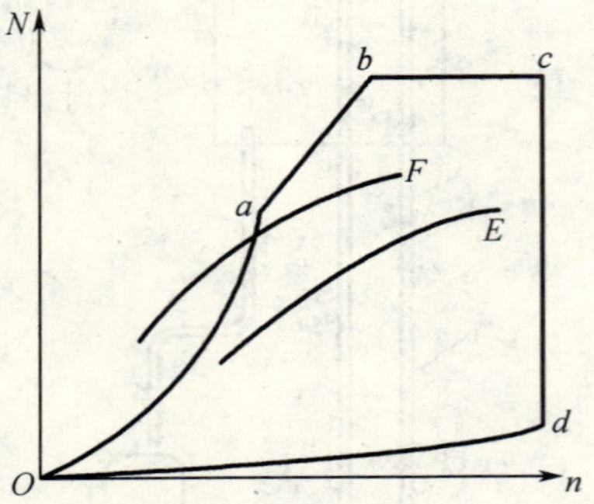

图 2-9　水力测功器的工作范围曲线

2.1.2　电力测功器

1.平衡式电力测功器的原理及特点

电力测功器最简单的形式是使待测的动力机械直接带动一台直流或交流发电机，然后根据发电机的电功率及效率计算出动力机械的输出功率，由于电机效率一般难以精确确定，所以这种测量方法的精度不高，一般很少采用。目前用得比较多的是平衡式电力测功器。图 2-10 为平衡式电力测功器的原理图。当电力测功器的电枢 1 被动力机械带动在磁场中匀速转动时，有电磁力阻止电枢转动，如果电力测功器的定子 2 像水力测功器的外壳那样可以在滚动轴承 3 中摆动，并带动一套测力机构，则当电枢 1 转动时，由于电磁力的作用使定子 2 顺着电枢 1 旋转的方向摆动，此种摆动被测力机构所平衡。当动力机械的扭矩和电力测功器的阻力矩相等时，电枢匀速旋转，测力机构指针的指示值反映了动力机械扭矩的大小。

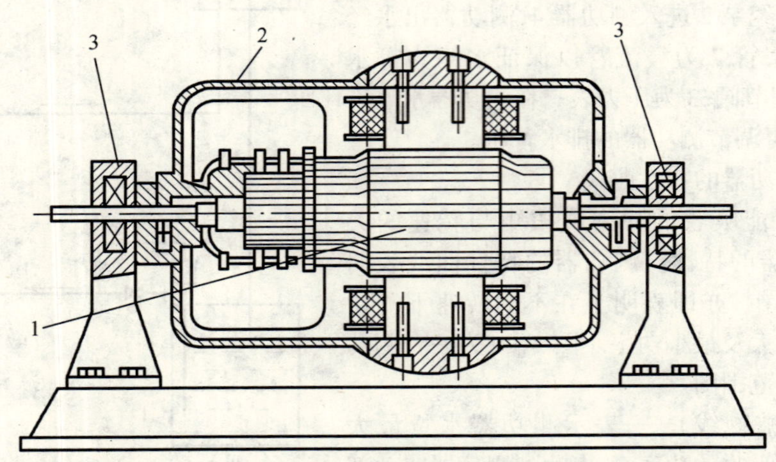

图 2-10　平衡式电力测功器原理图

1—电枢；2—定子；3—轴承

平衡式电力测功器有直流和交流两种。

2.平衡式直流电力测功器

一台平衡式直流电力测功器通常有三个组成部分。

(1)平衡电机即测功电机,包括直流电机和测力机构。直流电机通常采用他激式,测力机构一般采用精密锤式。

(2)交直流交流机组。由一台三相交流电机和一台直流电机组成,中间用联轴器连接。当平衡电机作为电动机运行(即倒拖)时,三相交流电机由外电源驱动作为电动机,带动直流电机发出直流电,供给平衡电机;当平衡电机作为发电机运行(即测功)时,它发出的直流电驱动直流电机,带动三相交流电机发出交流电,当调整到与外电源的电压和频率相同时,传输给外电网。对于小功率的电流电力测功器,也可不采用交直流变流机组(因价格昂贵),而是将发出的直流电直接由负荷电阻消耗掉。

(3)激磁机组。它是一个小型的变流机组,其功用是将外电源的三相交流电流转变成直流电流,向变流机组的直流电机和平衡电机供给激磁电流。采用单独的激磁机组的好处是,使直流电流和平衡电机的激磁过程不受动力机械转速的影响。

3.平衡式交流电力测功器

这种测功器的工作原理和测力机构与直流电力测功器基本相同。主要区别在于所吸收或发出的电流都是交流电,便于和外电网并用,而不需要另设一套价格昂贵的交直流变流机组,因而这是它的一项优点。但是困难在于调速问题,如交流电力测功器用三相交流电机与外电源的三相电路并网工作,那么它只能与外电网同步运转,这对于运输用或船用的动力机械经常变转速的运行是不相适应的。因为当转速改变时,交流电力测功器发出的交流电其频率和电压都要改变,无法与外电网并网工作。如要解决调速问题可采用三相交流整流子电机,外加一个感应电压调整器,这样既可调速,也可调整电压。但这种设备成本较高,目前未获广泛应用。

4.电力测功器的特性曲线

当测功电机作为发电机工作时,其输出的电压与磁通量及转速成正比

$$V = c\Phi n \tag{2-6}$$

由于测功器用单独的激磁机组激磁,因此定子的磁通量 Φ 与转速及负荷无关,令 $c\Phi = a$,所以

$$V = a \times n \tag{2-7}$$

对一台既定的电力测功器而言,系数 a 仅与激磁电流的大小有关。

设负荷电阻为 R,则测功器发出的电流强度为

$$I = \frac{V}{R} = \frac{an}{R} \tag{2-8}$$

则测功电机所吸收的功率为

$$P_e = \frac{I \cdot V}{\eta_g} = \frac{a^2 \cdot n^2}{R \cdot \eta_g} \quad (\text{kW}) \tag{2-9}$$

式中 η_g——电机效率。

如果忽略 η_g 随负荷及转速的变化,可近似认为它是一个常数。令 $B = \dfrac{a^2}{R \cdot \eta_g}$,则

$$P_e \approx B \cdot n^2 \tag{2-10}$$

式(2-10)即为电力测功器的功率特性方程。式中的系数 B 可以通过调节激磁电流来

改变,一定的激磁电流可以得出一条功率特性线,大小不同的等激磁电流,可以得出无数条功率特性线。

图 2-11 为电力测功器特性线,图中:

OA 段——在最大激磁电流和最小负荷电阻(即 *B* 值最大)下功率随转速的增长线,即

$$P_e = B_{max} \cdot n^2$$

AB 段——电枢最大电流限制线,也是最大扭矩限制线;

BC 段——最大功率限制线,受电机散热能力的限制;

CE 段——最大转速限制线,受电枢绕组离心力负荷的限制;

OD 段——在最大激磁电流和电枢电路中负荷电阻充分大的情况下,功率随转速变化的曲线;

OE 段——空载特性线,此时激磁电流为零。

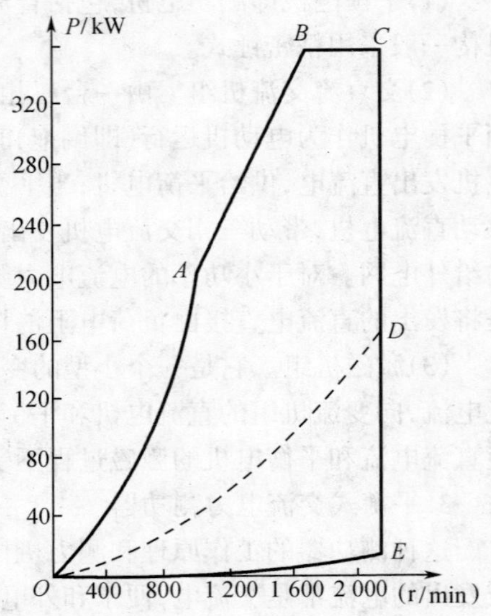

图 2-11 电力测功器特性线

在激磁电流不变的情况下,负荷电阻由最小调整到最大便可得到测功器的整个工作范围。如特性线 *OA* 是在最小负荷电阻下得到的,*OD* 是在最大负荷电阻下得到的,*OABCDO* 就是电力测功器的实际工作范围。

在为被试验的动力机械选用电力测功器时,也应注意匹配问题,使动力机械的特性线处在电力测功器的实际工作范围之内。

2.2 扭 矩 仪

当内燃机作为船用主机驱动螺旋桨工作需测定输出功率时,或者分别和齿轮箱、发电机、水泵等机械一起工作需测定它们各自的效率时,使用前面介绍的几种测功器是无法办到的,而扭矩仪能完全满足上述两种测量的要求。

扭矩仪的基本工作原理是基于输出轴(中间传动轴)在承受扭矩作用时,轴所产生的扭转变形与传动扭矩的大小成比例。

2.2.1 电阻应变式扭矩仪

电阻式传感器的工作原理是将被测量转化为电阻值,通过测量电阻的变化来确定被测量。

一般作为传感器,从工作原理而言,按导体或半导体电阻变化的不同方式,可分为改变导体的长度——变阻式;改变导体内部电阻——压阻式;改变导体或半导体内部应力——电阻应变式;由于温度变化而引起电阻的变化——热敏电阻式等。应用上述物理现象作为工作原理的传感器分别称为变阻式、压阻式、应变式与热敏电阻式传感器,它们可用于测量位移、转角、力、应力、压力、温度等物理参数。本节主要介绍电阻应变式传感器。

1. 工作原理

导体或半导体制成的电阻丝在机械变形时,其电阻将发生变化,这就是所谓的应变效应。电阻丝的电阻值与其长度 L、截面积 S_r 和电阻率 ρ 有关。

$$R = \rho \frac{L}{S_r} \tag{2-11}$$

式中　R——电阻丝的电阻,单位 Ω;

L——电阻丝的长度,单位 m;

S_r——电阻丝的截面积,单位 mm^2;

ρ——电阻丝的电阻率,单位 $\Omega \cdot mm^2/m$。

将式(2-11)取对数并微分得

$$\frac{dR}{R} = \frac{d\rho}{\rho} + \frac{dL}{L} - \frac{dS_r}{S_r} \tag{2-12}$$

半径为 r 的电阻丝,其截面积 $S_r = \pi r^2$,则

$$\frac{dS_r}{S_r} = 2\frac{dr}{r}$$

由材料力学知,纵向应变(轴向相对伸长)$\frac{dL}{L}$与横向应变(径向相对伸长)$\frac{dr}{r}$的关系为

$$\frac{dr}{r} = -\mu\frac{dL}{L}$$

将上述关系代入式(2-12)中,得

$$\frac{dR}{R} = \varepsilon(1+2\mu) + \frac{d\rho}{\rho} \tag{2-13}$$

或

$$\frac{\frac{dR}{R}}{\varepsilon} = (1+2\mu) + \frac{\frac{d\rho}{\rho}}{\varepsilon} \tag{2-14}$$

式中　ε——纵向应变,$\varepsilon = \frac{dL}{L}$;

μ——泊松比。

由式(2-13)或(2-14)可知,导体或半导体电阻的变化是几何尺寸的变化与其电阻率变化的综合结果。对于导体而言,其电阻的变化率与体积变化率成正比。

$$\frac{d\rho}{\rho} = c\frac{dV}{V} \tag{2-15}$$

$$V = S \cdot L \tag{2-16}$$

式中　c——比例常数。

对式(2-16)取对数并微分可得

$$\frac{dV}{V} = \frac{dS}{S} + \frac{dL}{L} = (1-2\mu)\varepsilon \tag{2-17}$$

代入式(2-15)中,则

$$\frac{d\rho}{\rho} = c(1-2\mu)\varepsilon \tag{2-18}$$

代入式(2-14)中,则

$$\frac{\frac{dR}{R}}{\varepsilon} = (1+2\mu) + (1-2\mu)\cdot c = K_0 \tag{2-19}$$

对半导体而言,其电阻率的变化率与材料的弹性模量 E 及承受应变 ε 成正比,即

$$\frac{d\rho}{\rho} = \pi_e \cdot E \cdot \varepsilon \tag{2-20}$$

式中 π_e——比例常数，称为压阻系数。

代入式(2-14)，则

$$\frac{\frac{dR}{R}}{\varepsilon} = (1 + 2\mu) + \pi_e \cdot E = K_0' \tag{2-21}$$

对一定材料而言，μ，c，E，π_e 均为常数，故 K_0 和 K_0' 亦为常数。从式(2-19)与式(2-21)可知，电阻丝受力变形后，其电阻变化率与其应变成正比，比例常数 K_0 和 K_0' 为电阻丝的灵敏系数。用镍铬、康铜、铁镍合金制成的电阻丝，其灵敏度系数 K_0 通常为 1.8~3.6。用半导体制成的电阻丝，其压阻系数较大，$\pi_e E \gg (1+2\mu)$，因而灵敏系数 $K_0 \approx \pi_e E$，该值可达 100 以上。

2.应变片结构

应变片由敏感元件 1、基底 2、盖片 4 及引线 3 构成，见图 2-12。

敏感元件——敏感栅，根据其材料不同，应变片可分为金属和半导体两大类。

金属应变片按其敏感栅的结构不同，可分为丝式与箔式两种。图 2-12(a)所示为丝绕式应变片，其敏感栅由一根直径约 0.01~0.05 mm 的金属丝往返回绕而成。而图 2-12(b)为短接式应变片，其敏感栅由数根平行排列的金属丝在两端短接而成。

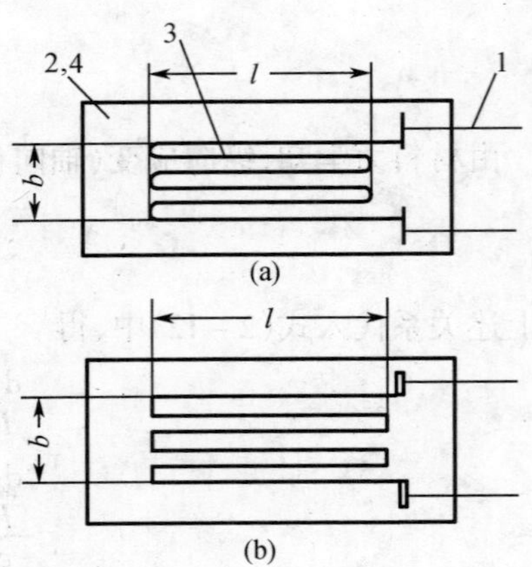

图 2-12 丝式应变片示意图

(a)丝绕式；(b)短接式

1—敏感元件；2—基底；3—引线；4—盖片

图 2-13 为箔式应变片，其敏感栅由很薄的金属箔制成。箔片的厚度一般为 0.001~0.01 mm，最薄可达 0.000 35 mm。一般箔片经过轧制、化学抛光制成。再经照相制版、光刻、腐蚀等工艺制成敏感栅。由于采用光刻技术，箔式应变片的敏感栅可以按需要制成任意形状，容易制成小尺寸的应变片。由于箔片扁平，接触面积大，传递应变好，散热性能好，允许通过较大的工作电流，所以测量的灵敏度提高。同时其横向灵敏度小，蠕变小，疲劳寿命长，因而使用广泛。

应变片的尺寸通常用敏感栅的外形尺寸来表示，L 为应变片的基长，b 为宽度。

半导体应变片如图 2-14 所示，材料为锗、硅、锑化铟和磷化镓等。一般常用锗和硅，因为它们可获得较大的压阻效应。

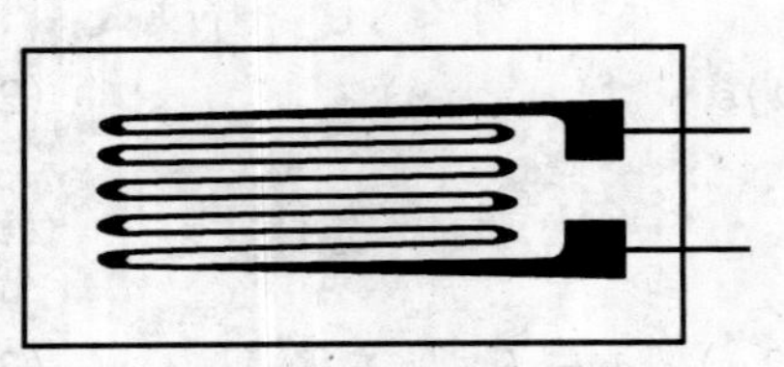

图 2-13 箔式应变片示意图

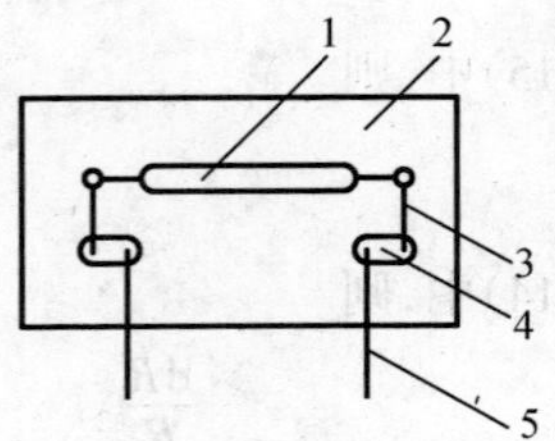

图 2-14 半导体应变片示意图

1—P 型单晶体硅条；2—基底；3—内引线；4—焊接电极；5—引线

半导体应变片最突出的优点是灵敏度高,这给使用上带来方便,因为高灵敏度排除了测量微小信号的困难;体积小,可制作小型和超小型应变片;频率响应高;机械滞后和横向效应小,提高了测量的准确性。

其缺点主要是电阻温度系数大,对环境温度的变化敏感,不能用于较高的温度;测量大应变时,灵敏度的非线性严重。针对这些缺点,目前已研制出许多新品种,例如为克服温度的影响,可采用如图 2-15 所示的温度自补偿半导体应变片。它由正灵敏度系数的 P 型硅条 1 与负灵敏度系数的 N 型硅条 2 并列布置而成。使用时将 1、2 作为电桥的相邻两臂,当温度变化时,两个电阻元件的电阻变化大小相等、符号相同,电桥输出为零,达到温度补偿的目的。而在变形时,两个电阻元件的电阻变化符号相反,电桥有较大的输出信号,提高灵敏度。

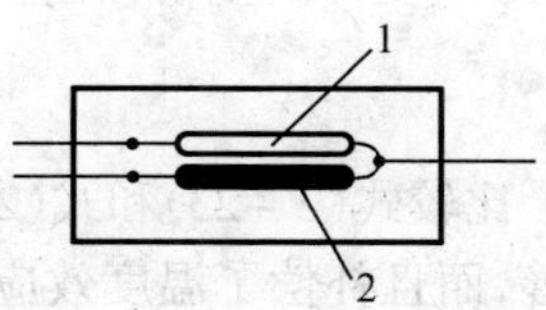

图 2-15　温度自补偿半导体应变片示意图

1—P 型硅条;2—N 型硅条

3.测量电路

应变片电路的变化常用惠斯登电桥进行测量。按工作应变片的数目不同,在电桥中的连接有 1/4 桥、半桥和全桥接法,如图 2-16 所示。电桥的输出通常接至放大器,而一般放大器的输入阻抗较大,故电桥输出两端可以认为是开路,此时电桥的输出电压 V_0 为

$$V_0 = V_s\left(\frac{R_1}{R_1 + R_4} - \frac{R_2}{R_2 + R_3}\right) \tag{2-22}$$

式中　V_s——电桥供电电压,单位 V。

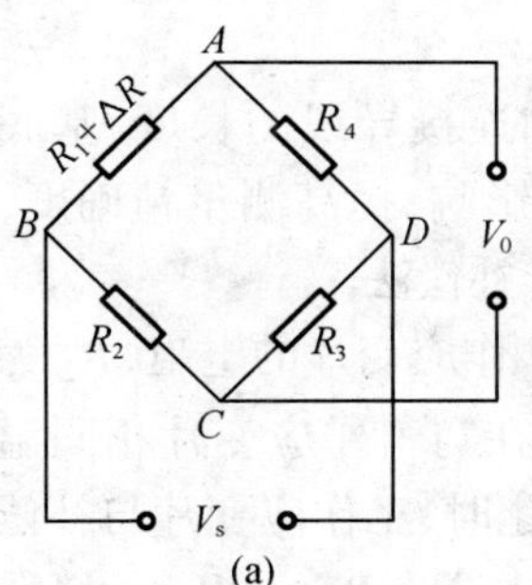

(a)

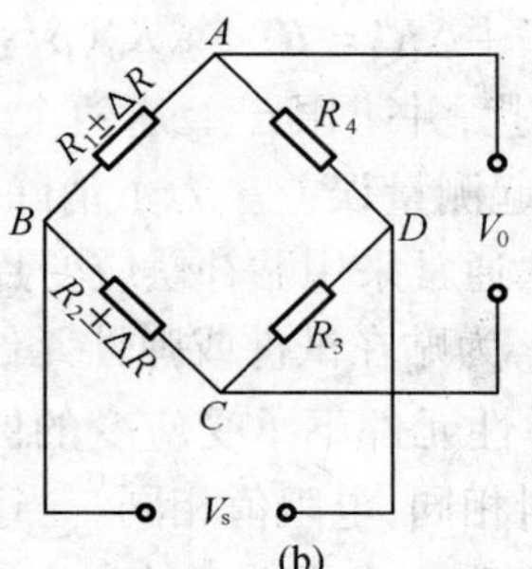

(b)

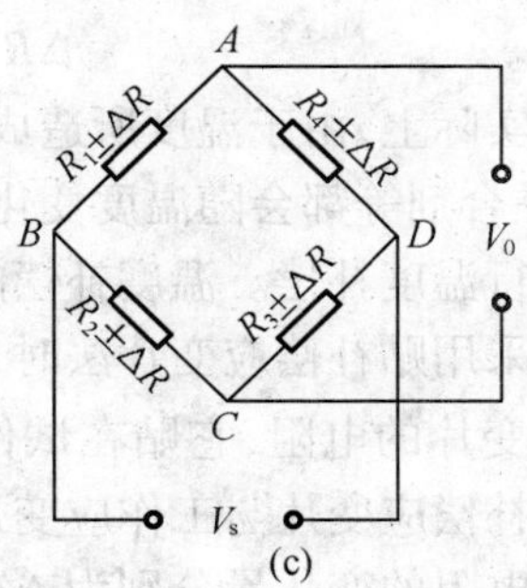

(c)

图 2-16　应变片在电桥中的接法示意图

(a)1/4 桥接法;(b)半桥接法;(c)全桥接法

通常取 $R_1 = R_2$, $R_3 = R_4$,在应变片未承受变形时,电桥桥平衡,其输出电压 $V_0 = 0$。当应变片因应变而使电阻变化时,电桥失去平衡,并有电压输出。

对于 1/4 桥接法,假定 ΔR 为工作应变片承受后引起的电阻增量。由于应变片有拉伸应变和压缩应变,故电阻增量可正可负。如果 $R_1 = R_2 = R_3 = R_4$,则电桥输出电压 V_0 为

$$V_0 = V_A - V_C = \left(\frac{R_1 + \Delta R}{R_1 + \Delta R + R_4} - \frac{R_2}{R_2 + R_3}\right) V_s = \frac{\Delta R}{4R + 2\Delta R} V_s$$

一般 $\Delta R \ll R$,故可以写成

$$V_0 \approx \frac{\Delta R}{4R} V_s = \frac{1}{4} V_s K_0 \varepsilon \tag{2-23}$$

由式(2-23)可知,其电桥输出电压 V_0 与应变量 ε 成近似的线性关系。在应变式传感器中,实际上常采用四个应变片,两个贴在弹性元件的正应变区,另两个贴在负应变区。正应变区的两片接在电桥两个相对的臂上,负应变片的两片接在电桥另两个相对位置上,见图2-16应变片的全桥接法。其电桥输出电压为

$$V_0 = \frac{\Delta R}{R}V_s = V_s K_0 \varepsilon \tag{2-24}$$

比较式(2-23)和式(2-24)可知,这种接法不仅可获得较大的输出信号,使非线性得到改善,而且补偿了温度效应。

半导体应变片除做成单片胶贴在弹性元件上使用外,随着集成电路技术的发展,现已能采用扩散的方法在单晶硅膜片上制成四个等值电阻,组成一个电桥。由于电阻与膜片合为一体,因而不存在结合不良或脱落问题,其外径尺寸可做得很小,自振频率达100 kHz以上。

4.应变片的温度补偿

由于应变引起的电阻值变化很小,因此必须排除其他因素的干扰影响,才能使电阻值的变化正确地反应试件或弹性元件的应变。引起干扰最重要的因素是环境温度的变化。温度影响主要表现在如下两个方面:其一是电阻丝的电阻温度效应,即当温度变化时,电阻丝的电阻随温度的变化而变化。如电阻丝的电阻温度系数为 α,若温度变化为 Δt,则电阻丝的电阻 R 的变化量为 $\Delta R' = R\alpha\Delta t$;其二是由于电阻丝与试件或弹性元件的线膨胀系数不同而引起的电阻变化,若试件或弹性元件的线膨胀系数为 β_1,电阻丝的线膨胀系数为 β_2,当温度变化 Δt 时,则电阻丝电阻 R 的变化量为 $\Delta R'' = RK_0(\beta_1 - \beta_2)\Delta t$,所以温度变化 Δt 后,电阻丝电阻总的变化量为

$$\Delta R = \Delta R' + \Delta R'' = R[\alpha + K_0(\beta_1 - \beta_2)]\Delta t \tag{2-25}$$

实际上,由于温度所造成的干扰,并不限于上述两个方面,如连接导线的长度、基底材料、黏合剂等都会随温度变化而引起测量误差。为了消除温度的影响,提高测量精确度,必须进行温度补偿。温度补偿的方法通常采用贴补偿应变片法和自补偿法。

采用贴补偿应变片法时,设 R_1 为贴在试件或弹性元件上的工作应变片的电阻,R_2 为补偿应变片的电阻,它贴在试件或弹性元件不承受应变的区域,处在与工作应变片相同温度中。补偿应变片与工作应变片材料相同,电阻值相同。当温度变化时,工作应变片与补偿应变片电阻的变化量分别为 ΔR_1 与 ΔR_2。由于两者的温度影响相同,即 $\Delta R_1 = \Delta R_2$,所以温度的变化对电桥的输出没有影响,达到了温度补偿的目的。实际情况可能是复杂的,加上补偿应变片后还不能满足要求,这时可在桥路中串联温度补偿电阻。

由式(2-25)可知,当

$$\alpha + K_0(\beta_1 - \beta_2) = 0$$

即工作应变片的电阻温度系数 $\alpha = K_0(\beta_2 - \beta_1)$ 时,可使其因温度变化而产生的电阻变化等于零。适当地选择应变片敏感栅的材料,满足上述要求,便可实现温度自补偿的目的。这种应变片称为温度自补偿应变片。组合式自补偿应变片就是常见的一种。

组合式自补偿应变片的敏感栅由电阻系数符号相反的两种材料制成,如图2-17所示。适当调整两者之间的长度比,使敏感栅在温度变化时,其电阻总的变化量等于零,或不超过某一规定值,实现温度自补偿。

5.电阻应变式扭矩仪

等圆截面的传动轴在承受扭矩时,在轴的外圆面上产生最大的剪应力,两个主应力与轴

线成 45°及 135°的夹角。电阻应变式扭矩仪即基于这个原理，在轴表面产生主应力的方向上粘贴电阻应变片，通过电桥和动态应变仪测量轴扭转变形所引起的电阻应变片电阻相应变化来得出应变值，根据测定的应变值计算输出轴扭矩 M。

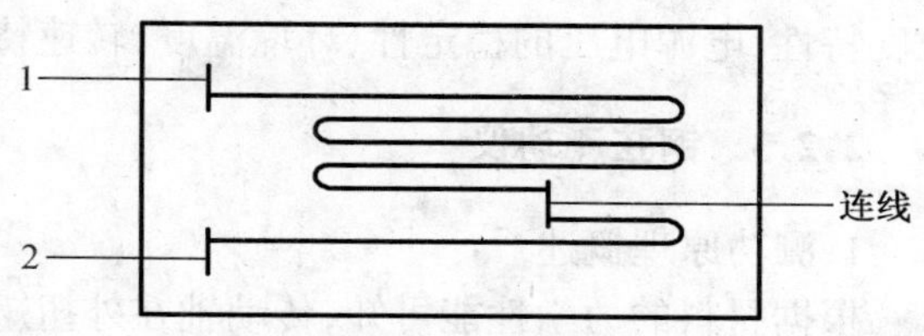

图 2-17　组合式自补偿应变片示意图

$$M = 9.81 \cdot \frac{E\varepsilon\pi D^3}{64(1+\mu)} \quad (\mathrm{N \cdot m}) \tag{2-26}$$

式中　E——轴材料的弹性模量；

ε——全桥电桥测得的应变值；

D——轴的直径；

μ——轴材料的泊松比。

由于应变片贴在转轴上，应变片桥路的供电和信号的输出通常采用接触式和非接触式两种方法。

接触式信号的引出是采用可拆卸的、半圆式碳刷集流器。由于测量电桥的输出电流通常仅有几十微安，因此要求碳刷集流器的接触电阻要小，并且要稳定。但往往由于油脂及灰尘的污染、轴系振动、转速的变化、温度及湿度的变化等引起接触电阻的变化，使得测量误差较大，因此测量精度不高。

非接触测法取消了碳刷集流器，采用了遥测应变技术。由微型发射机将电桥信号调制输出，再由接收机接收并输出一个与扭矩成正比的模拟电压，从而提高了测量精度。

2.2.2　光电式扭矩仪

光电式扭矩仪的基本工作原理是把被测轴的扭转变形转换为光通量的变化，再利用光电变换器转换为相应的电量输出，测量此电量则可求得扭矩。

图 2-18 为光电式扭矩仪原理图。在没有受扭矩作用时，光栅圆盘 2 上的透光部位正好对准光栅圆盘 3 上的黑色部位，光源 4 的光不能照射到光电元件 5 上，光电元件输出的光电流为零。当扭矩作用时，光栅圆盘相互错开一个位置，从而形成透光口。扭矩越大，透光口也越大，光电元件所受的光照强度也越大，光电流也就越大。从而测量出扭矩的大小。

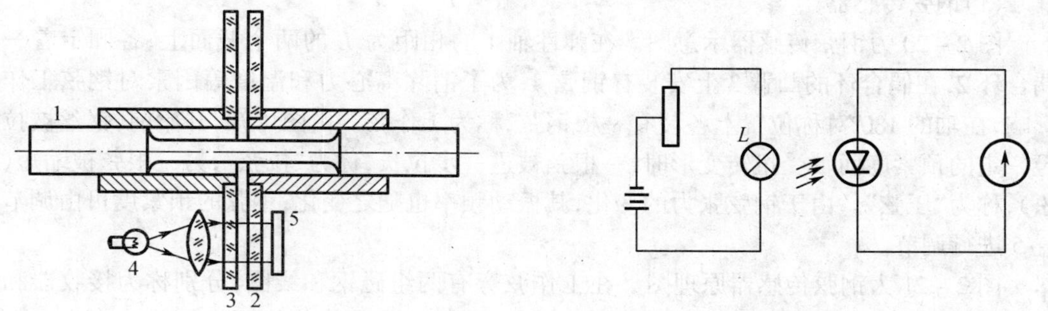

图 2-18　光电式扭矩仪原理图

1—扭轴；2，3—光栅圆盘；4—光源；5—光电元件

这种扭矩仪的优点是使用方便，缺点是误差来源多，如扭轴的弹性变形、光电元件的灵敏度特性、电源电压的稳定性、环境温度、转速特性等等，均会影响测量精度，因此使用较少。

2.2.3 钢弦测功仪

1. 测功原理概述

根据材料的力学性能可知，传动轴在外扭矩作用下所产生的扭转变形为

$$\varphi = \frac{L}{GJ_p} \cdot M \tag{2-27}$$

式中 φ——轴上相距 L 的两截面间的相对扭转角度；

G——轴材料的剪切弹性模量；

M——轴所受的扭矩；

J_p——轴截面的极惯性矩。

由式(2-27)可知，当轴的几何形状、尺寸、材料及测量基长 L 一定时，扭转变形角 φ 与扭矩 M 成比例，且为线性关系。因此，只要测出扭转角的大小，即可间接计算出 M 值。再根据同时测出的转速 n，就可以确定发动机的输出功率 P_e。由于 $\varphi = \Delta l/R$，所以扭转角 φ 的大小又可用 Δl 的变化来表示。Δl 是当轴扭转时，a 点移到 a' 的位移量，见图 2-19。

在 L 长的一段轴段内，轴扭转时，外加的扭矩 M 越大扭转角 φ 就越大，位移量 Δl 也越大。因此，如能测得 Δl 的值，也就可以知道所传递的扭矩 M 的大小。

实际上并不是直接从弹性轴表面测量 a 点到 a' 点的位移量，而是在轴的外表面，即在图 2-19 的 Δl 处装一根钢弦(安装方法后面介绍)，当弹性轴受扭矩 M 的作用而扭转变形时，钢弦的张力 T 发生变化，引起其伸长量 Δl 和自振频率 f_0 也发生变化。

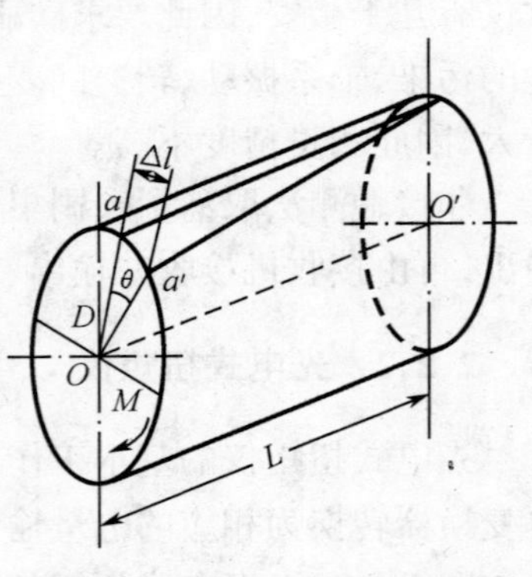

图 2-19 弹性轴扭转变形示意图

由材料力学可知，钢弦的自振频率 f_0、张力 T、伸长量 Δl 与扭矩 M 之间具有下列关系

$$f_0^2 \propto T \propto \Delta l \propto M$$

只要测定钢弦的自振频率 f_0，即可求得轴扭矩 M。这就是钢弦测功器的基本原理。

2. 钢弦测功仪的构造及组成

(1)钢弦传感器

图 2-20 为钢弦传感器示意图。在弹性轴 1 的相距为 L 的两个截面上，各固定着一个偶合环 2，在偶合环的凸臂 3 上安装有钢弦 4，为了消除离心力和温度等因素对钢弦工作的影响，在轴的 180°对称位置上各装有一根钢弦，称为工作弦。由图可知，开始前，钢丝被拉长至一定的预紧度而轴受扭转变形时，一根弦被进一步拉长，称为“拉弦”；另一根弦被缩短(放松)，称为“压弦”。由于钢弦张力的变化，其振动频率也随之变化，钢弦的预紧度可由调节装置 5 进行调节。

图 2-21 为钢弦传感器原理图。在工作弦旁有两组磁钢和线圈，分别称为接收器和激振器。当工作弦的振动使接收线圈的磁场发生波动，于是在接收线圈中便感应产生一个与工作弦固有频率相对应的电信号，该信号经放大器放大后输出测量，同时一部分反馈到激振器以提供钢弦持续振动的能量，保持钢弦持续振动。

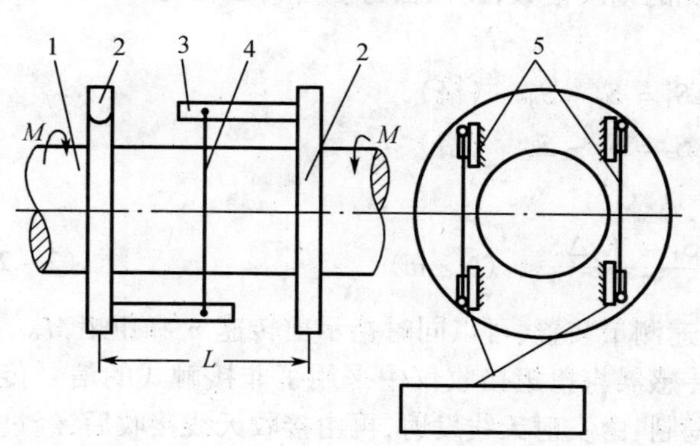

图 2 - 20　钢弦传感器示意图

1—弹性轴；2—偶合环；3—凸臂；4—钢弦；5—调节装置

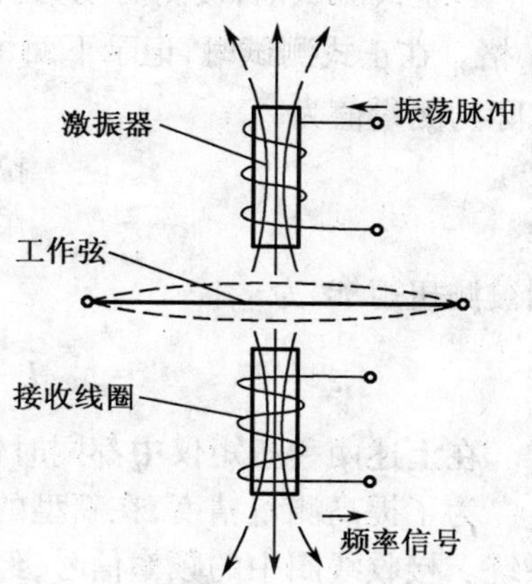

图 2 - 21　钢弦传感器原理图

(2)接收仪

现有钢弦测功仪的接收仪有两种形式，一种是德国“MAIHAK”公司的产品，另一种为国产的“CG - 2”型接收仪，分别与偶合环、钢弦传感器等相配套，本节就“CG - 2”型接收仪的工作原理进行简单介绍。

图 2 - 22 为“CG - 2”型接收仪原理图。在仪器内有一基准弦 4，它的频率可以调节，频率信号经过放大器 9 输入到示波管 6 的 X 轴。从钢弦传感器接收线圈输出的频率信号经放大器 8 输入到示波管的 Y 轴，当两个频率信号相等时，示波管上呈现出椭圆图像（李沙育椭圆）。此时数字显示器 7 上的读数即为传感器工作弦的频率格数。

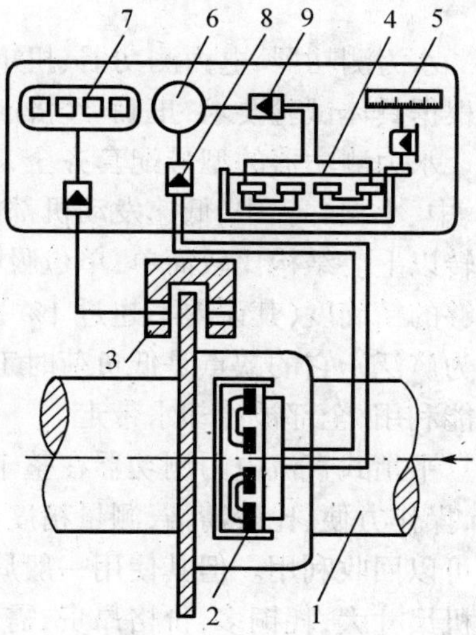

图 2 - 22　CG - 2 型接收仪原理图

1—弹性轴；2—测量传感器；
3—光电转速传感器；4—基准弦；
5—调节盘；6—示波管；
7—数字显示器；8—放大器

3. 扭矩的测定

首先应估算出需要测定的最大扭矩值，以此来选用适当的扭矩量程 M_H 的扭矩传感器。

“CG - 2”型接收仪的刻度盘分为 250 格，每格度盘所表示的扭矩 M_K 为

$$M_K = \frac{M_H}{250} = C \cdot \frac{G \cdot J_p}{R \cdot L} \quad (\text{N} \cdot \text{m/ 格}) \tag{2-28}$$

式中　R——工作弦与轴心距离，单位 m；

L——两个偶合环之间的轴长度，单位 m；

G, J_p——弹性轴的参数。

设拉弦和压弦的两只钢弦传感器分别有系数 C_1 和 C_2，令 $K = \frac{G \cdot J_p}{R \cdot L}$，再令 $K_1 = KC_1$，$K_2 = KC_2$。

在正式测试前，被测的动力机械应盘车，记下拉弦和压弦的初弦格数，分别设为 S_{01} 和 S_{02} 格。在正式测试时，记录下面每一工况的刻度格数，设拉弦为 S_1 格，压弦为 S_2 格。所以实际的测量值为

$$\text{拉弦}\quad \Delta S_1 = S_1 - S_{01} \quad (\text{格})$$

$$\text{压弦}\quad \Delta S_2 = S_2 - S_{02} \quad (\text{格})$$

则被测扭矩 M 为

$$M = \frac{K_1\Delta S_1 + K_2\Delta S_2}{2} \quad (\mathrm{N \cdot m}) \tag{2-29}$$

在上述两种扭矩仪中都同时带有转速测量装置，可以同时指示出转速 n 和扭矩 M。

为了提高测量精度，在新型的钢弦传感器与扭矩接收仪中采用了非接触式的信号传递系统。接收线圈中的频率信号，经频率调制，由发射天线发射，再由接收天线接收后，经过解调放大等环节供接收仪处理。最后用数码管直接显示出扭矩、转速、功率的值，还可以输出模拟量，以供记录波形。

2.3 各类测功器的比较

水力测功器、电力测功器、扭矩仪等测功设备，各有其优缺点，都有其适合的应用场合。应根据具体试验要求，正确、经济、有效地选用和使用测功设备。

水力测功器的型号配套齐全，有宽广的功率系列及转速范围，是最基本的测功设备，对大、中、小型，高、中、低速发动机都能适用。其吸收功率可达数万千瓦，转速可高达每分钟一万转以上。结构比较简单，单位吸收功率尺寸小，价格低廉，工作可靠，维护保养简单，具有足够的精确度（其误差不超过 1%）。在一定程度上也能满足自动控制的要求。因此，应用最为广泛。它的缺点是低负荷时工作不够稳定，变工况时所需的过渡时间较长，发动机能量不能利用，全部被冷却水带走。

平衡式直流电力测功器在整个功率范围内工作都比较平衡，调节精细，改变工况比较迅速，操作方便，比较清洁，测量精度高，可以倒拖发动机进行启动、冷磨合及测量摩擦功率，能量可以回收利用。但其使用一般局限于中小功率及中高速，因为低速大功率的电力测功器电机尺寸大，耗铜多，价格昂贵，需要庞大的配电设备，一次投资费用很高。即使中小型电力测功设备价格也比水力测功器贵得多。因此，它多用于实验室，而工厂较少使用。

水力测功器和电力测功器都只能用于试验台测量平均转矩。而扭矩仪则可以用来测量实际运行中的船舶、车辆上的发动机输出扭矩。不仅可以测量平均转矩，也可以用作扭矩变化曲线的测量。扭矩仪无需冷却系统等辅助设备。比其他测功设备简单，并且成本低，体积小，不消耗发动机功率，具有足够的精度（1% 以内）。因此，便于现场测试，使测量结果反映机械的实际工作情况。

2.4 转速测量

内燃机的转速是表示其运转性能的一个重要参数。在整个使用管理过程中，转速是必须随时监测的参数。在内燃机试验中，转速也是最基本的测试项目之一。通过测定内燃机输出轴的平均转速，可以计算内燃机的有效功率，绘制内燃机的有关特性曲线。增压器的性

能试验也需测定增压器的平均转速。

平均转速是指被测轴在某一时间间隔内转速的平均值。内燃机转速通常是指其输出轴在某一稳定工况下的平均转速，以“转/分”为单位。测量转速的仪表称为转速表或转速计。

转速测量的方法很多，通常可分为模拟方式和数字方式两大类。近年来，随着电子技术的发展，研制成功了不少精度高、响应好的转速计。在使用中应根据具体测试目的选用适当的转速测试仪表。

2.4.1　模拟方式

模拟方式测量转速的仪表通常有机械式和电气式两种。机械转速表的特点是结构简单，使用方便，但传动部分容易损坏，远距离测量比较困难。电气式转速表便于远距离测量，一般作为随机监测仪表。

1. 离心式转速表

图 2－23 为手持离心式转速表的原理和外形图。其工作原理是利用旋转质量的离心力与旋转角速度成比例的原理来测量被测轴的转速。当轴 3 旋转时，重环 2 便随轴 3 旋转，同时重环 2 在自身质量产生的离心力作用下，绕其自身轴 6 向垂直于轴 3 的方向偏转，直到扭力弹簧 1 所产生的恢复力与重环的离心力平衡，指针 5 即指示出转速值。

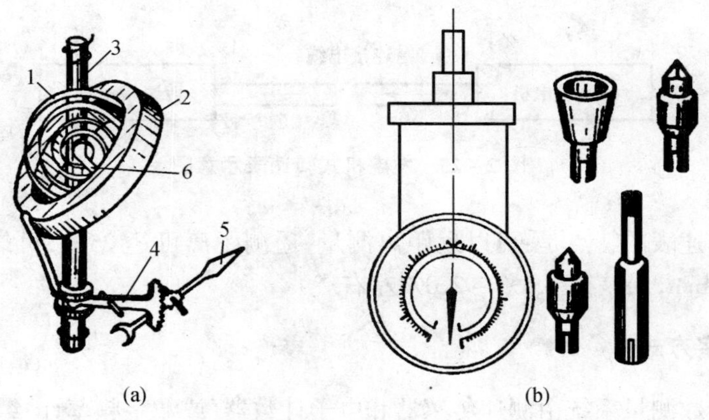

图 2－23　手持离心式转速表

1—扭力弹簧；2—重环；3—旋转轴；4—扇形齿轮；5—指针；6—轴

为了扩大量程，转速表内设有变速箱，可根据需要选择量程范围。同时备有多种形式、规格的接头以供选用。

离心式转速表结构简单，使用方便，成本低。缺点是测量精度低，其误差一般为 1% ～8% 。

2. 磁性转速表

磁性转速表是一种感应式的电涡流转速表，利用电磁感应的原理来实现转速测量。其原理如图 2－24 所示。

磁性转速表的旋转部分由永久磁铁 3 和铁芯组成，在永久磁铁与铁芯之间形成强磁场。将由铝或铜制成的杯形圆盘 4 安放在强磁场中，当永久磁铁 3 和铁芯 5 随被测轴旋转时，在杯形圆盘中感应出电涡流，电涡流引起的磁场与旋转着的磁场相互作用，产生大小与轴的转速成正比的电磁力矩，使圆盘随磁铁旋转方向而偏摆，从而带动指针 2 偏摆，当旋转力矩与游丝1产生的弹性反矩平衡时，指针2即指示出相应的轴转速。

磁性转速表的优点是结构简单，尺寸小，刻度均匀，测速范围较大；缺点是敏度差，读数受环境温度影响较大，其测量误差约为1.5%～2%。

3.发电机式转速表

发电机式转速表由测速电机、连接电缆和转速指示器组成，如图2-25所示。

发电机式转速表是利用感应电压与转速成正比的原理进行测量。发电机与被测轴固定连接，而转速指示器为直流或交流电压表，其表盘刻度以转速(转/分)刻度，并固定于仪表盘或实验台架上。当被测轴转动时，发电机随其转动并产生感应电压，通过连接电缆传送给作为转速指示器的直流或交流电压表，指针便指示出相应的被测轴转速。

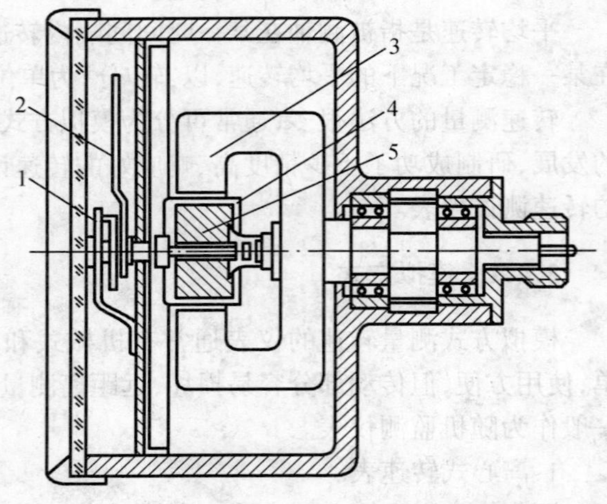

图2-24 磁性转速表示意图

1—游丝；2—指针；3—永久磁铁；4—杯形圆盘；5—铁芯

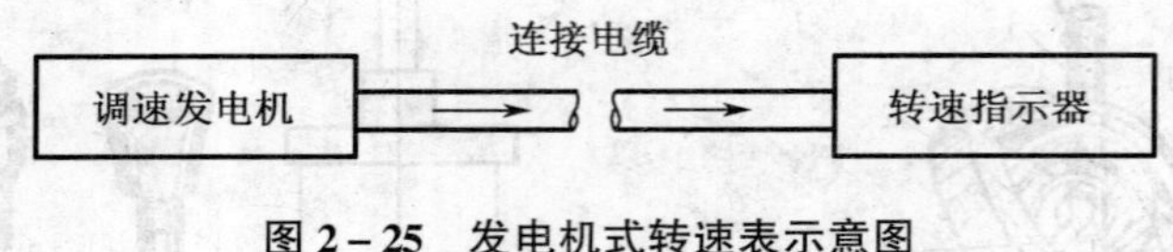

图2-25 发电机式转速表示意图

发电机式转速表的特点是：可以远距离测量，遥测距离可达25 m，可靠性较高，测量范围为0～3 500 r/min，误差在1.5%～2.0%左右。

2.4.2 数字方式

数字方式转数测量系统由测速传感器和电子计数器(或数字频率计)组成。测速传感器将被测转速信号转换为电脉冲信号，用电缆传输给电子计数器(或数字频率计)进行数字显示。也可将测速传感器与电子计数器制成一体(如反射式光电测速器)，进行非接触测量。数字方式测量精度高，可进行数字显示，也可输出数字信号给打印机和电子计算机，实现自动记录及数据处理。

1.测速传感器

数字测速系统常用的测速传感器可分为磁电式和光电式两种类型。

(1)磁电式测速传感器

磁电式测速传感器实质上是磁电式变换器的具体应用。其工作原理是基于电磁感应原理将被测轴转速变换为电脉冲信号。如图2-26所示。

磁电式测速传感器由带齿的旋转轮和磁电变换器两部分组成。带齿的旋转轮由导磁材料制成，并固定在被测轴上。磁电式变换器则由永久磁铁和绕在它上面的线圈所组成。永久磁铁与带齿圆盘的齿顶相距约0.5～1 mm。当圆盘随被测轴旋转时，由于圆盘有齿槽和齿尖，空气隙不断变化，引起磁阻改变，磁通也发生相应的变化，在感应线圈中产生与磁通变化频率 f 一致的感应电势，发出电脉冲讯号。圆盘通常制成 60 个齿，则当旋转一周时，传感器即输出 60 个脉冲讯号。若将此讯号送入电子计数器，并将计数器的计数时间定为 1 s，则电子计数器的显示器即显示出被测轴每分钟的转速 n，即

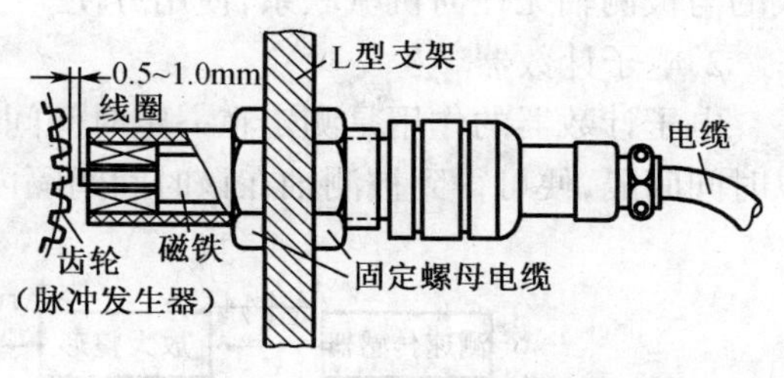

图 2-26　磁电式测速传感器原理图

$$f = \frac{n}{60} \cdot 60 = n \tag{2-30}$$

磁电式测速传感器结构简单，制作安装比较方便，应用较广。其缺点是电磁感应产生的波形不规整，易产生干扰信号，当干扰信号的幅值超过电子计数器的工作电平时，将会干扰电子计数器的正常工作，产生误记。

(2)光电式测速传感器

光电式测速传感器的工作原理是基于光电变换原理将被测轴的转速转换为电脉冲信号。其结构形式可分为透光式和反射式两种，如图 2-27 所示。

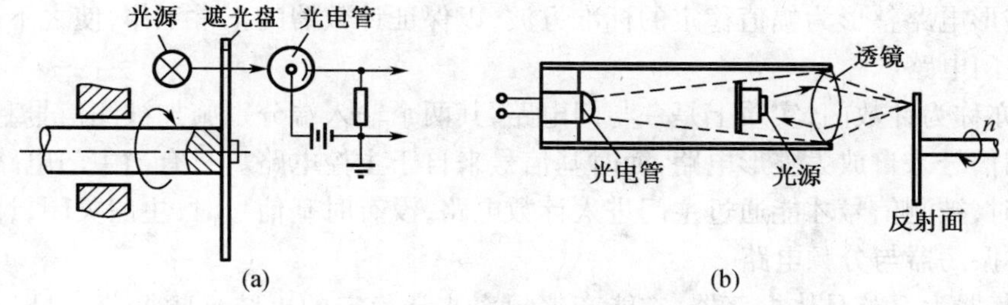

图 2-27　光电式测速传感器原理图

(a)透光式；(b)反射式

透光式测速传感器由带孔或缺口的圆盘、光源和光电管组成。圆盘随被测轴旋转时，光线只能通过圆孔或缺口照射到光电管上。光电管被照射时，其反向电阻很低，于是输出一个电脉冲信号。光源被圆盘遮住时，光电管反向电阻很大，输出端就没有信号输出。这样根据圆盘上的孔数或缺口数，即可测出被测轴的转速。圆盘孔或缺口数通常取为 60，因此被测轴每转一周时，光电变换器便可输出 60 个脉冲信号。若取电子计数器的时基信号为 1 s，则可直接读出被测轴转速(r/min)。

反射式测速传感器的原理与透光式一样，是通过光电管将感受的光变化转换为电信号变化，但它是通过光的反射来得到脉冲信号的。通常是将反光材料粘贴于被测轴的测量部位上构成反射面。常用的反射材料为专用测速反射纸带(胶带)。也可用铝箔等反光材料代替，有时也可以在被测部位涂以白漆作为反射面。投光器与反射面需适当配置，通常两者之间距离为 5 ~ 15 cm。当被测轴旋转时，光电元件接受脉动光照，并输出相应的电信号送入电子计数器，从而测量出被测轴的转速。

光电式测速传感器输出信号的波形比较规整，接近标准方波，几乎无干扰信号产生。但透光式往往由于振动会使光源寿命降低，因而在具有较强烈振动的条件下不宜采用。反射

式的与被测轴无任何机械联系，使用方便。

2. 电子计数器

电子计数器的作用是测定在一定时间间隔内，测速传感器产生的电脉冲信号个数，再除以时间间隔，便可得到被测轴在该时间间隔内的平均转速。其原理方块图如图 2－28 所示。

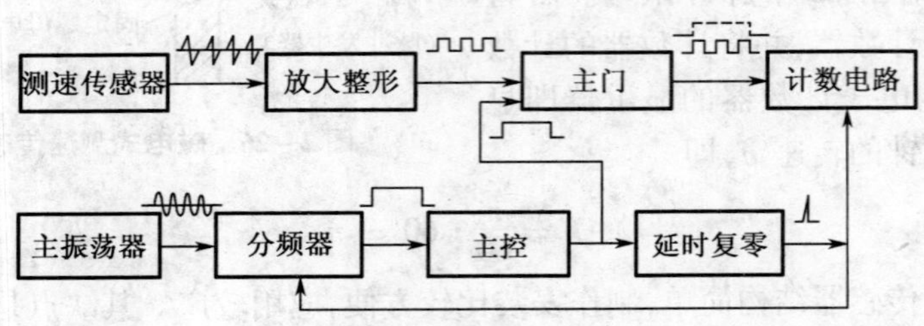

图 2－28 电子计数器方块图

电子计灵敏器主要由整形放大器、计数门、计数器、晶体振荡器、分频器及控制、复位系统等组成。

(1)放大整形电路

作用是将测速传感器(特别是磁电式)产生的不规整的电脉冲信号，经放大器放大其幅值，并经整形电路整形为幅值稳定的标准方波，以保证计数器的正常工作，使之不产生误记。

(2)主门电路

主门亦称为计数门，实质上是一与门电路，其两个输入端分别施加被测信号和时基控制信号，被测信号来自放大整形电路，而时基信号来自于主控电路。只有当主门电路输入时基控制信号时，被测信号才能通过主门进入计数电路，没有时基信号时，主门关闭，计数停止。

(3)主振荡器与分频电路

主振荡器为石英晶体振荡器，它能产生频率非常稳定的正弦高频振荡信号。将此信号送入分频电路分频后，产生不同时间间隔(如 0.1 s，1 s，2 s，3 s，6 s 等)的时基信号，通过主控门加在计数门上，控制计数门的开关时间。

(4)主控和延时复零电路

它们有以下三种功能：

①控制时基信号，以便在一定时间间隔内开关主门；

②每次计数结束时，产生一定的时间延迟，使计数器维持显示，以便读数；

③每次显示结束时，产生复零脉冲信号，使分频电路复零，以便重新计数。

(5)计数电路

计数电路由计数单元、寄存器、译码器和数字显示器组成。其原理方框图如图 2－29 所示。

图 2－29 计数电路方块图

计数电路通常由数字逻辑元件所组成，此处不作讨论，有关的章节均有详细介绍。

思考题

1.扭矩的测量方法有哪几种?
2.影响水力测功器制动力矩的主要因素是什么?
3.水力测功器的结构类型有哪几种,各有何特点?
4.水力测功器供水系统有何要求,有哪几种供水系统?
5.画出水力测功器特性曲线,并说明各线段的含义。水力测功器有何选用要求?
6.平衡式交直流电力测功器各由哪几部分组成,各有何特点?
7.画出电力测功器特性曲线,并说明各线段的含义。
8.电阻应变片的工作原理是怎样的?
9.电阻应变片用什么电路测量,有哪几种连接方式?
10.什么是电阻应变片的温度效应,如何补偿?
11.电阻应变片如何测量扭矩,信号如何输出?
12.钢弦测功器由哪几部分组成?
13.各种测功器、扭矩仪各有何特点,分别适用于什么场合?
14.转速的测量方式有哪几种? 常用的测速仪器有哪些?
15.磁电式、光电式测速传感器各有何特点?

第3章 压力测量

能力目标:能根据实际情况选择和安装合适的压力表来测量柴油机的稳态压力,且会测量柴油机的最高压力和平均压力。

知识目标:掌握液柱式压力表、弹性压力表的工作原理、特点和适用范围;掌握机械式电气最高压力表、惯性轮式平均压力表的工作原理、特点。

压力是内燃机工作过程的重要参数。

内燃机所要测量的压力高低相差很大,有的比大气压力高出几十倍甚至上千倍,如气缸中的爆发压力 $P_Z = 5 \sim 16$ MPa;燃油喷射压力最高可达 100 MPa 以上。但有的压力却比大气压压力低,如非增压内燃机的进气压力。

在内燃机试验中,经常需要测量的压力有两大类:一类是随时间变化很慢或波动很小的压力,如大气压力、润滑油系统中的机油压力、冷却系统中冷却介质的压力、流量稳定时节油装置中的压力差等,这类压力通常被看作是缓变压力。另一类是随时间变化很快或波幅很大的压力,即动态压力,如气缸内气体的压力波、进排气压力波、高压燃油系统中的压力波等。对于后一类压力,此章不作讨论。

3.1 缓变压力测量

缓变压力的测量仪表根据其测压的工作原理可分为液柱式压力计、弹性压力计、机械电气式压力表。

3.1.1 液柱式压力计

液柱式压力计的工作原理是由工作液的液柱高度所产生的压力与被测压力相平衡。

液柱式压力计结构简单、价格低廉,且测量精度较高,故至今仍广泛地用于实验室中以测量低压、负压或压差。缺点是玻璃管易破碎,体积偏大,读数不方便。

液柱式压力计种类较多,常用的有下面几种。

1.U 型管压力计

当被测介质为气体,其密度 ρ 远小于工作液密度 ρ_0 时,则

$$\Delta p \approx \rho_0 gh \tag{3-1}$$

式中 h——工作液面高度差;

g——重力加速度。

应根据所测压力的大小及要求,决定工作液是采用水或水银。为避免在小玻璃管中的毛细管作用,可用酒精或苯作工作液。

U 型压力计的测压范围最大不超过 0.2 MPa。

2.水银大气压力计

这是一种以水银为工作液的液柱式压力计。

在内燃机试验中，发动机所处地点大气压力的测量，要给予足够的重视。因为当地处高原或要求试验数据较为精确时，需要用此值对有效功率等进行修正，还可从表压力中得到绝对值。

3.斜管微压计

它是一种专供测量微小压力或压差的实验用仪表。测读压力可以小到 2 Pa（0.2 mmH_2O），最大不超过 2 000 Pa（200 mmH_2O）。

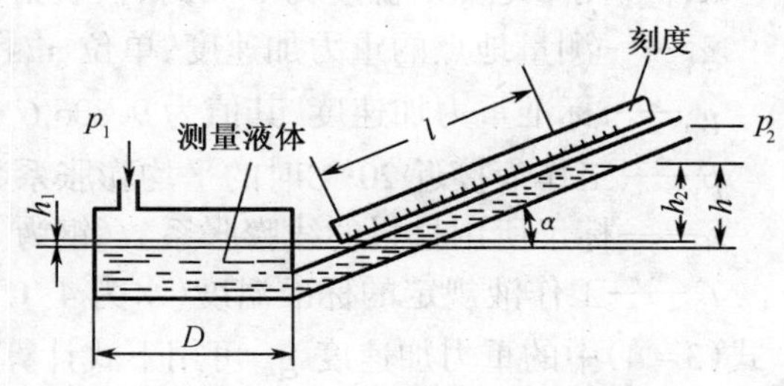

图3－1　斜管微压计原理图

斜管微压计的工作原理如图3－1所示。测压时，较高压力一端与容器连接，斜管与较低的压力接通。若容器的截面积为 F_1，斜管的截面积为 F_2，于是压差

$$\Delta p = p_1 - p_2 = (h_1 + h_2)\cdot(\rho_0 - \rho)g = l(F_2/F_1 + \sin\alpha)(\rho_0 - \rho)g \qquad (3-2)$$

由于微压计的容器截面积远大于斜管截面积，一般 $F_2/F_1 < 1/500$，当被测介质的重度与工作液重度的比值又足够小时（$\rho_0 \gg \rho$），F_2/F_1 和 ρ 可略去不计。因此式（3－2）可简化为

$$\Delta p = l \cdot \rho_0 \sin\alpha \qquad (3-3)$$

或

$$h = l\sin\alpha$$

可见，斜管微压计的刻度比U型压力计的刻度放大了 $1/\sin\alpha$。若选用酒精等作为工作液，这种压力计更便于测量微压。

4.贝兹微压计

此测量仪表常用在测量的压力小，但要求测量精度较高的场合。它的测量范围可达4 000 Pa，读数精度为1 Pa（0.1 mmH_2O）。可用于测量低压、真空度和压力差。在使用孔板或喷嘴来测量流量时，常常用到它。图3－2为贝兹微压计的原理图。

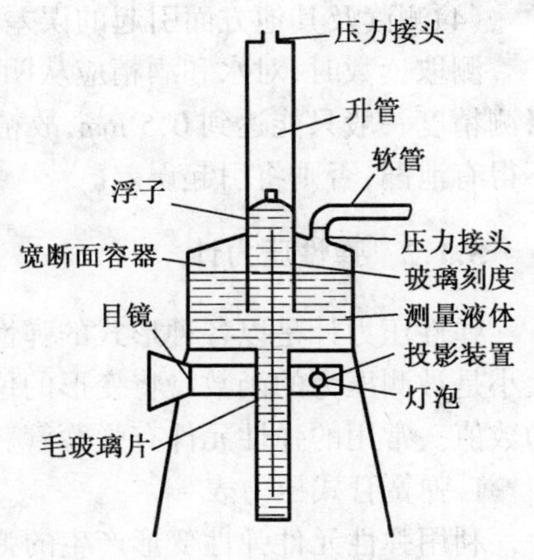

图3－2　贝兹微压计原理图

在大容器中部插有一根升管，要测的压力接到容器的软管上（如要测压差，则低压的一头接到升管上端的压力接头上）。当容器的压力高于环境大气压力时，升管中的液面上升，在升管中的浮子也随之上升。浮子下端挂有玻璃刻度板，玻璃刻度板在投影仪旁经过，投影仪将刻度的一段放大约20倍后显示在具有游标的毛玻璃片上。刻度上相邻两刻线相差为1 mm，用游标尺读数的方法可精确读出1 Pa（0.1 mmH_2O）的压力。

5.液柱式压力计的误差

液柱式压力计的测量精度受许多方面因素的影响。

（1）环境条件的影响

读数标尺因温度变化会膨胀或收缩，工作液重度受当地环境条件（温度、重力加速度等）的影响而改变。因此，当试验时的环境条件与标准大气状态相差太多或要求测试值比较精确时，可以对液柱高度进行修正

$$h_n = h \cdot \frac{g_\varphi}{g_n}\{1 - [\beta(t - t_0) - \alpha \cdot (t - 20)]\} \tag{3-4}$$

式中 h_n——换算成标准状态后的液柱高度；

h——测量地点的温度为 t ℃时，仪表指示的液柱高度；

g_φ——测量地点的重力加速度，单位 m/s^2；

g_n——标准重力加速度，其值为 9.806 6 m/s^2；

β——工作液接近 20 ℃时的平均膨胀系数（水银：1.8×10^{-4}/℃，水：2.1×10^{-4}/℃）；

α——标尺所用材料的线膨胀系数（钢为 1.2×10^{-5}/℃，玻璃为 0.8×10^{-5}/℃）；

t_0——工作液规定的标准温度（水为 4 ℃，水银为 0 ℃）。

式(3－4)中的重力加速度 g_φ 可用下式计算

$$g_\varphi = g_n(1 - 0.002\,6\cos2\varphi - 2H\times10^{-7}) \tag{3-5}$$

式中 φ——为测量地点的地理纬度；

H——为测量地点的海拔高度，单位 m。

(2)安装位置的影响

液柱式压力计使用时，应使压力计处于铅垂位置，否则将产生误差。

U 型压力的误差 Δh 与倾斜角 α 和两液柱的中心距离 S 有关，即 $\Delta h = S\times\tan\alpha$。当 S = 40 mm，α 为 3°时，$\Delta h\approx2.1$ mm，可见由于安装倾斜所引起的误差相当大。

(3)毛细管现象的影响

工作液在管内的毛细现象使液柱产生附加的升高或降低，其值取决于工作液的种类、温度及管子的内径。因此要求所用的液柱管的内径不能太细。

(4)测读及其他方面引起的误差

测取读数时，对水和酒精应从凹面的谷底算起，对水银应从凸面顶峰算起。标尺刻度及目测精度一般只能达到 0.5 mm，故精度要求较高时需装带放大装置的刻度标尺。各接头处不得有泄漏，否则将引起误差。

3.1.2 弹性压力计

弹性压力计是以各种形式的弹性元件受压后产生的弹性变形作为测量的基础。变形的大小是被测压力的函数。将变形的位移传递到仪表的指针或记录器上，即可直接读出压力的数值。常用的弹性元件有弹簧管、金属薄膜和波纹管等。

1.弹簧管式压力表

利用弹性元件弹性变形产生的弹力与被测压力产生的力相平衡，通过测量其弹性元件的弹性变形量来测量压力，这就是弹簧管式压力表的基本工作原理。

弹簧管式压力表结构简单、工作可靠、使用方便、测量范围广、读数直接，因而在内燃机试验中得到广泛应用。图 3－3(a)为弹簧管式压力表，(b)为弹簧变形示意图。

弹簧管的种类很多，其结构形式有 C 形、螺旋形、螺线形、S 形等，图 3－3 所示的弹簧管式压力计的弹簧管为一弯曲成 C 形圆弧的空心管，截面成椭圆形，椭圆的短轴与弹簧管弯曲方向的径向方向一致。管子的一端与压力计的固定端相接，被测介质压力由此引入管内。另一端被堵塞封闭，呈自由状态，并用连接杆与扇形齿轮相连，扇形齿轮又与小齿轮相啮合，指针固定在小齿轮（中心齿轮）轴上。为减小传动机构之间的间隙，指针轴（中心齿轮轴）上装有螺旋形游丝。

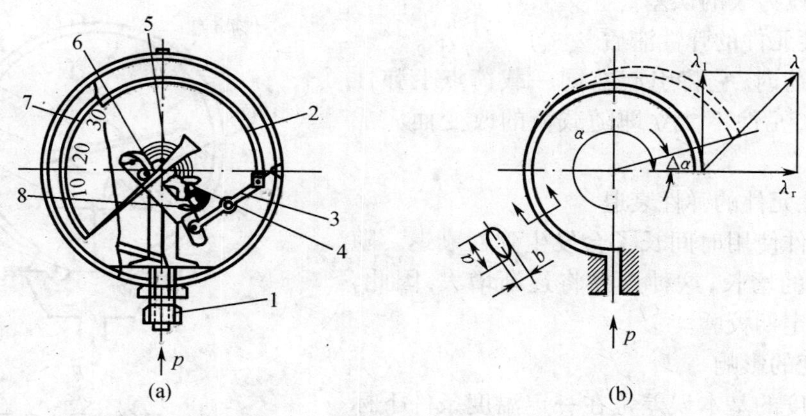

图 3-3　弹簧管式压力表及弹簧管变形示意图

1—固定端;2—弹簧管;3—连杆;4—扇形齿轮;
5—中心齿轮;6—指针;7—刻度盘;8—扇形齿轮轴

当弹簧管接入被测压力后,其弹簧管的椭圆形截面有变圆的趋势,即长轴变短,短轴伸长,于是将引起圆弧半径的变化,弹簧管力求伸直,因此其弹簧管的自由端将发生角位移 $\Delta\alpha$,此位移借由连杆 3、扇形齿轮 4 和中心齿轮 5 所组成的传动机构转变成中心齿轮的旋转角度。中心齿轮的旋转又带动装在中心齿轮轴上的指针 6 转动。当由被测压力作用产生的张力与弹簧管的弹力相平衡时,指针即稳定地在刻度盘 7 上指示出压力的读数。

根据弹簧管变形示意图可知,弹簧管受压所产生的角位移(在弹性极限内)与压力成正比,与弹簧管的弯曲中心角 α 和短轴的变形量成一定的比例关系,可表示为

$$\Delta\alpha = \frac{\Delta b}{b + \Delta b} \cdot \alpha \tag{3-6}$$

可见,弹簧管的弯曲中心角 α 越大,且截面的椭圆短轴 b 越短,则弹簧管的灵敏度越高。弹簧管在承受最大压力时的角位移一般为 $5° \sim 20°$。由角位移 $\Delta\alpha$ 所产生的位移 λ 就是压力表中用来牵动连杆的位移量,位移量 λ 一般为 1 ~ 5 mm 左右。

弹簧管是弹簧管式压力表的核心部件,其截面尺寸、形状和材料决定于压力表的测量范围及其测量介质的物理化学性质。常用的弹簧管材料有磷铜弹簧管,用于测定 $p < 20$ MPa 的压力;不锈钢或合金钢弹簧管,使用在 $p > 20$ MPa 的压力场合。使用压力表时,必须注意被测介质的化学性质。

弹簧管式压力表可用来测量 0.03 ~ 1 000 MPa 的压力,精度等级在 0.25 ~ 2.5 间分成若干挡。使用中应根据被测对象及要求,正确选用。

弹簧管式压力表也可做成测量负压的真空表。如果测量急剧变化的压力如脉动压力,要加阻尼装置。为防止弹簧管的永久变形,在选择压力计时,静载荷不应超过测量上限的 3/4,动载荷所测压力不应超过测量上限的 2/3,所测压力的最小值一般不应低于仪表上限的 1/4。

2. 薄膜式压力表

如图 3-4 所示,被测压力作用在一块平的或皱纹的金属膜片上,使膜片向上弯曲,通过传动机构使指针在刻度盘上偏转。因膜片变形较小,所以这种形式的仪表测压范围较窄,一般在 3 MPa 以下或用来测真空度。

3.弹性压力表的误差

(1)弹性元件的弹性滞后

增减载荷时,它将引起在同一载荷点上弹性变形的差异,元件不能立即随载荷的改变而完成相应的变形。

(2)弹性元件的弹性衰退

弹性元件使用时间长了会发生弹性衰退。随着使用时间的增长,这种误差将逐渐增大,因此,压力表必须定期校验。

(3)温度的影响

仪表精度的基本误差是在一定温度条件下标定的,当使用温度偏离标定温度很多时,则因弹性模量变化而造成较大误差。

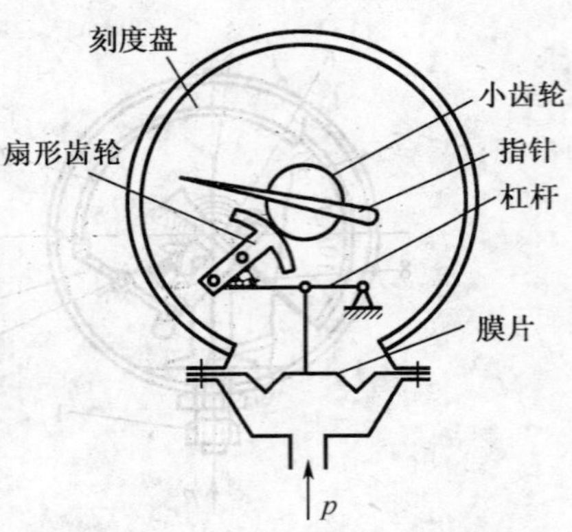

图 3-4　薄膜式压力表示意图

制造弹性元件的金属材料的弹性模量随温度的改变而改变,温度为 t ℃时的材料弹性模量 E_t 可表示为

$$E_t = E_0(1 + k\Delta t) \tag{3-7}$$

式中　E_0——标准温度下材料的弹性模量;

k——弹性模量的温度系数;

Δt——偏离标准温度的温差。

(4)其他误差

如指针回转中心与度盘不同心,传动机构的间隙、摩擦阻力和安装不当等都会引起测量误差。此外,还有读数时造成的视觉误差。

3.1.3　机械电气式压力表

上述压力表一般需安装在发动机附近或直接安装在发动机上进行测量。若既要在发动机旁指示压力大小,又要引入控制室或自动记录,则要附加将压力转换为电量的变换装置以输出相应的电信号。这种仪表称为机械电气式压力表(或远传压力表)。

一般常见的有电阻式、电感式、应变片和霍尔变送器式四种。为了适应生产中压力上、下限报警或双位调节的需要,还有带触点式的压力表。

下面是比较简单的两种远传式压力表。

1.电阻式压力表

电阻式压力表是将弹性元件的位移通过电阻式传感器转换而制成的远传压力表。

如图 3-5 所示,在被测压力的作用下,弹簧管产生变形,带动指针 2 在表盘上指示出被测压力值。安放在指针上的电刷同时在电阻 3 上滑动。电阻 3 是按线性绕制的,并固定在表壳上。这样,当将电阻 3 的两端 A 和 B 与指针上的电刷接成电位计形式时,指针的角位移就转换成电阻值的变化,并与被测压力成正比。将这

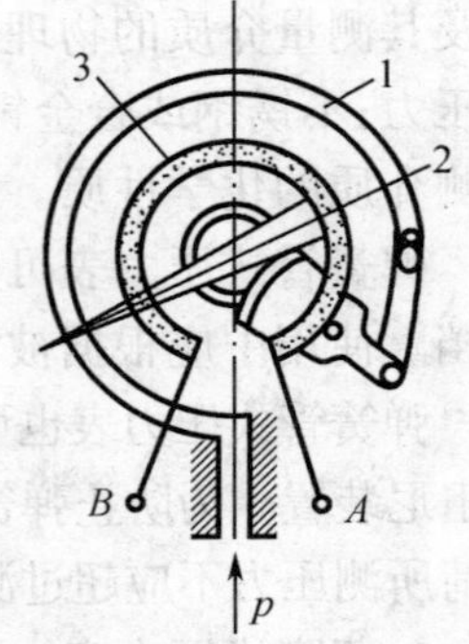

图 3-5　电阻式压力表示意图

1—弹簧管;2—指针及电刷;3—电阻

个电阻值的改变量通过不平衡直流电桥测量电路，即可在较远距离的电气仪表上指示出所测压力的大小。

2.霍尔传感器压力表

霍尔传感器压力表是利用霍尔效应将弹性元件的位移转换为电压信号，然后利用电气仪表对电压信号进行测量。霍尔元件是变送器的核心。

霍尔变送器结构原理及霍尔效应如图 3-6 所示。被测压力由弹簧管 2 的固定端引入，弹簧管的自由端与霍尔片 1 相连接，在霍尔片的上、下方垂直放置两对磁铁 3，使霍尔片处于两对磁铁所形成的非均匀磁场之中。霍尔片的四个端面引出四根导线，其中与磁铁 3 相平行的两根导线和直流电源 E 相连接，另两根导线用来输出信号。

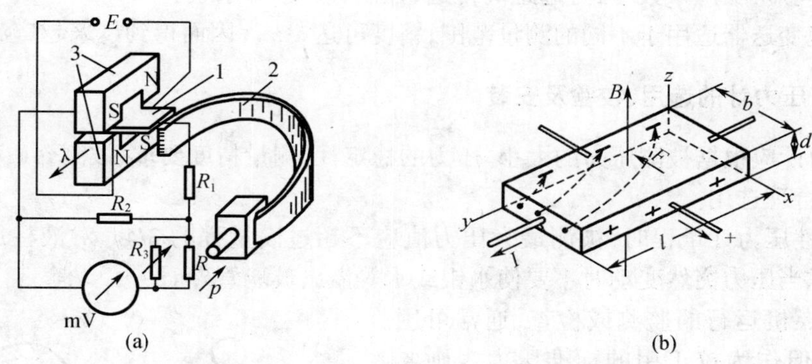

图 3-6　霍尔变送器结构原理及霍尔效应图

1—霍尔元件；2—弹簧管；3—磁铁

当被测压力引入后，在被测压力作用下，弹簧管自由端产生位移，改变了霍尔片在非均匀磁场中的位置，从而将机械位移量转换成电量——霍尔电势 V_H，进而可将压力信号以电量形式进行远传、显示和调节。

霍尔片是由半导体(如锗)材料所制成的薄片。在霍尔片的 z 轴方向加一磁感应强度为 B 的恒定磁场，在 y 轴方向加有外电场(接入直流稳压电源)，并有恒定的电流通过(电子沿 y 轴方向运动)，电子在霍尔片中运动时，由于受电磁场力的作用而使电子运动的轨道发生偏移，从而造成霍尔片的一端面上有电子积累，另一端面上正电荷过剩，于是霍尔片的 x 轴方向形成电位差。这一电位差称为霍尔电势，这一物理现象称为霍尔效应。

霍尔电势 V_H 的大小与半导体的材料、所通过的电流(一般称为控制电流) I、磁感应强度 B 以及霍尔片的几何尺寸等因素有关。当霍尔片的几何尺寸和材料确定后，其霍尔电势 V_H 可用下式表示

$$V_H = K_H \cdot I \cdot B \tag{3-8}$$

式中　K_H——为霍尔元件灵敏度；

B——为磁场的磁感应强度；

I——为霍尔元件控制电流。

由式(3-8)可见，当 K_H, I 确定之后，V_H 将和磁场气隙内的磁感应强度成正比。在磁场的磁感应强度具有线性梯度的情况下(图 3-7)，左右两磁极气隙中磁力线方向相反，当将通以电流的霍尔元件对称于 $O—O'$ 轴置于磁场气隙中的时候，霍尔元件左右两侧产生的霍

尔电势大小相等、方向相反,其合成电势为零,则元件无电压输出。

当弹簧管引入压力而产生变形,使霍尔元件产生位移时,其合成电势不再为零,则有电位差输出。也就是说在 K_H, I, B 均已固定的条件下,元件产生的霍尔电势正比于元件的位移量,亦正比于被测压力。

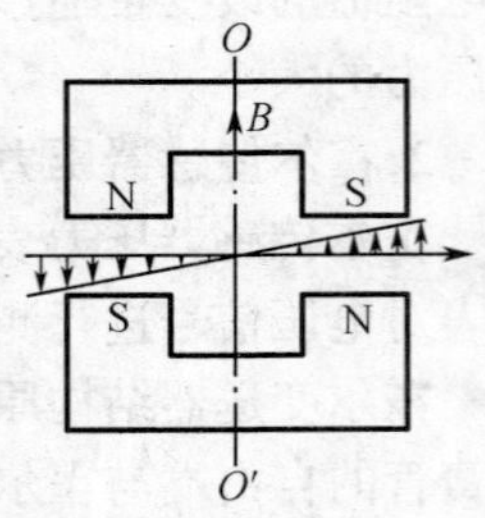

图 3-7 线性梯度磁场示意图

由于霍尔片对温度变化比较敏感,使用时需采取相应的恒温保护或温度补偿措施,以削弱温度变化对变送器输出特性的影响。外加直流电源应具有恒流特性,以保证通过霍尔片的电流恒定。霍尔元件在 0.5 T 以下工作时,线性良好,非线性小于 0.2%;建立霍尔效应时间短;噪声系数小;可远距离传送、控制;改变不同的弹性元件,可使变送器适用于不同的测量范围;精度可达 1%。因而得到越来越广泛地应用。

3.1.4 压力计的选用、校验及安装

(1)压力计应根据被测压力的大小、压力的稳定性、测量精度要求、被测介质种类及安装条件等进行合理选用。

选用弹性压力计量程时,被测最大压力值应不超过满量程的 3/4。对液柱压力计的量程,则应考虑当压力突然变动时不要使水银或水等溢出玻璃管外。

作为内燃机运行的监测或检查,通常可用 2.5 级仪表,但作为校正用的标准压力表则要求精度在 0.5 级以上。

(2)压力仪表在使用一定时间后要进行校验。常用的活塞式压力校验装置的原理如图 3-8 所示。

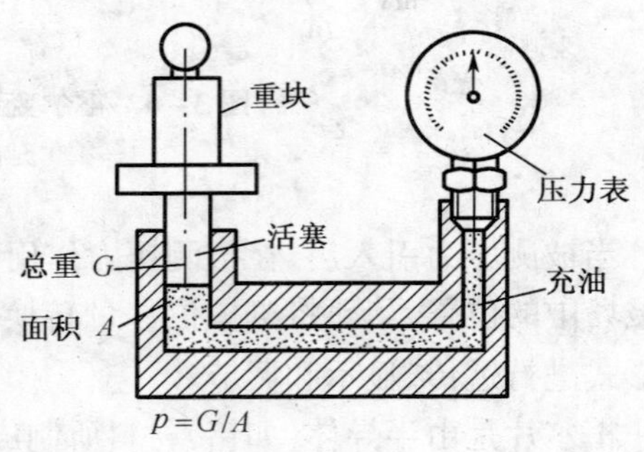

图 3-8 活塞式压力校验装置原理图

在一个充油的缸筒中装有经精密研磨的活塞,活塞连同所加重块所受的重力使油产生压力。此油压经连通管路作用在要校准的测量仪表上。重块、活塞所受重力及直径都是可以准确测定的,故可精确算出油压 p。为减小摩擦,校准过程中使活塞略作转动。对于测量低压或真空度的弹性压力计,也可以方便地用标准液柱式压力计进行校验。

(3)为保证所测得的是介质的静压力,引出压力的管嘴,其中心线要和流束垂直,不许突出管道的内壁或装在管道的弯角上,并应把压力的引出设在前后有足够长度直管段的管子上。

若所测压力波动较大,可在仪表前接稳压箱或在导管上装入节流板。

3.2 最高压力测量

内燃机的气缸最大压力(最高压力)是指气缸内脉动压力的最高点,即最大爆发压力 p_Z。它表征机件所受到的最大机械负荷,是柴油机机械强度的主要限制因素。在试验和使用管理中,都需要直接测量气缸最高压力,以判断工作过程进行情况及各缸负荷的平衡情况。

测量最高压力的仪表,通常有机械式、气电式和电子式三种。

3.2.1　机械式最高压力表

机械式最高压力表主要由指示仪表和止回装置两部分组成。指示仪表为普通的弹簧管式压力表，测量范围较大，最高测量压力通常为 10 ~ 20 MPa。止回装置主要由止回阀、阀座、节流圈、锁紧螺母、带孔螺钉等组成。如图 3 – 9 所示。

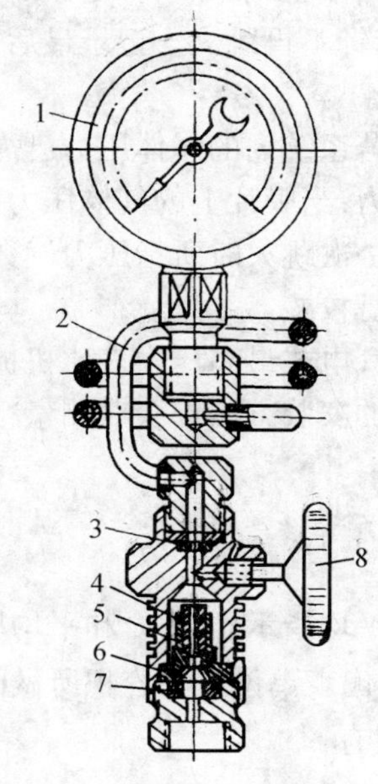

图 3 – 9　机械式最高压力表原理图

1—压力表；2—蛇形管；
3—节流圈；4—锁紧螺母；
5—带孔螺钉；6—止回阀；
7—阀座；8—手轮

节流圈用以减小脉动气流对压力表的冲击，使指针稳定。蛇形管用以进一步缓冲、减震和散热，以保护压力表。止回阀的升程可用带孔螺钉加以调节，并用锁紧螺母加以锁紧。

测量气缸压力时，用连接螺母将压力表与柴油机燃烧室接通。压缩空气或燃气通过仪表中间通道，经节流孔和蛇形管进入压力表的测压元件弹簧管中。止回阀是一个单向阀，并由此将仪表通道分成上下两腔，下腔与燃烧室相通，上腔与指示仪表相连。当压缩空气或燃气进入下腔时，下腔压力高于上腔，止回阀被顶起，离开阀座，从而压缩空气或燃气进入指示仪表；当下腔压力低于上腔时，止回阀落座，防止进入表内的气体倒流。直到上腔压力不再继续增高时，压力表所指示的数值即为气缸内被测气体的脉动压力最高值。测量结束后，松开手轮，针阀开启，止回阀上腔及压力表内的残气即可放出。

机械式最高压力表测量误差较大，主要是压力表测量通道过长以及散热，使得压力峰值衰减过大；其次是当上下腔压力差较小时，止回阀开度过小，开启时间极短，引起节流；还由于止回阀的惯性及上下侧作用面积不相等，和止回阀所受重力等原因，使得所测最高压力值往往低于实际压力值。

但由于这种压力表具有结构简单，使用方便等特点，因此常用来检查多缸柴油机各缸工作的均匀性；特别适用于作随机监测仪表，以便随时对发动机的技术状态进行不拆卸检查。在大中型柴油机上使用较多。

3.2.2　气电式最高压力表

图 3 – 10 是气电式最高压力表的原理图。它的工作原理是：从气瓶来的高压气体进到膜片式传感器的上方成为平衡压力，当平衡压力与下部气体压力相平衡时，膜片脱离传感器电极，使初级线圈的回路由通路状态变为断开，于是在次级线圈中感应高压电，再经屏蔽电线接

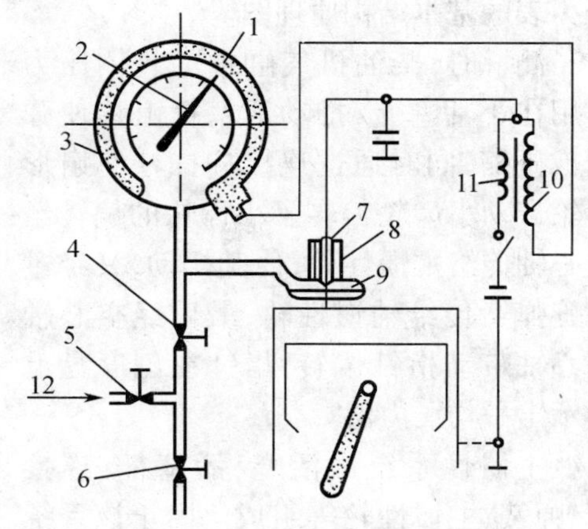

图 3 – 10　气电式最高压力表原理图

1—表壳；2—指针；3—绝缘的弧形电极；
4，5—阀门；6—放气阀；7—传感器电极；
8—膜片式传感器；9—膜片；10—次级线圈；
11—初级线圈；12—高压气进入

至安装在表盘上的弧形电极，于是在电极和指针之间因放电而产生火花。慢慢打开阀门使测量系统内的平衡压力逐渐升高，指针一边移动一边放电。直至平衡压力上升到等于或稍大于内燃机的最高爆发压力时，传感器中的膜片不再与电极接通，初级线圈处于常断开状态，指针不再跳火。记录最后一次跳火时指针所指读数，此即为当时运转工况下的最高爆发压力。

若系统内的气体压力已高于气缸最高压力，慢慢打开放气阀，逐渐调低测量系统内的平衡压力，当膜片上的气体压力第一次与缸内压力平衡时，指针同样会出现电火花。这样，指针第一次跳火时所指压力读数，也是气缸中的最高压力。这种方法可与逐渐增压方法的结果进行校核。

气电式最高压力表比机械式最高压力表的精度要高。所用传感器膜片的材料、厚度、传感器的安装方法都会对测量精度产生影响。

3.3 平均压力测量

平均指示压力 p_i 和平均压力 p_t 是两个完全不同的概念，往往容易混淆。平均指示压力 p_i 代表单位气缸容积所做的循环指示功，如以 W_i 表示循环指示功，V_h 表示气缸工作容积，则有

$$p_i = \frac{W_i}{V_h} \tag{3-9}$$

p_i 是内燃机的重要指示参数，而平均压力 p_t 则是代表一段时间内气缸中压力的平均值。测量 p_t 的平均压力计是一种用于比较测量的随机调整用仪表，通常可用来判断各缸负荷的均匀性。同时也可根据 p_t 与 p_i 的关系，测出 p_t 值，估算平均指示压力 p_i。

测量平均压力 p_t 常用机械惯性轮式平均压力表。图 3-11 是惯性轮式平均压力表的基本结构原理图。

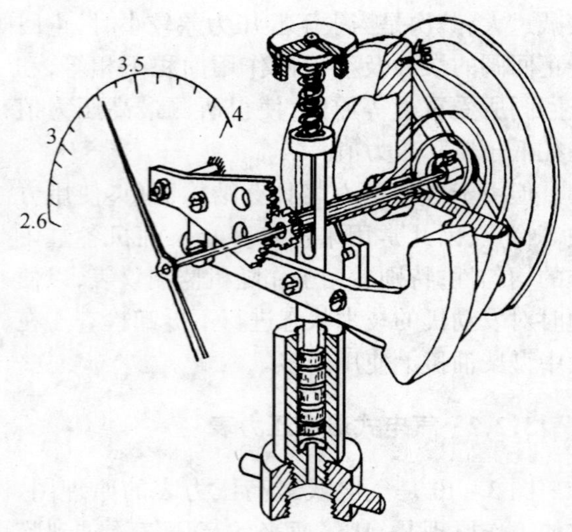

图 3-11 惯性轮式平均压力表原理图

测量时，柴油机气缸中的气体压力作用在小活塞上，推动活塞杆上移使弹簧被压缩，同时通过连接杆杠杆使扇形齿轮带动小齿轮偏转。小齿轮的偏转经空心轴传给主惯性轮，使其摆动，又经过螺旋弹簧传给辅惯性轮，最后经空心轴内心轴带动指针偏转，指针在刻度盘上指示出平均压力值。

主惯性系统由活塞、活塞杆、连接杆、弹簧、主惯性轮等组成。由于该系统的质量 m 很大而弹簧刚度 k 较小，所以构成一低频系统，其系统的固有圆频率 $\omega_0=\sqrt{\frac{k}{m}}$ 很低。当较高频率 f 的周期脉动压力作用时，因其惯性较大，所以每次压力脉动只能使主惯性轮偏转一个不大的角度，许多次脉动压力的连续作用，才使惯性轮偏转一定的角

度，大约需经过 5～10 s 后，达到一相应的平衡位置。如果主惯性轮在平衡位置还以一定频率摆动的话，又经过螺旋弹簧及辅惯性轮构成的第二低频系统（其固有频率也很低）的传递，指针也就稳定在平衡位置上了。

柴油机气缸内的压力 p_t 是一个周期性变化的脉动压力，可以看成是由一个平均压力和各次简谐力的合成。将 p_t 按傅里叶级数展开为

$$p_t = p_0 + p_1\sin(\omega t + \varphi_1) + p_2\sin(2\omega t + \varphi_2) + \cdots + p_n\sin(n\omega t + \varphi_n) + \cdots \tag{3-10}$$

由式（3－10）可见，平均压力表的弹性系统既受到恒力（或力矩）p_0 的作用，也同时受到各次简谐力的作用。在恒力 p_0 的作用下，主惯性轮偏转一个角度；而在各次简谐力的作用下，主惯性轮还将在偏转位置附近振动。主惯性轮受 n 次谐波作用强迫振动而产生的角位移 α_n 为

$$\alpha_n = \frac{\alpha_{0n}}{\sqrt{(1-q^2)^2 + 4\xi^2 q^2}}\sin(n\omega t + \varphi) \tag{3-11}$$

式中　α_{0n}——由力 p_n 作用所产生的角位移，$\alpha_0 = p_n/k$；

q——作用力的圆频率 ω 和系统的固有圆频率 ω_n 之比，$q = \omega/\omega_n$；

ξ——系统的阻尼度。

在平均压力计中，ω_n 很小，$\omega \gg \omega_n$，所以简谐力作用所产生的角位移 α_n 将很小，可以忽略不计。此时系统平衡于只有恒定力 p_n 作用的位置，系统平衡时指针所指的位置即相当于平均力（或平均力矩）作用的结果，亦即为一个周期内的平均压力。

但当柴油机转速很低时，ω 减小，此时，简谐力作用所产生的角位移就不能忽视。

平均压力表的量程一般可调整，以适应柴油机平均压力大小变化的需要。通常调整量程的方法是改变弹簧的刚度。因此平均压力表一般都带有一个垫圈和三种弹簧。1 号为标准弹簧，2 号为强弹簧，1/2 号为弱弹簧。配合选用的量程如表 3－1 所示。

表 3－1　配合选用的量程表

弹簧型号	有无垫片	读数方法	量　程
1 号	有	指针示值读数	2.6～5.2(原刻度)
	无	指针示值减 2.6	0～2.6
2 号	有	指针示值乘 2	5.2～10.4
	无	(指针示值－2.6)×2	0～5.2
1/2 号	有	指针示值乘 1/2	1.3～2.6
	无	(指针示值－2.6)×1/2	0～1.3

平均压力表使用时应注意：

(1)根据被测柴油机平均有效压力及使用工况，选择合适的弹簧，并根据需要适当加减垫片。

(2)安装时表面应保持垂直，使惯性轮运动自如，减小摩擦误差。

(3)要注意防止仪表过热。只有测量时才能打开示功阀；测量时间一般不应超过 5 min，最好用循环水冷却。

(4)如测量时指针不稳定,可在主、辅惯性轮之间的表面上,加一层气缸油,以增加阻尼。

(5)测量时,发动机转速不应低于 80 r/min,否则不能使用。

思考题

1.简述液柱式压力表工作原理和使用特点。

2.影响液柱式压力表测量精度的因素有哪些?

3.简述弹性式压力表工作原理和使用特点。

4.影响弹性式压力表测量精度的因素有哪些?

5.如何正确选用、校验及安装压力表?

6.为什么要测量柴油机的最高压力 p_z?

7.简述机械式、气电式最高压力表的组成和工作原理,各有何特点?

8.简述机械式最高压力表中节流圈、蛇形管和止回阀的作用。

9.试比较平均指示压力 p_i 和平均压力 p_t。

10.简述常用机械惯性轮式平均压力表的工作原理,如何选择量程?

11.使用平均压力表应注意哪些事项?

第 4 章　示功图测录

能力目标:会测定柴油机活塞的上止点,能正确使用示功器测录示功图。

知识目标:熟悉示功图测录的要求;掌握机械式、电子示功器的工作原理和特点;掌握示功图上止点测定的方法、特点。

为了不断改善和提高内燃机各项性能指标,需要从气缸及各管道内的动态压力来进一步探索与分析某些因素的变化规律及对性能的影响。

实际测录的示功图是内燃机的各种试验研究、设计及应用的十分重要的实验依据,在内燃机测试中占有非常重要的地位。

测取气缸示功图的仪器统称为示功器或示功装置。根据其工作原理不同,示功器可分为机械示功器、气电示功器和电子示功装置三类。因气电示功器目前已用得较少,故本章主要介绍机械示功器、电子示功装置。

4.1　示功图测录的目的和要求

示功图是气缸内工质压力随气缸容积或曲轴转角变化的图形,即 $p-\varphi$ 或 $p-V$ 示功图。测录示功图的目的是:

(1)通过对示功图的计算,可求出表示发动机性能的指示参数,如平均指示压力 p_i,指示功率 P_i 和指示热效率 η_i 等。

(2)从示功图中可表示出内燃机工作过程的许多重要参数,如进气压力 p_a、压缩终点压力 p_c、燃烧最高压力 p_z 等;经分析计算还可得到与燃烧有关的信息,如压力升高率 $dp/d\varphi$、放热率 $dQ/d\varphi$、着火滞后期 τ_i 等,为评价工作过程的完善程度提供依据。

(3)根据示功图,可确定不同曲轴转角时作用于发动机各零部件上的力,以便进行动力计算和强度计算。

(4)在试验或运用中,借助示功图可对发动机进行配气定时及喷油或点火提前角的最佳调整,发现并消除异常喷射、异常燃烧等故障。

因此在内燃机的测试中,示功图的测取占有非常重要的地位。通常,应定期测录运转内燃机的示功图,且对测取的示功图进行计算和分析。根据其计算和分析结果来判断内燃机的工作性能,并可对其进行适当的调整,保证内燃机能在最佳状态下运转,提高其经济性、动力性和可靠性。

为了正确测录动态压力信号,并适应各种高、中、低速内燃机示功图的测录,对仪器设备的基本要求是:

(1)所测出的动态压力曲线应精确地反映压力的变化而无畸变。压力信号(包括上止点信号)与曲轴转角或时间的记录应严格同步而无相位差。

(2)测录仪器与内燃机的连接应尽可能不影响原有参数及不使原工作状况发生变化。

(3)测录仪器的动态特性要好、灵敏度高、工作稳定,温度、振动等对仪器工作稳定性影响小。

(4)测录设备应能同时记录供分析计算所需要的各参数或信号。

4.2 机械示功器

机械示功器是一种使用较早的示功器,目前在低速和部分中速内燃机上仍在使用,它是利用机械位移方法测量缸内压力和活塞位移。机械示功器按使用的示功弹簧形式不同,可以分为螺旋弹簧式和柱簧式两种。两者在结构原理上相同,所不同的是前者使用螺旋形弹簧,后者使用等强度柱形弹簧。柱簧式可使用于部分中速机,但因其所测图形较小,而应用不多。以下主要介绍螺旋弹簧式示功器。

4.2.1 结构和工作原理

机械示功器的结构原理如图 4-1 所示,它由压力感受机构、转筒机构和记录机构三部分组成。压力感受机构包括小活塞 5、活塞杆 4 及示功弹簧 1 等,用来感受缸内压力变化并以示功小活塞位移输出;转筒机构包括绳索 9、转筒 8,用来反映内燃机活塞位移;记录机构包括杠杆 3 和画笔机构 2,具有平行放大作用,画笔的自由端装有笔尖。

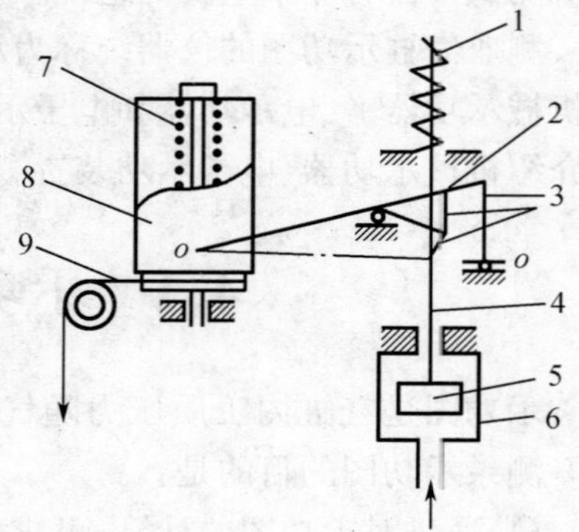

图 4-1 机械示功器结构简图

1—示功弹簧;2—画笔杆;3—传动杠杆;4—活塞杆;5—小活塞;6—小气缸;7—转筒活塞;8—转筒;9—绳索

当测量示功图时,转筒 8 上夹有示功纸并通过绳索 9 由内燃机曲轴或凸轮轴通过专设的示功器传动机构带动,绕其自身轴左右偏转,其偏转角位移量正比于内燃机活塞位移,即转筒转动的弧长代表按比例缩小的活塞行程的长度,反映内燃机活塞的行程。示功器小活塞 5 在缸内气体压力推动下在小气缸中上下移动,并被弹簧力所平衡。小活塞的运动通过活塞杆带动记录机构的传动杆和画笔运动,由记录机构反映其位移量,即按一定比例反映柴油机气缸内变化着的气体压力。

由于示功器中小活塞的上下移动与柴油机气缸中的气体压力的变化成比例,而转筒的转动也与柴油机活塞行程成比例变化,所以记录笔尖在转筒记录纸上可以绘出气缸内气体压力随活塞位移变化的图形,即压力-容积示功图($p-V$ 示功图)。

4.2.2 机械示功器小活塞和弹簧的选择

为了使机械示功器能在较广泛的压力范围内使用,一般备有三套活塞和一套不同刚度的弹簧。可根据内燃机的最高爆发压力 p_z 一值进行选择,以便获得合适的示功图。这三套活塞和缸套分别用标号 1/1(标准活塞直径为 20.27 mm),1/2(其面积为 1/1 活塞的 1/2,标准活塞直径为 14.35 mm)和 1/5(其面积为 1/1 活塞的 1/5,标准活塞直径为 9.06 mm)表示。为了便于识别,分别在示功气缸凸缘上用钢印注明 1/1,1/2,1/5 字样。在测 $p-V$ 示功图时均采用 1/5 小活塞,当测取反映进排气过程的弱弹簧示功图时则采用 1/1 小活塞。

在通常的示功图中,进气和排气冲程线是与大气压力线重合的水平线。但是如果测取反映进排气过程的示功图时则采用刚度小的 1/1 小活塞，绘出弱弹簧示功图，如图 4－2 所示。由于活塞有限位块，故高压部分未表示出来，仅记录下所需的低压波形图。

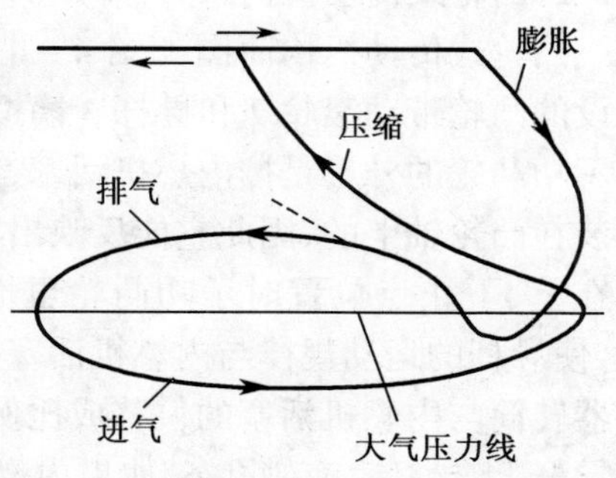

图 4－2　四冲程发动机弱弹簧示功图

示功弹簧用弹簧比例 M 标记。示功弹簧的弹簧图比例单位为 mm/MPa，它表示缸内压力每变化 1 MPa 时弹簧的变形量（mm）。弹簧比例的选择应根据所选定的小活塞标号和柴油机气缸内的最高爆发压力 p_z 大小来选择。选择弹簧时应注意使示功图具有合适的高度，就是使测取的示功图的最大高度接近于示功图纸的高度，或使示功弹簧的允许最高压力稍高于缸内的最高爆发压力，以保证示功图的精确度。通常，示功弹簧上所标弹簧比例 M' 是对 1/1 标准活塞而言，如该弹簧用于 1/5 小活塞，因其面积缩小到原来的 1/5，其所受总压力缩小到原来的 1/5，使其弹簧变形也减小到原来的 1/5，故其相应的弹簧比例变为 $M = M'/5$。

4.2.3　示功器传动机构

为了把内燃机活塞的运动规律按比例地传给示功器转筒机构，必须设立专门的传动机构。由于示功器转筒的周长比内燃机活塞行程小得多，因此传动机构不仅要正确反映内燃机活塞运动规律，而且还要将活塞的行程按比例缩小。所以，传动机构应满足以下两个基本要求：

（1）内燃机活塞行程缩小后的长度应与转筒的周长相适应，且略小于转筒周长。

（2）转筒的转动必须严格地与内燃机活塞的运动相对应，以便正确反映内燃机活塞运动规律。

目前安装使用的机械示功器传动机构有曲柄式、杠杆式和凸轮式三种。

1. 曲柄式传动机构

曲柄式传动机构简图如图 4－3 所示。立轴 1 的转动由内燃机曲轴（或凸轮轴）通过齿轮（或链条）带动，其转速与曲轴的转速相同；立轴的上端有圆盘 2，圆盘上的偏心销子与小连杆 3 相连组成一单独的小型曲柄连杆机构，模拟内燃机的曲柄连杆机构的运动规律；小曲柄连杆机构与内燃机的曲柄连杆机构在几何尺寸上必须相似，即 $R/L = r/l$（R，L 分别为内燃机构的曲轴半径和连杆长度；r，l 分别为传动机构的小曲柄半径和连杆的长度）。活塞销 5 通过缸套上的长孔带动滑块 6 与小活塞一起做同步往复运动。由于滑块与连接示功器转筒的绳索 7 相连，所以滑块 6 既受活塞销的带动，又受示功器转筒的拉动，就保证了示功器转筒的运动规律。止动杆 8 则是在测量结束时使滑块 6 脱离活塞销的控制。

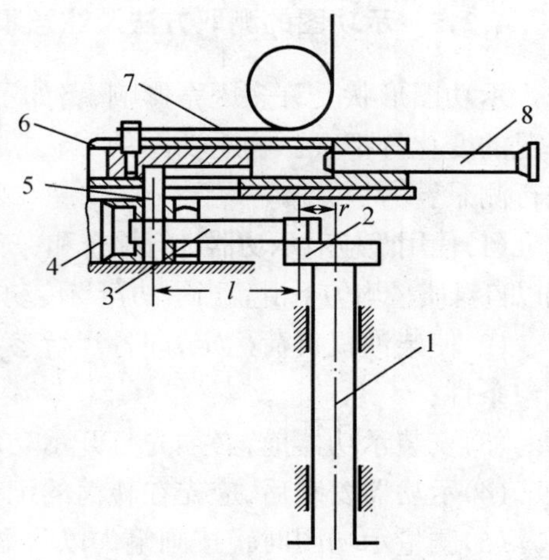

图 4－3　曲柄式传动机构简图

1—传动立轴；2—小曲柄；3—连杆；4—小活塞；5—活塞销；6—滑块；7—绳索；8—止动杆

2.凸轮式传动机构

凸轮式传动机构简图如图4－4所示。凸轮式传动机构采用专设的凸轮带动滚轮2和导杆3模拟内燃机活塞的运动规律。由于示功凸轮的外形是按内燃机活塞运动规律设计并按一定的位置安装在凸轮轴上的,因此它能反映出活塞的运动规律,即内燃机活塞在上、下止点位置时示功凸轮也恰好把导杆推到最高、最低位置,使导杆的运动规律与内燃机活塞的运动规律一致,从而保证示功器转筒与内燃机活塞的位移成比例且和定时相一致。弹簧4装在导杆上,导杆上有销孔6,如果内燃机在运转过程中不需要测取示功图,可以用插销通过壳套上的孔5插入导杆销孔6将导杆提起而使滚轮不与凸轮接触,以防两者相互磨损。

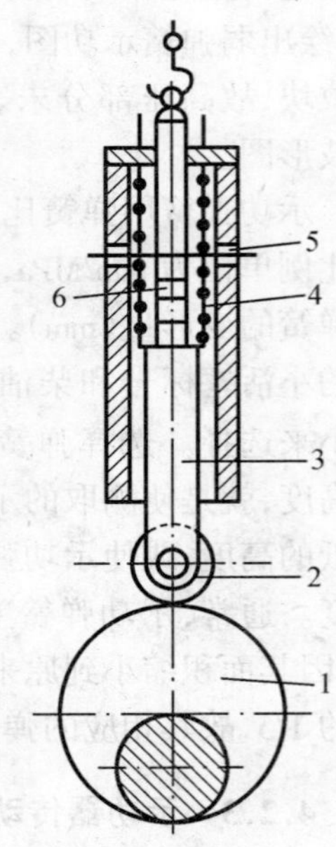

图4－4 凸轮式传动机构简图

1—示功凸轮;2—滚轮;3—导杆;4—弹簧;5—销孔;6—导杆销孔

3.杠杆式传动机构

杠杆式传动机构采用一套杠杆机构铰接在内燃机活塞或十字头上,按一定比例反映活塞的运动规律。此种传动机构虽然结构简单,但无法避免铰接处磨损而造成传动失真,因而目前很少使用。

4.2.4 机械示功器的优缺点和适用范围

机械示功器由于它利用机械位移方法进行测量,必然带来机械式测量仪器的固有缺陷,如感受缸内压力和反映活塞位移部分具有一定的质量(强度要求),而其弹簧刚度不能太大(灵敏度要求),致使它的自振频率很低,不适用于高速内燃机,只适用于低速机和部分中速机(如转速低于400 r/min的内燃机)。

目前,机械示功器在大型低速船用柴油机上被广泛用作随机测试仪表,供监控柴油机运转使用。

4.2.5 示功图的测取方法及注意事项

示功图形状受许多因素影响,譬如示功器使用和维护不当,传动机构安装不正确,天气、海况的变化等都会影响示功图的形状。因此在测取示功图时应做好准备工作,按正确方法进行测录:

(1)使用前应对示功器进行检查和保养,使其可动部分有良好的润滑,保证小活塞在气缸内能以自身质量均匀下滑。当示功器与传动机构之间的距离大于1.5 m时,应选用钢丝软绳;

(2)使柴油机负荷稳定,即各运行参数达到正常值并保持稳定不变,选择适宜的海况和气象条件;

(3)安装示功器前,必须先打开示功阀把通路中的积炭及杂质吹净;

(4)示功器安装后,应先在转筒的记录纸上画出大气压力线;

(5)测量示功图时轻按画笔尖以防划破记录纸;

(6)测取满意的示功图后,应注明日期、缸号、转速、排温、油门格数、弹簧比例等,并与驾驶台联系记录气候、风力、风向、潮流、吃水、船速等,供分析时参考;

(7)为准确起见,最好每缸测取2个示功图,当测取5至6个示功图后,应拆下示功器进行冷却,测量完毕,应对示功器进行彻底清洁和保养。

4.3　电子示功装置

随着现代科学技术的迅速发展,利用电子示功装置已十分普遍,尤其在现代内燃机的监控技术中均采用电子示功装置来分析研究内燃机缸内的工作过程。

电子示功装置一般由三大部分组成:传感器、测量电路和记录显示装置。它利用电子技术,通过各种形式的传感器把内燃机缸内的气体压力、曲轴转角等非电量按一定比例转换成相应的电量输出,经放大器等中间环节输送到记录显示装置进行观察或打印。

在内燃机测试中,通常使用压电式或电阻式传感器测量气缸内压力,使用磁电式或光电式曲轴转角发生器反映曲轴转角的变化。在电子示功装置中,压力传感器是一个核心环节,不同的压力传感器决定着不同的测量电路。通常,示功装置按所采用的压力传感器不同进行分类,而且习惯上也多以其传感器命名示功装置。所以电子示功装置亦可分为压电式示功装置、电阻应变式示功装置、电容式示功装置和电感式示功装置等。

目前内燃机中使用的电子示功装置主要采用压电式、电阻应变式、电容式。

在传感器和记录显示装置中,运动部件的质量和位移很小,自振频率很高,因而能满足高速内燃机瞬变量测量的要求,它可以显示或记录某一瞬间整个瞬变量的波形,可以对循环的变化(不稳定工况)进行测录,并能在同一张图形上同时记录下多个相关量的变化过程,以便对各参数的关系进行研究,如图4-5所示。

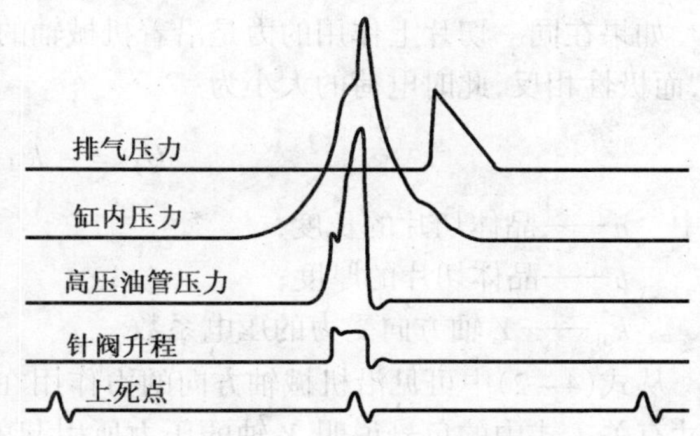

图4-5　较完整的内燃机示波图

4.3.1　压电式示功装置

1.压电效应

有些结晶物质沿它的某个结晶轴受到力的作用时,其内部有极化现象,在它的表面上有电荷集结,其大小和作用力的大小成正比,这种效应称为“正压电效应”。反之,如果在晶体的某些表面之间加上电场,在晶体内部也产生极化现象,同时晶体产生变形,这种现象称为“逆压电效应”。具有压电效应的晶体称为压电晶体。作为压电传感器材料的压电晶体有石英晶体、钛酸钡、锆钛酸铅等。

以石英为例说明。图4-6(a)表示天然结构的石英晶体,它的基本结构是一个正六棱柱体,可以把它用三根互相垂直的轴来表示。其中纵向轴 $Z(z)$ 称为光轴,经过正六棱柱棱线并垂直于光轴的 $X(x)$ 轴称为电轴,与 $X(x)$ 轴和 $Z(z)$ 轴同时垂直的 $Y(y)$ 轴称为机械轴。

从晶体上沿 $Y(y)$ 轴方向切下的薄片称为晶体切片,如图4-6(b)所示。在每一切片中,当沿电轴方向作用有力 F_X 时,则在与电轴垂直的平面上产生电荷 Q_X,它的大小为

$$Q_X = k_{33} F_X \tag{4-1}$$

式中　k_{33}——压电系数。

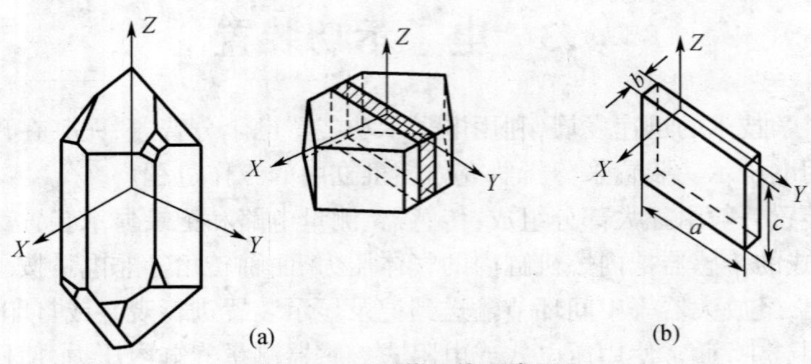

图 4-6 石英晶体示意图

(a)天然晶体;(b)晶体切片

电荷 Q_X 的符号由 F_X 受压还是受拉而定。从该式看出,切片上产生的电荷大小与切片的几何尺寸无关。这种沿电轴方向受力所产生的压电效应叫做纵向压电效应。

如果在同一切片上作用的力是沿着机械轴的方向,其电荷仍在与 X 轴垂直的平面上出现,而极性相反,此时电荷的大小为

$$Q_Y = -k_{31}\frac{a}{b}F_Y \tag{4-2}$$

式中 a——晶体切片的长度;

b——晶体切片的厚度;

k_{31}——Y 轴方向受力的压电系数。

从式(4-2)中可见沿机械轴方向的力作用在晶体上时,产生的电荷与晶体切片的几何尺寸有关。式中的负号说明 Y 轴的压力所引起的电荷极性与沿 X 轴的压力所引起的电荷极性是相反的。这种沿机械轴方向受力所产生的压电效应叫横向压电效应。

综上所述,晶体切片上电荷的符号与受力方向的关系可用图 4-7 表示。

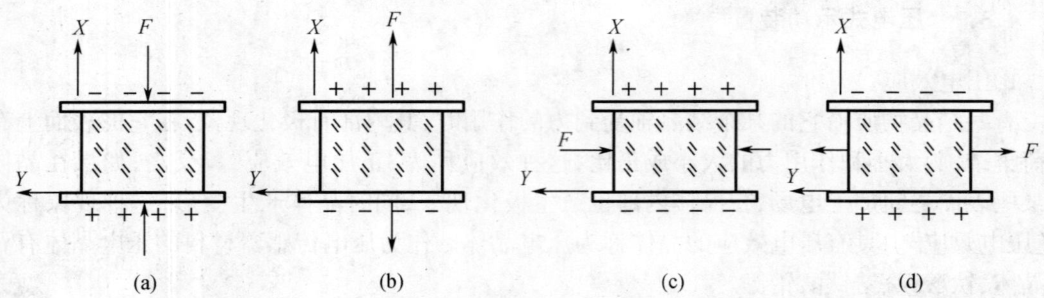

图 4-7 晶体切片电荷符号与受力方向关系示意图

(a)X 轴方向受压力;(b)X 轴方向受拉力;(c)Y 轴方向受压力;(d)Y 轴方向受拉力

压电传感器就是利用压电材料的压电效应制成的传感器,即当有一力作用在压电材料上时,传感器就有电荷输出。因此从它可测的基本参数来讲只是一力传感器,但是通过改变传感器结构和测量线路之后,也可以测量加速度、速度等振动和力的参数。

对于压电传感器的基本要求是高的自振频率、高的绝缘性、高的灵敏度和温度变化的稳定性。为满足以上要求,在结构上采取一些相应的措施。

在压电传感器中，压电材料一般不用一片，而常常采用两片以上黏结在一起，这样可以提高灵敏度。由于压电材料是有极性的，因此接法上有两种，如图4-8所示。在图4-8(a)中两片压电材料的负电荷都集中在中间电极上，这种接法叫并联。输出电容 C' 为单片电容 C 的两倍，但输出电压 U 等于单片的电压 U，电极上的电量 Q' 为单片电荷量 Q 的两倍，即

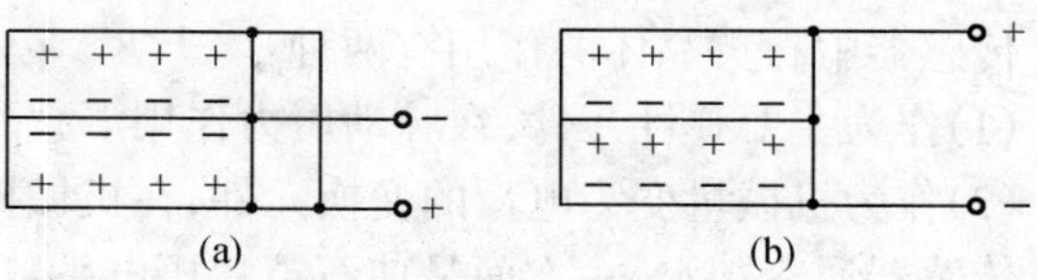

图4-8　两压电片的连接方式

$$Q' = 2Q \qquad U' = U \qquad C' = 2C$$

在图4-8(b)中，正电荷集中在上极板，负电荷集中在下极板。在中间的极板上，由于上片产生的负电荷与下片产生的正电荷相互抵消，这种接法为两压电片的串联。从图中可知输出的总电荷 Q' 等于单片电荷 Q，而输出电压 U' 为单片电压 U 的两倍，总电容 C' 为单片电容 C 的一半，即

$$Q' = Q \qquad U' = 2U \qquad C' = C/2$$

在这两种接法中，并联接法输出电荷大，本身电容大，滞后常数大，适用于测量以电荷作为输出量的地方。而串联接法输出电压大，本身电容小，适用于以电压作输出信号，并且测量电路输入阻抗很高的地方。

由于压电式传感器的输出电信号是很微弱的电荷，而且传感器本身有很大内阻，故输出能量甚微，这给后接电路带来一定困难。为此，通常把传感器信号先输出到高输入阻抗的前置放大器。经过阻抗变换后，方可用一般的放大、检波电路将信号输给指示仪表或记录器。

前置放大器电路有两种形式，其一是用电阻反馈的电压放大器，其输出电压与输入电压（即传感器的输出）成正比；另一种是带电容反馈的电荷放大器，其输出电压与输入电荷成正比。

使用电压放大器时，整个测量系统对电缆电容的变化非常敏感。连接电缆长度变化时，仪器的灵敏度将发生变化。使用电荷放大器时，电缆长度变化的影响几乎可以忽略不计。因此，电荷放大器的应用日益增多。

2.压电式压力传感器

压电传感器是根据晶体的压电效应而制成的。可利用的压电材料很多，由于石英晶体具有机械强度高、使用温度范围宽等优点，在内燃机测试中应用较广。

在高压测量中，常利用石英晶体的纵向压电效应，晶体的机械强度高。图4-9是一种常规的压电石英传感器，气体压力经膜片4传递给套筒7和晶体3，晶体受压时产生的电荷经导线5引出。

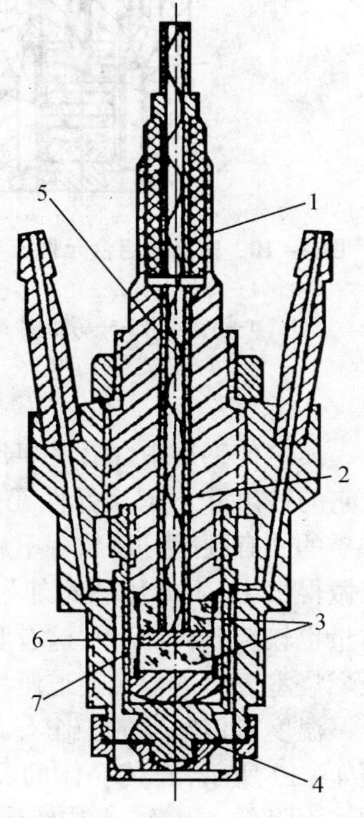

图4-9　常规的压电石英压力传感器示意图

1,2—绝缘体；3—晶体；4—膜片；5—引出导线；6—电荷引出片；7—套筒；8—冷却水管

为使传感器有较高的灵敏度，多采用并联式的多晶片组合压电元件，如图4-10所示。由于石英片直径可小于5 mm，每片

厚仅为 0.5～1.0 mm,所以传感器尺寸仍很小。

传感器中石英晶体的作用有两种:

(1)作为主要弹性元件,在脉动压力作用下它作轴向强迫振动;

(2)作为机械量变为电量的变换元件,在机械振动的同时产生变动的电荷。

传感器通冷却水,一方面是使石英片压电系数保持稳定,另一方面是为避免由于温度改变造成变形,使石英片预压应力改变,同时为保护薄膜片不被烧损。

另一种方式是利用晶体的横向压电效应,增加晶体切片的长度与宽度的比值,即可提高灵敏度。但石英在此方面受压时机械强度较低,故多用于低压测量。如图 4-11 所示,石英晶体 5 内表面所产生的电荷由导线 8 收集。

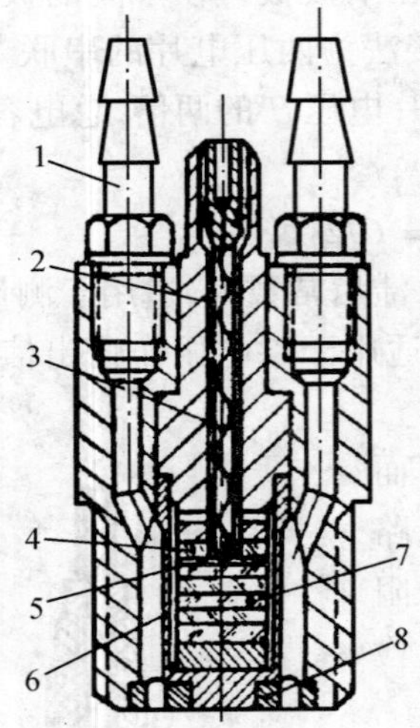

图 4-10 多晶体组合元件压电传感器示意图

1—冷却水管;2—绝缘体;3—导线;
4—单片石英;5—引出片;6—套筒;
7—石英晶体组件;8—膜片

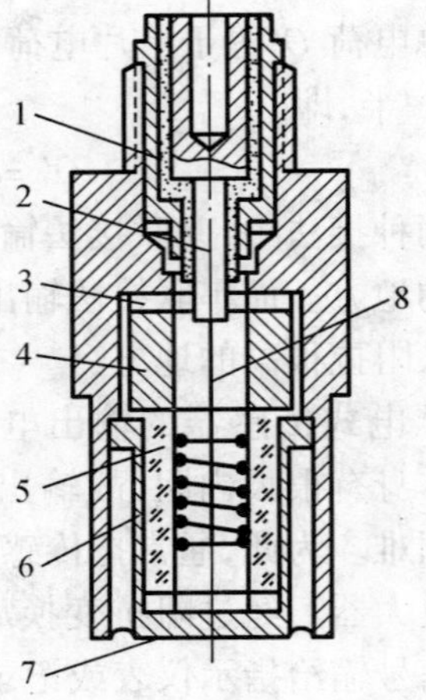

图 4-11 利用横向压电效应的压电传感器示意图

1—绝缘套筒;2—插头;3—石英片;
4—附加重块;5—石英晶体;6—套筒;
7—膜片;8—导线

压电传感器中,晶体本身固有频率很高,而且它的输出并不依靠弹性元件的变形,所以传感器的固有频率可达数百千赫。传感器尺寸可以做得很小,压力传感器外形尺寸已做到 $\Phi5$,质量也较轻,结构简单,这有利于将传感器安装至燃烧室表面进行无通道压力测量。

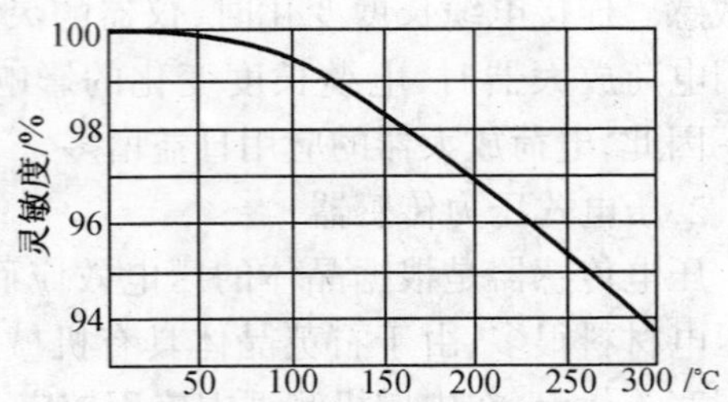

图 4-12 石英晶体压电灵敏度与温度关系曲线

温度对传感器的工作有着明显的影响。如图 4-12 所示,石英晶体的灵敏度会随温度的增高而降低。其次,当传感器长时间工作后,晶体支承系统由于温度升高而产生热膨胀,造成对晶体预紧力的改变,从而使传感器输出产生漂移,这种漂移对测量精度影响较大。为减小温度的影响,使用中应正确组织对传感器的冷却。

此外,在传感器结构上采取温度补偿措施也十分有效。图 4-13(a)所示为传感器装有膨胀块的结构，膨胀材料的膨胀系数比壳体材料大数倍，使传感器在温度作用下预紧力变化很小，从而补偿因壳体温升所造成的漂移。

因此，内燃机工作时，气缸内的温度在每一循环中发生剧烈的变化，为使传感器在此情况下受热均匀，输出信号不受脉动温度影响，采用图4-13(b)所示的特殊膜片，膜片的材料是镍铬钼合金，在脉动温度下受热均匀，可大大减小瞬时温漂。

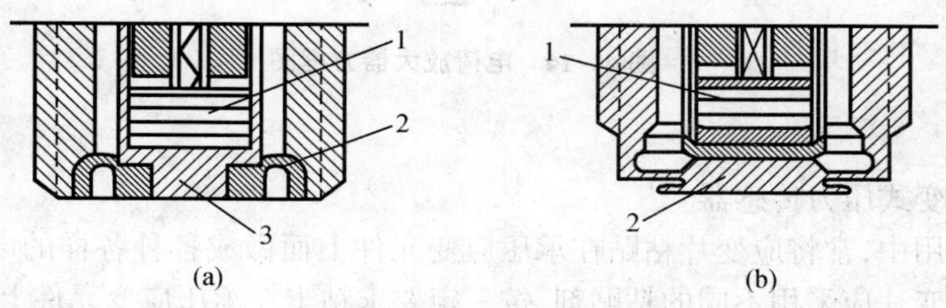

图4-13 温度补偿结构

1—石英组件；2—膜片；3—膨胀块

振动对压电式传感器有显著地影响，尤其表现在低压测量中。为此，应尽量减小传感器有关元件的尺寸，以减小对振动加速度的敏感性。其次，可在结构上采取补偿措施。图4-11所示低压传感器中，设置有附加重块4和反极性相接的石英晶体3和5，由于振动加速度所产生的额外输出将由晶片3所产生的反极性电荷所抵消。

3.测量电路

利用石英晶体的压电效应制成压电传感器，输出的电荷信号经放大器放大并转换成电压信号，最后由示波器观察或记录。

由于压电传感器输出的是微弱的电荷信号，因此要求测量电路具有足够高的输入阻抗和高的、稳定的放大倍数，所以常采用的是电荷放大器和电压放大器。

电荷放大器的功能是将电荷信号加以放大，最后转换成电压或电流信号输出。它是一个输入阻抗非常高，并以电容作负反馈的高增益运算放大器。其电压输出的大小电荷 Q 成正比，其关系式为

$$U_0 = -Q/C_f \tag{4-3}$$

式中 C_f——反馈电容。

电荷放大器主要由电荷放大级、低通滤波器和输出放大级三部分组成。如图4-14所示，运算放大器 A_1 和 C_f，R_1 构成了电荷放大线路，改变 C_f 可改变放大器的灵敏度。中间部分组成滤波电路。R_4，R_5 和 A_3 组成了输出放大极，改变 R_4 即可改变运算放大器 A_3 的反馈系数 β，这使放大器对不同灵敏度的传感器有不同的增益。

4.记录显示装置

示功装置按传感器的不同采用不同的测量放大电路，显示记录装置一般可以通用或互换。电子示功装置的显示记录设备常采用的有数字示波器和磁带记录仪等。

4.3.2 电阻应变式示功装置

电阻应变式示功装置由电阻应变式压力传感器、动态电阻应变仪、记录显示设备组成。电阻应变式压力传感器将被测压力变换为应变片电阻值的变化，经动态电阻应变仪将该电阻值的变化转换并放大成所需的电压或电流信号，然后用记录显示设备记录及观察信号的

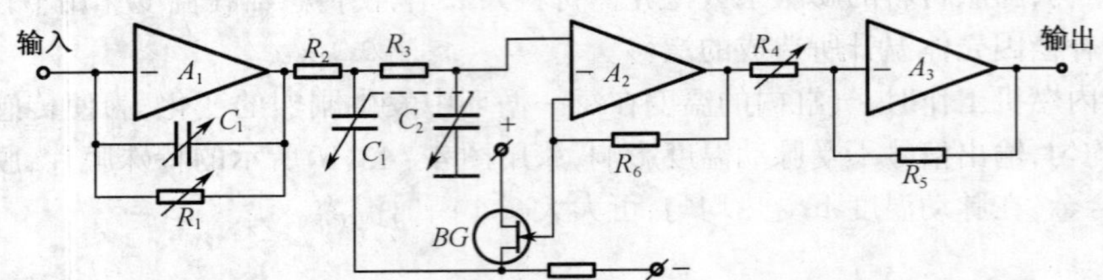

图 4－14　电荷放大器方框图

变化过程。

1.电阻应变式压力传感器

在实际应用中，常将应变片粘贴在承压应变元件上而做成各种各样的电阻应变式传感器。不同的应变片应采用不同的粘贴剂，按一定要求粘牢在承压应变元件上，两者之间要有足够大的绝缘电阻(一般应在 200 MΩ)以上。承压元件应具有自振频率高、灵敏度高、强度大、稳性好、弹性滞后小等性能。电阻应变式压力传感器按其承压元件的形状不同分为应变筒式及应变板式等结构形式。

图 4－15 所示为应变筒式压力传感器。利用传感器外壳头部螺纹可将其固定在测压通道上。被测压力经测压通道作用在膜片 5 上，膜片很薄，其截面呈悬链形，可以认为它在变形时不会产生任何弹性力，仅仅把它所受压力变为集中力传给它接触的应变筒 4，应变筒壁厚一般为 0.2～0.3 mm，在筒外壁贴有应变片 7，应变筒被压缩产生应变，引起应变片的电阻值产生变化。应变片的导线经装在绝缘帽 1 上的接线柱 9 由屏蔽电缆 10 引出并接至电桥盒。丁烯橡胶套筒 6 保证应变片在通水冷却情况下的绝缘，冷却水经管 8 对膜片及应变筒进行冷却。调整垫片 3 保证装配时应变筒有合适的预紧应力。这种传感器可用于内燃机中较高压力的测量。

图 4－16 是应变板式压力传感器。被测压力作用于膜片 9 上，通过连接杆 6 以集中力传递给周边固定的圆形应变板 5，引起贴于应变板上的应变片 4 的电阻值变化。

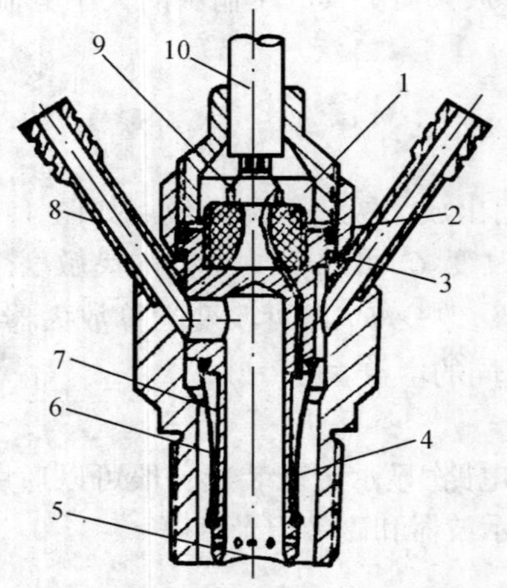

图 4－15　应变筒式压力传感器原理图

1—绝缘帽；2—密封垫片；3—调整片；4—应变筒；5—膜片；6—橡胶套筒；7—应变片；8—水管；9—接线柱；10—屏蔽电缆

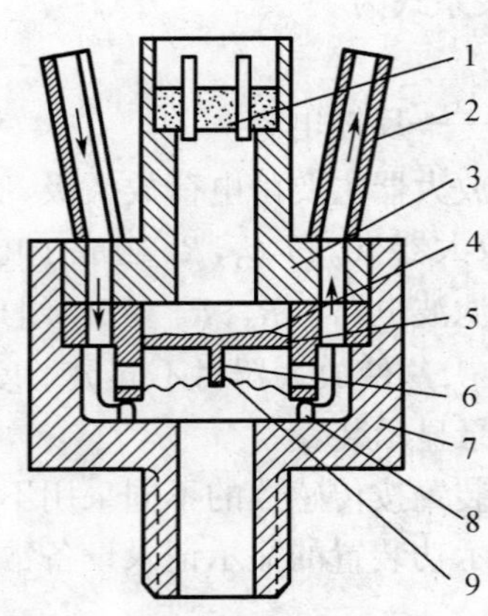

图 4－16　应变板式压力传感器原理图

1—接线柱；2—冷却水管；3—壳体；4—应变片；5—应变板；6—连接杆；7—壳体；8—O 形圈；9—膜片

一般情况下在应变板的中心贴一只应变片，感受被测压力，另一应变片则贴在应变板之外与膜片的温度、材料相同但不受力的地方，作为温度补偿片。

这种传感器灵敏度高，适合于高温低压方面的压力测量，常用来测量内燃机进、排气压力及换气过程中的缸内压力。

2.测量电路

应变电桥输出电压一般为微伏至毫伏数量级，为便于显示记录，需用电阻应变仪进行放大。

电阻应变仪的作用就是把电阻值的变化转换并放大成电压或电流信号。如图 4－17 所示。

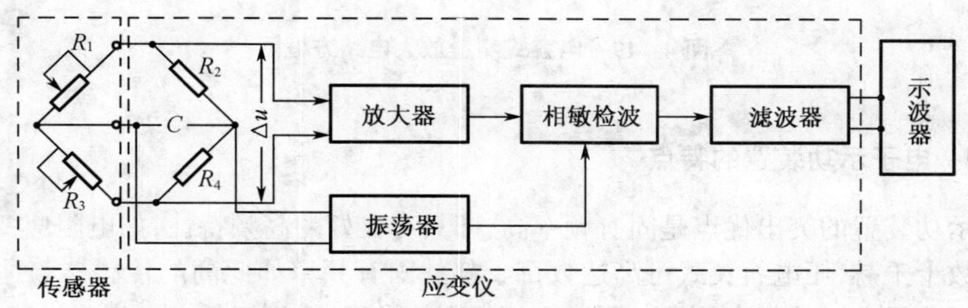

图 4－17　电阻应变式测量放大电路方框图

电阻应变式示功装置与压电式示功装置比较，有如下特点：它不存在类似于压电系统的信号直流漂移、随机零线及工作点漂移问题，静态标定较容易，一般用的放大器较普及，工作稳定性好，测量精度较高；传感器较便宜，但尺寸大、输出小、寿命短；由于载波频率的限制，其高频特性稍差。

4.3.3　电容式示功装置

1.电容式压力传感器

如图 4－18 所示的电容传感器。图中 3 为石英片，石英片凹下的平面和中央圆孔的内壁镀有一层很薄的金属膜，分别作为电容的固定极板和电极 6 的引线。作为动极板的膜片 4 由耐热不锈钢制成，膜片在被测压力作用下的变形就构成了电容的变化。

选用不同的膜片厚度，可以测得 0.1 MPa 以下的低压至 20 MPa 的高压。减小极板间的初始间隙及膜片变形，可改善电容传感器的线性，但传感器的灵敏度和膜片固有频率之间的选择是互相矛盾的。

2.测量电路

电容式示功装置一般采用改变极板间距离的方法进行压力－电容之间的转换。适合于测量电容变化的电路种类很多，在内燃机测试中，较为广泛采用的是抗干扰能力较强的调频式测量放大线路，如图 4－19 所示。

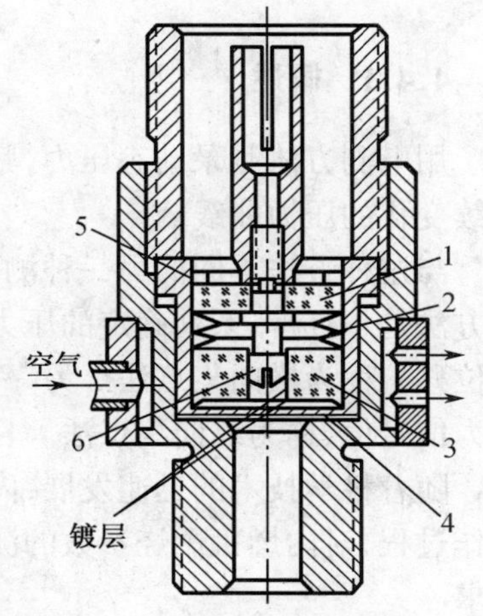

图 4－18　电容式压力传感器原理图

1—陶瓷片；2—碟形弹簧；3—石英片；4—膜片；5—卡环；6—电极

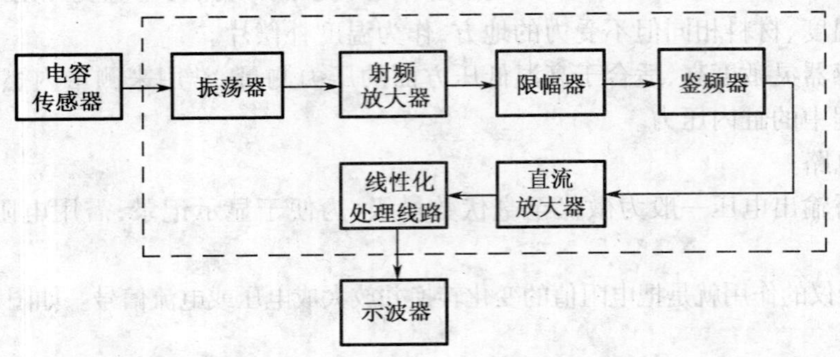

图 4-19 电容式测量放大电路方框图

4.3.4 电子示功装置的特点

电子示功装置的突出优点是固有频率高，即具有良好的高频特性，如电阻应变式的固有频率可达数十千赫，压电石英式可高达数百千赫。固有频率如此高的传感器与适当的测试环节匹配可获得良好的频率特性。所以它的频率特性宽，适用于低、中、高速机使用，测量误差小于 1% 。

电子示功装置灵敏度高，线性好，但它易受外界干扰影响。如电源电压波动、电磁场干扰、环境温度变化等均影响其工作稳定性。因而它对测量电路要求较高，需设补偿装置。电子示功装置既可测取单个循环示功图，又可测取多循环平均示功图。它与计算机组成一套完整的多参数综合测量系统，可实现对内燃机的远距离监测、数字显示及自动控制，完成对内燃机的诊断、趋向预报等监控技术。

4.4 动态参数采集和处理系统

4.4.1 概述

用电测方法测录动态压力，其测录过程是在某一循环中连续进行的，最终得到的是一条连续变化的压力曲线。

与这种方法不同的另一种测录过程是离散进行的，其相应的方法称为采样集点法。一种方法是，对应一系列确定的压力值，采集当缸内被测压力与之相平衡时的曲轴转角(或活塞位移)，称为横向集点法。另一种是在一系列曲轴转角下(或对应某些时刻)，采集相应的压力信号值，称为纵向集点法。目的是要取得某一工况下缸内的压力变化曲线。

随着科学技术的迅速发展，内燃机的强化程度不断提高。为了更深入地研究发动机的工作过程，对内燃机燃烧参数的测量和分析，提出了高速度、高精度、多参数和瞬时测量的新要求。

高速度指测量数据能自动快速采集；高精度是指提高仪表精度的同时，可满足多循环平均化的要求；多参数是指在测录示功图时同时测录针阀升程、油管压力波等曲线，便于对燃烧过程全面分析；瞬时测量能适应过渡工况测量的需要。

近年来，由于电子计算机技术的迅速发展，内燃机智能化测试仪器的开发利用显示出强大的生命力,各种内燃机燃烧性能动态参数的采集和处理系统相继问世。这一系统的出现,给内燃机动态参数的快速采集和示功图的数据处理带来了极大的方便,基本上满足了当前内燃机性能研究的要求。

动态参数采集和处理系统主要由数据采集器、存储器、微型计算机、转角信号发生器、图像显示屏、打印机、绘图仪及其他记录设备等组成,一般称为内燃机燃烧分析仪或发动机数据分析系统。图 4-20 是分析仪的系统原理图。

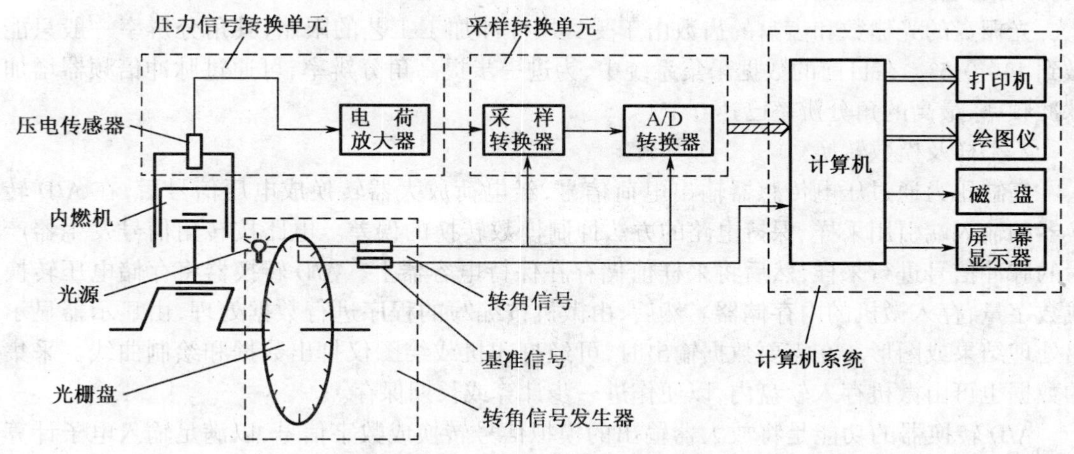

图 4-20　示功图的数据采集处理系统原理图

这些分析仪器既可在现场采集数据,又可进行实时处理。数据采集处理系统主要有两类:一类是基于通用计算机配置简单的数据采集接口和处理软件来实现的,这类系统对软件的修改和扩充有较大的灵活性。另一类是处理程序固化在存储器内,结构紧凑,使用简便,成为一种专用的数据分析仪。这些分析仪具体体现了动态压力测量中纵向集结点的应用,但它们的功能远不止测录示功图和动态压力,还可测量分析与燃烧过程及性能有关的参数,如针阀升程、气门升程、放热规律及火焰温度等。不同的分析仪具有不同的测量和分析功能。

4.4.2　数据采集与转换

1.转角信号发生器

在示功图测录中,通常以曲轴转角作为示功图的时间坐标,而示功图上的各特征点都是和曲轴转角相对应的。为此,数据采集一般是根据转角脉冲信号来触发采样。所以,曲轴转角信号发生器是数据采集系统中的一个重要组成部分。

转角信号发生器由光源、光栅盘、光敏元件以及信号放大整形电路组成(图 4-20)。当内燃机运行时,它产生两路脉冲信号,即曲轴每转过一定角度产生一个转角脉冲信号和曲轴每转一圈产生一个基准脉冲信号。

转角脉冲间隔的大小,即角度分辨率,表示了采样的密度,它对测量及处理的结果有很大影响。试验结果证明,在上死点不变和采集相同循环数的条件下,如用 5°的角分辨率和 0.1°的角分辨率相比,计算平均指示压力的结果,其相对误差要大 3.5% 左右。角度分辨率越高,即采样密度越大,相对误差越小,测量就越准确。

转角脉冲信号的产生常用光电法和磁电法来实现。

(1)光电法

在光栅盘的外圈上,按所要求的角分辨率加工一定数目的转角光栅,而在内圈上只加工一条光栅,供上死点用。光源经光栅到达另一侧由两个光敏元件制成的受光器,分别接受转角和上死点脉冲信号。

(2)磁电法

其原理与用于测量上死点的方法类似,不同的是在曲轴上安装一个齿盘以代替安装在飞轮上的尖劈。当磁电传感器每经过一个齿时,就因感应而产生一个脉冲信号。

光栅盘的光栅数和齿盘的齿数由于受到尺寸和加工工艺的限制,其角分辨率一般只能做到 1°~0.5°。在目前的数据采集系统中,为进一步提高角分辨率,可通过脉冲倍频器增加脉冲频率,最高的角分辨率已达 0.1°。

2.采样及模数转换

气缸压力通过压电传感器输出电荷信号,经电荷放大器转换成电压信号后,在 A/D 转换器的输入端引用采样、保持电路的方法抑制模数转换的误差。电路按转角信号发生器产生的脉冲信号进行采样,然后将采样值储存在保持电容器上。A/D 转换器将存储电压转换成数字量,存入微机的内存储器。然后,由微机按编写的程序进行数据处理,由显示器显示出处理结果或图形。在需要数据输出时,可经打印机或绘图仪打出数据和绘制曲线。采集的数据也可由微机存入软盘内,以便作进一步计算或长期保存。

A/D 转换器的功能是将放大器输出的模拟信号转换成数字信号,以满足输入电子计算机的需要,因此,A/D 转换器是数据采集系统中的一个重要部件。

A/D 转换器有两个重要指标:分辨率和转换速度。

分辨率用转换成数字量的二进制数的位数来表示,转换器有 8 位至 16 位的。例如 8 位转换器有 2^8(或 256)级输出,因此它的分辨率为 $1/2^8$。位数越多,分辨率越高,它的“量化误差”就越小。量化误差是指真实模拟电压与以数字量表示的电压的差值。但是位数越多,转换速度就要降低,存储容量也越大。

转换时间是把采样值变成数字量的时间。A/D 转换器的转换时间从数毫秒到数微秒,主要取决于转换类型和位数。转换时间越短,转换速度越高。高转换速度有利于采样频率的提高。如果一个模数转换器要转换 m 个通道信号时,它的实际转换速度就要降低到原来的 $1/m$。若要保持同样高的转换速度,可采用多个模数转换器并联使用。

3.采样处理系统的优点

(1)动态参数实行自动采集,测量速度快,测量通道多,可同时进行多参数测量。

(2)测量数据由微处理机进行实时分析及平均化处理,取得所需结果方便,精度高。

(3)数字量输出,便于直读及比较,测量数据可以重复使用或长期保存。

(4)使用采样速度和内存足够大的数据分析仪,可作瞬态工况测量。

由于数据采集与分析系统的特点,使它不仅能用于常规的内燃机燃烧及性能的实验分析,对某些部分稍加改造,还能用于内燃机运行工况的监护及实时控制,所以具有广阔的发展前景。

4.5　上死点的测定

活塞上死点是发动机基本参数的相位基准，在测录示功图时，如何在图上准确地确定活塞上死点相位，对研究发动机工作过程和进行试验研究具有重要的意义。如利用示功图求平均指示压力时，若示功图上的上死点相位偏差 1°CA（曲柄转角），则将在平均指示压力值产生 5% 以上的误差。

对于上死点相位要做到完全准确定位是困难的。内燃机静态时的几何上死点可以看成有一个固定的位置，可是运转中的内燃机由于受燃气压力及往复惯性力的影响，活塞与曲柄连杆机构因受力而变形及活塞热变形、轴承间隙的变化等等，使得在工作状态时的上死点相位与静态的相位存在差异。

由于仪器设备条件及要求不同，确定上死点的方法很多，下面介绍常用的几种上死点的确定方法。

4.5.1　飞轮上死点标记的确定

所有发动机飞轮壳（或机体）与飞轮上均有标记，二者对正时表明某缸活塞到达上死点。

为了较准确地确定标记的位置，多数采用千分表读出活塞运动的方法。可是在上死点附近，活塞相对曲轴转角的位移是很小的。要使活塞在上死点附近移动 1/100 mm，曲轴必须转动 3°左右。因此，用这种方法直接测定上死点，会有 ± 1°的误差。

为了减小这一误差，可采用等行程中点法：从正反两个方向盘动飞轮使活塞上升到位移对曲轴转角的敏感区（上死点前后 50° ~ 60°曲轴转角）的相同高度，即位于活塞顶上的千分表有相同读数，此时在飞轮壳（或机体）标记对正的飞轮圆周上面可以分别确定两对应点，取两点间圆弧的中点即为所求上死点标记位置。这种方法的精度可达 ± 0.25°曲轴转角，但在偏心机构的发动机上不能直接使用这种方法。

对于多缸发动机，各缸的上死点应以上述方法分别确定。若以某一缸为准来推算其他各缸的死点，则会将曲轴制造与装配误差带到测量中。

4.5.2　上死点测定方法

1. 磁电法

利用电磁感应原理制成的感应式死点传感器，应用得比较广泛，其原理如图 4 – 21 所示。

飞轮上装有一导磁材料制成的尖劈 2，在机体的适当位置装上绕有 ω 匝线圈的永久磁铁芯 3（可用高阻耳机芯子改装）。飞轮转动时，尖劈经过磁铁端部，引起磁路的磁阻变化，从而使得磁通量 Φ 变化，在线圈中产生感应输出电压 $e = -\omega \dfrac{\mathrm{d}\Phi}{\mathrm{d}t}$。若上死点标记对正时，尖劈对正磁铁时，磁通量 Φ 达到最大值，线圈 a，b 两端输出 $e = 0$，如图 4 – 21 中电压曲线中的

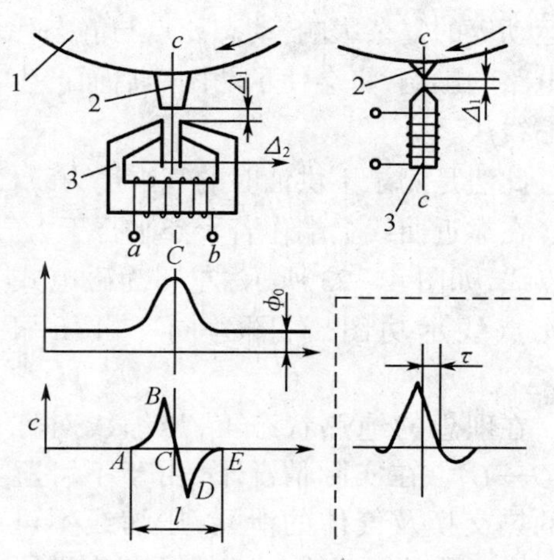

图 4 – 21　磁电法上死点测定原理图

1—飞轮；2—尖劈；3—永久磁铁

C 点,其两旁分别为 e 的最大值及最小值(图中 B,D 两点)。若安装使传感器尖劈与磁铁对正时,正好飞轮与飞轮壳(或机体)上的死点标记对准,则 e 曲线上的 C 点即对应上死点。

理想情况 e 曲线以 C 点为轴对称,而实际上由于感生电流也产生磁场,它与磁铁的磁场综合作用则造成输出电压曲线的不对称,出现了对理论死点的延迟 τ(见图 4-21 右下角)。τ 值的大小随着间隙 Δ_1,Δ_2 及飞轮圆周速度的增大而增大。为减小此项误差,应尽量采用高阻仪表来测量感生电压 e;安装时使间隙 Δ_1 小些,使用双极磁铁(见图 4-21 左上角),使间隙 Δ_2 较小,以保证电压曲线长度(所对应的曲轴转角度数较小,这也有利于减少死点滞后误差 τ)。通常 $\Delta_1 = 0.15 \sim 0.20$ mm,$\Delta_2 = 0.30 \sim 0.40$ mm,这种方法可以得到必要的上死点精确度。

磁电式上死点传感器输出电压信号较大,可以直接送记录、显示仪器。

2.光电法

光电式上死点传感器的组成如图 4-22 所示。

图中(a)为一圆盘 3 随曲轴转动,圆盘两旁分别放置光源 1 和光电元件 2,圆盘上有一条径向透光缝或遮光线,当透光缝或遮光线转至光源和光电元件之间的光路上时,光电元件感受或被遮断光一瞬间而发出一个光脉冲信号。

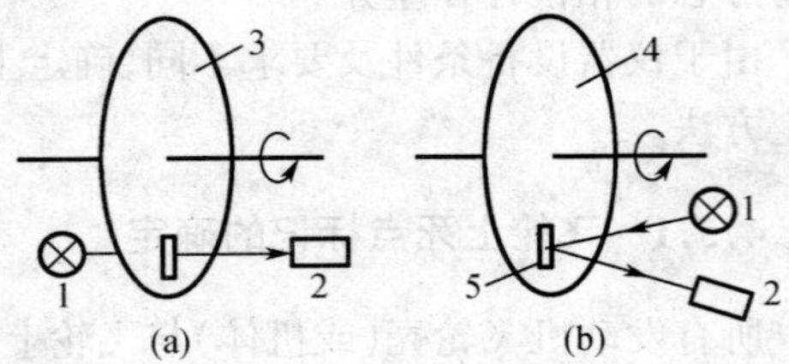

图 4-22 光电式上死点测定原理图

1—光源;2—光电元件;3—圆盘;4—飞轮;5—反光条

图(b)为反射式的,光源 1 与光电元件 2 位于飞轮 4 的同侧,飞轮的端面或外圆周面上贴一窄反光条 5,当飞轮旋转至反光条反射光到光电元件上时,光电元件发出一个脉冲信号。安装时,使发出光脉冲信号的瞬时,正好是飞轮与飞轮壳(或机体)上的死点标记对正时,则此脉冲信号与上死点相对应。

光电式上死点传感器响应速度快,适用于高速机。

3.气缸压缩线法

前面几种上死点测定的方法均以飞轮上的死点标记为基准来测定上死点,这个标记是静态确定的,存在死点的静态误差。当发动机运转时,由于温度、各零件受力、零件间的间隙及运动等的复杂影响,动态死点与静态死点间存在差异。另外,测录缸内压力时的通道效应及电路的影响,将会使示功图滞后而产生与上死点间的相位误差。为减小上述误差,可采用压缩线法。

此法是测录不供油时的气缸压力线,对多缸机可用停缸法制取,对单缸机则要用电机拖动。在靠近曲线上端作若干条平行于大气压力线的直线,连接这些直线的中点即可得到上死点线,如图 4-23 所示,左图为磁电式上死点线示功图,右图为同一缸压缩线图。

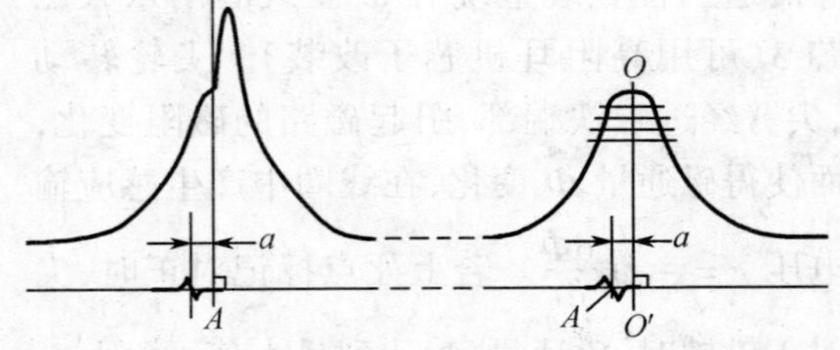

图 4-23 压缩线法修正上死点位置原理图

在理想的绝热状态下,压缩线对称于 O—O'。在实际情况下,由于不可避免的热交换及气体的泄漏,压缩线不可能完全对称。通常在压缩线顶部作平行于基线 $A'O'$ 的数条直线,其压缩线下的线段中点连线与压缩线的交点 O 即为所求的动态上死点。过 O 作垂直线 OO'，取磁电法确定的上死点 A 与 OO' 线的距离 a 作修正值，用以修正示功图相位，A' 点即为修正后的上死点位置。

这种方法是一种在动态情况下获取上死点的较实用的方法，并减小由于电路或转速引起的误差，因此应用较多。

4.动态上死点测定

利用电容变化进行动态死点测定的原理如图 4－24 所示。

传感器电极 1 和壳体 4 之间有绝缘套 3，电容传感器装在缸盖 2 上，当活塞顶 5 运动到上死点时，传感器上的定极板与活塞（作为电容动极板）之间的电容量最大。利用电容测量装置即可得到活塞上死点信号。但是，不仅动态死点相位与静态时不同，即使同是动态测量，由于活塞及连杆受力变形及温度等因素，燃烧膨胀冲程与换气冲程（指四冲程柴油机）所测得的上死点也可能不相同。据有关资料介绍，压缩终了时所测得的上死点比排气冲程将终了时测得的上死点领先，而后者的上死点则与静态死点接近。一般认为采用后者较为合适。

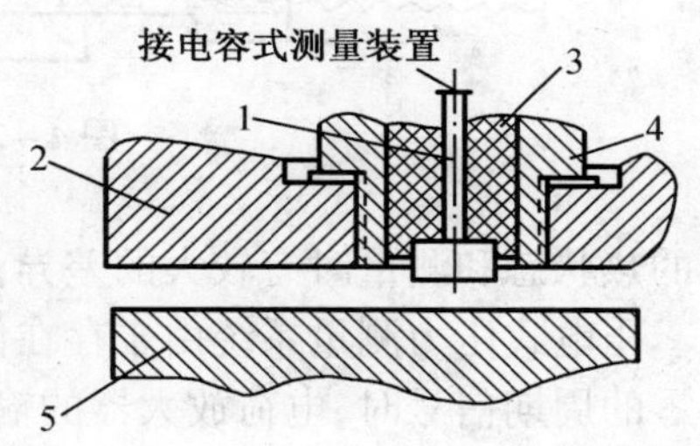

图 4－24　电容式动态上死点测量示意图

1—电极；2—缸盖；3—绝缘套；4—壳体；5—活塞顶

4.6　示功装置的压力标定

为了保证压力值的精确测量，对压力测量仪表需要进行标定，而测录装置的标定，主要是对压力幅值的标定及频率特性的标定。

压力标定的实质是找出示波图上压力曲线的幅度（例如光点偏离零位的高度）y 与压力 p 之间的函数关系，以便定量地确定示波图上各点的压力值。

压力标定分静态标定、动态标定和随机标定。

4.6.1　静态标定

静态标定是在静态压力的作用下，确定仪表输出量与输入量之间的对应关系，即对仪表的指示值进行分度，并确定反映仪表精度的有关指标。

图 4－25 所示为传感器静态压力标定装置示意图。

如校准压力表一样，以活塞压力计作为压力标准器。将待测量用的压力传感器安装在活塞压力计上，连接好测量系统。根据传感器的量程或测量的需要，用压力计对传感器施加不同的压力 p，记录下示波器上光点的位移（或测量仪表的读数）y 和此位移（或读数）相对应的压力值 p，作出压力标定曲线，即可求出纵坐标 y 与压力值 p 之间的函数关系。

为了获得较好的标定精度，作为标定基准仪器的精度比被标定仪器的精度至少要高一个数量级。

标定时，应使测量仪表的有关旋钮位置保持和测量时相同，不得进行任何调整。最好在测量前后各标定一次，以便发现造成误差的原因。

静态压力标定由于活塞的重量及直径等参量可以事先精确确定，故这种标定装置的标定精度较高，还可同时标定两个传感器。主要缺点是：在标定时，测量系统的工作状态、传感

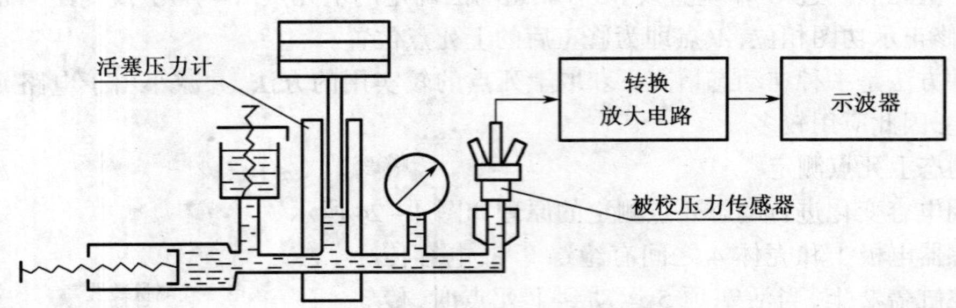

图 4-25 静态压力标定装置示意图

器的热状态和测量时有较大的差异,这就给精密测量带来了误差。

压电式压力测量系统由于存在信号的直流漂移(当压电传感器受直流信号或平均值不为零的周期信号时,电荷放大器的输入、输出及零线会以一定的时间常数漂移,最后至某个位置稳定下来),当加恒定压力标定时,电荷放大器输出不会稳定。设放大器输入电阻 R_g、电缆及传感器绝缘电阻 R_C 和 R_T、反馈电阻 R_f 均为 10^{12} Ω,反馈电容 C_f 为 1 000 pF,则漂移时间常数 $\tau \approx R_f \cdot C_f$;并设压力恒定作用时间 $t = 30$ s,通过计算可得在 30 s 时间内电荷放大器输出电压初始值降低了 3%。可见,压电示功装置只可能进行准静态标定,且应保证上述电阻值均大于 10^{12} Ω,即测量系统的输入阻抗非常高,在尽量短的时间内完成标定,否则漂移所产生的误差将超过允许值。标定时,应该每一个标定点均从零开始加压力,每次加压力前应将电荷放大器复位一下,这样可以避免漂移误差的累积。

4.6.2 动态标定

动态标定不仅要确定压力幅值,更重要的是确定测量装置的工作频率范围及动定误差大小。

动态标定既可用正弦响应法又可用瞬态响应法。前者是利用正弦波激振器对传感器输入激励信号,获得正弦响应曲线;后者是通过专用设备来获得一个已知变化规律的瞬变力,以它来激励传感器,获得瞬态响应曲线,然后根据实验记录数据,用近似的方法求得频率特性。

稳态标定常采用正弦压力源作为激励装置,图 4-26 所示为活塞缸正弦压力源的结构。它的活塞行程是一定的,调整缸体的容积可以改变输出压力的幅值。故其输出压力的幅值和频率范围与活塞缸装置的结构参数有关。

图 4-27 所示为凸轮-喷嘴正弦压力源的结构示意图。喷嘴的气阻随着转动的凸轮表面形状变化而改变,凸轮表面轮廓为正弦压力信号,故其输出信号为正弦压力信号。

由于使用正弦压力信号来测定压力传感器的动态特性要受到压力源所能产生的压力幅值和频率范围的限制,因此,在较高幅值、频率范围确定压力传感器的动态响应时,就应采用瞬态响应法。

瞬态响应的压力源通常采用阶跃压力作激励。这种方法的精度与产生压力阶跃的陡度(即压力上长时间内的斜率)有很大关系。为提高阶跃信号的陡度,即减小压力上升时间,目前广泛采用快速阀门装置和激波管产生压力阶跃。对于固有频率不太高的压力传感器可以采用快速开启阀、击穿容器或爆破膜片等专用装置。这些装置能产生一个负的阶跃压力,下降时间为 10^{-4} s。例如爆破片装置在膜片破裂后,产生 1.4 MPa 压力阶跃,达到稳定的时间

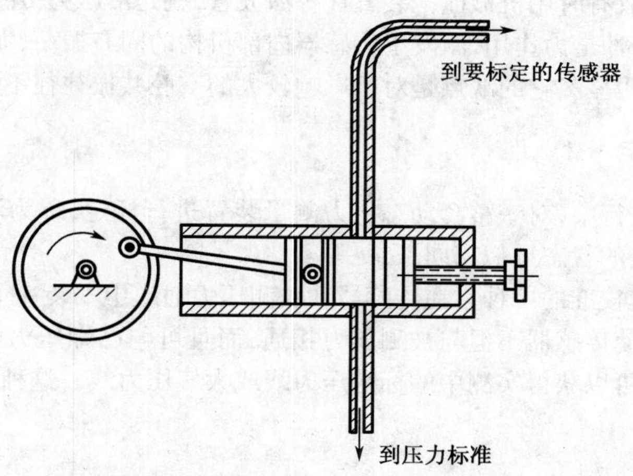

图 4-26　活塞缸正弦压力发生器

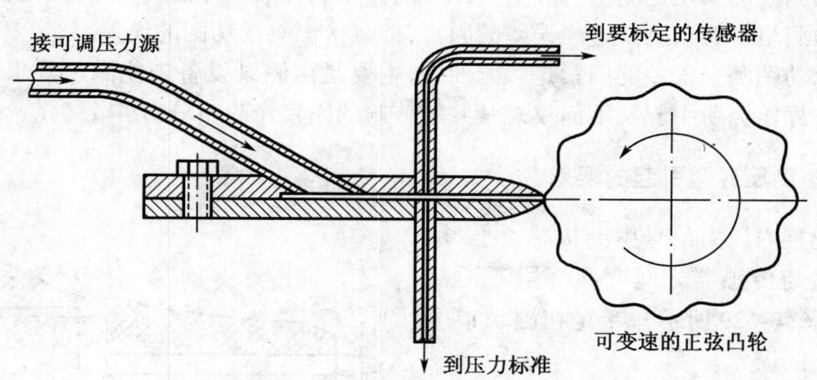

图 4-27　凸轮-喷嘴正弦压力发生器

约为2.5×10^{-4} s。

研究高速响应的压力传感器，可采用激波装置，如图 4-28 所示。激波管是一根等截面的长管，它被膜片分隔成高压室 2 和低压室 3，高、低压室之间的压力依靠密封膜片建立起一定的压比。在保证激波管标准工况的条件下，当使膜片突然爆破的时候，高压室的气体冲向低压室，在低压室的适当位置产生一已知幅值的近似理论的阶跃压力波，此阶跃压力波在 $10^{-8}\sim10^{-9}$ s 时间内上升到最大值，并维持恒压时间约为 5 ~ 10 ms，压力可达 10^{7} Pa，再利用传感器 4 触发记录器使其工作，即可记录下被校传感器 5 等的测量系统的输出波形，从而求得测量装置的频率特性。

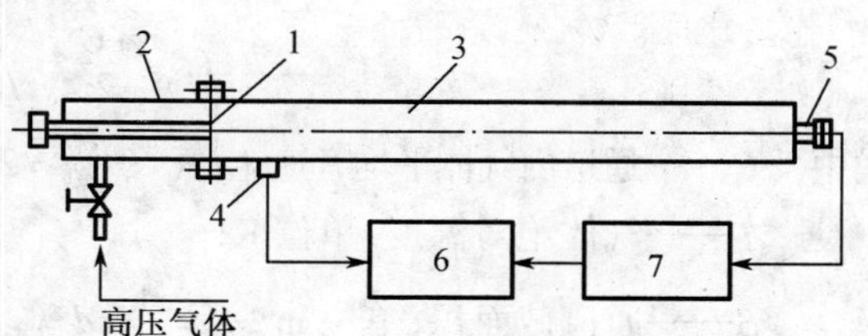

图 4-28　激波管标定装置示意图

1—薄膜；2—高压室；3—低压室；4—传感器；
5—被校传感器；6—记录器；7—转换放大器

在工程实践中，制造一个精度足够

高的激波管不容易,故有时用机械撞击装置代替激波管,就是沿压力传感器受压力方向加一个瞬时撞击力。由于冲击力作用,激发了传感器内部机构的固有振荡,尤其是机械参数符合共振条件,振荡就很明显。它的缺点是对于影响较大的空腔共振往往不能真实地反映出来。

4.6.3 随机标定

在测量过程的进行中,对一整套动态压力测量装置进行标定,称为测量系统随机标定。它可以使测量和标定的状态近似相同。

强制切换是随机校准的一种。在传感器和被测压力通道中安装一个三通阀。在测量中通过三通阀的切换,使传感器不但与被测压力相通,而且可与已知压力的气体或大气相通。这样,在测量过程中可以获得实测中的标定压力线或大气压力线。这种标定方法,目前用在低压测量中。

4.7 示功图测录中的误差分析

示功图测录的实质是测量气缸中的压力随曲轴转角(或气缸容积)的变化关系。因此,凡是使压力测量和转角测量造成误差的因素,都直接影响示功图的误差。

引起示功图测录误差的因素是多方面的,主要是由测录设备未能满足要求以及测试方法不当和外界原因所引起。下面仅对某些较普遍的因素作简略分析。

4.7.1 测压通道引起的误差

为了把缸内压力信号引到传感器上,往往在燃烧室与传感器之间存在一段通道及空腔 V(如图 4-29 所示),于是在测录中引起许多方面的误差。

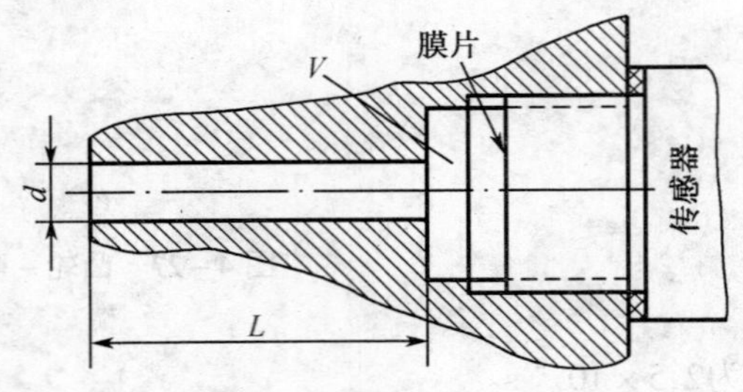

图 4-29 传感器安装通道示意图

1.改变了发动机原有的工作状态

由于增加了通道容积及传感器膜片下的空腔 V,发动机压缩比减小,压缩终点压力降低,使示功图发生变化。

2.导致图形失真

压力通道和 V 容积构成比较典型的振荡腔,压力将通道内的弹性气体进行传递。

腔内气柱的固有频率可按下式近似估算

$$f_0 \approx \frac{C}{2\pi}\sqrt{\frac{S}{LV}}\ (\mathrm{Hz}) \tag{4-4}$$

式中 C——通道内气体平均音速,空气$\{C\}_{\mathrm{m/s}} = 20.05\sqrt{T}$,燃气$\{C\}_{\mathrm{m/s}} = 19.55\sqrt{T}$,单位 m/s;

T——气体绝对温度,单位 K;

S——通道截面积,单位 m^2,$S = \frac{1}{4}\pi d^2$。

同一通道系统对不同频率的压力谐波信号的响应是不同的,不同固有频率的通道系统对同一压力谐波信号的响应也是不同的。因此通道传递给传感器的压力信号存在振幅畸变及相位滞后误差。为保证动态响应误差在允许范围之内,一般要求通道的固有频率要大于被测信号上限频率的两倍以上。

在某发动机上试验表明,有通道时所测得的气缸压力幅值比没有通道时约低 10%。但当通道直径过小而长度大时(或有转弯),不仅因通过阻力造成压力损失,还会因通道气柱的弹性和阻尼作用使相位严重滞后。一般要求通道的自振频率要大于被测信号上限频率的两倍以上。

3.引起腔振

在实际测量中,某些有通道测录的示功图的燃烧及膨胀线上可见到明显的锯齿波。一般认为,这是当缸内压力突然变化时,所产生的脉冲压力波在通道内传递而形成通道内气柱的自振,即所谓"腔振"。若振荡幅度较小,频率较高,则可取振荡波波峰与波谷间的中点平滑连线进行波形修正;若振荡幅度过大,频率较低,则难以进行波形修正,此时必须修改测压通道重新测录。

4.引起压力损失

通道阻力会造成压力损失,通道越细长,转弯越多,通道截面尺寸突变越大,则此压力损失也越大。

对应于不同曲轴转角,通道内的气体成分和温度是不同的,因此其音速也是不同的,这就造成了通道对不同曲轴转角的被测压力波有不同的影响。

上述种种复杂的情况所带来的误差很难进行修正。因此,应尽可能使通道效应引起的误差减至最小,即减小通道长度 L 及传感器下容积 V。最好的解决办法是如下两种安装方法:

(1)采用图 4-13(b)所示具有温度补偿膜片的传感器平齐燃烧室壁面安装;

(2)普通传感器下保留长度约等于传感器直径的短通道的接近燃烧室壁面安装。

这两种安装方法都可以感受真实的缸内压力,同时也可以避免缸内气体温度脉动对测量的影响。

图 4-30 所示为传感器接近燃烧室壁面安装的典型例子,压电式压力传感器 6 被套筒 4 压紧在接头 2 中,传感器下有一短通道;接头 2 穿过气缸盖冷却水腔,用气缸盖冷却水进行冷却,其材料为导热率高的青铜;附加套筒 5 用于气缸盖顶面倾斜处,作为 O 形密封圈的密封面。

4.7.2　上死点相位引起的误差

所测示功图上的上死点相位,对计算结果和分析影响颇大。据资料介绍,若上死点位置偏差 1°曲轴转角,就可能使平均指示压力产生约 5.5% 的误差和平均扭矩约 5% 的误差。若要保证平均指示压力的误差小于 1%,则上死点相位的偏差不应超过 0.2°曲轴转角,这给测试提出了很高的要求。

不少上死点的测试方法,是以飞轮上死点标记为基础的。因此,如何精确地标出飞轮上的死点位置至关重要。采用等行程中点法确定死点的话,应多取几组。多缸机各缸死点的测量分别以各缸活塞为准。

为了更正确地确定上死点,可利用近几年发展起来的带有微处理机的燃烧分析仪,在采集倒拖压缩示功图后,在显示器上利用光标找出压缩线上最高点所对应的曲轴转角,即定作上死点,并在燃烧分析仪上用上死点设定拨盘开关进行修正。

另外一种方法是建立在热力学基础上的上死点修正法。考虑到在倒拖压缩示功图上,

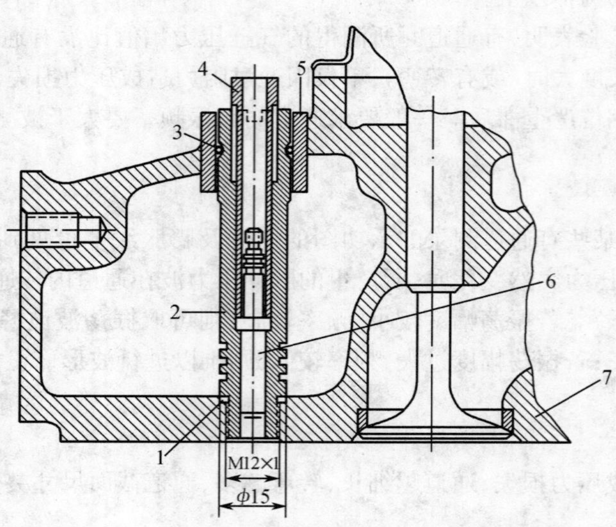

图 4-30 传感器接近燃烧室壁面典型安装简图

1—紫铜垫圈;2—传感器接头;3—O 形密封圈;4—套筒;
5—附加套筒;6—压电式压力传感器;7—气缸盖

上死点附近较小区段内多变指数 n 接近常数,而膨胀多变指数大于压缩多变指数,基于这种实际情况,如果上死点位置正确,则在对数坐标的 $\lg p-\lg V$ 示功图上,压缩过程线高于膨胀过程线,且在上死点附近两条线呈近似直线分开,如图 4-31(a)所示。若上死点位置不正确,则在 $\lg p-\lg V$ 图上,压缩线和膨胀线可能不呈直线,有时会出现膨胀线位于压缩线之上,如图 4-31(b)所示。利用这一原理进行调整,便可求出误差最小的上死点位置。

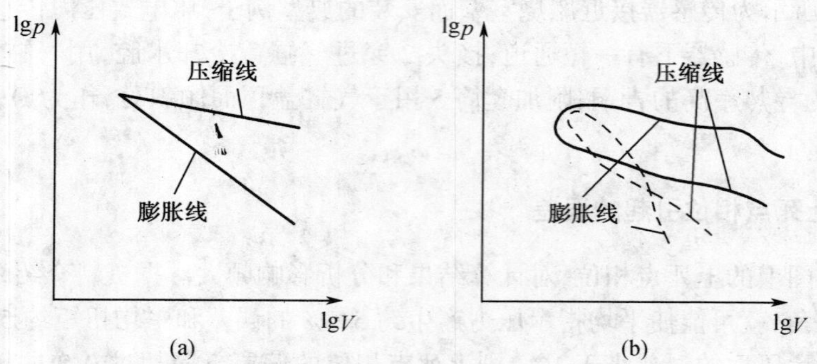

图 4-31 对数示功图修正上死点

在燃烧分析仪上,都具有转换和绘制 $\lg p-\lg V$ 图形的功能,采取这一方法以求正确的上死点并不是很难的。常用的是前述“压缩线法修正上死点位置”(图 4-23)。

4.7.3 示功器频率特性引起的误差

根据测量目的在选用示功装置时,既要考虑其灵敏度和测量范围,还要考虑整套测试系统的频率特性。若所选取示功装置的频率特性不适当,有可能导致所测录波形严重失真。

对内燃机气缸压力进行频谱分析表明，压力波中含有极其丰富的高次谐波。为了得到失真小的示波图，有必要考虑其高次谐波。最高次谐波频率 f_{max} 可表示如下

$$f_{max} = k \cdot \frac{n}{30\tau} \tag{4-5}$$

式中　n——发动机转速，单位 r/min；

τ——发动机冲程数；

k——谐波次数。

鉴于发动机变化的特点，对柴油机 k 可取 100，对排气压力 k 取 70。

电子示功装置的传感器，其固有频率可达数十到数百千赫，但配合使用的记录装置的频率特性亦应充分注意。有良好测试频率特性的是磁带记录仪和数字示波器。机械示功器受淘汰的主要原因是其频率特性很差，但作为船用低速柴油机的随机仪表还是有利用价值的。

新发展起来的动态数据采集和处理系统，具有良好的频率特性。

4.7.4　温度变化引起的误差

电子示功装置对温度变化很敏感，其传感器长时间在高温下工作，有可能使预紧力发生变化及传感器元件产生热变形，使压电元件的压电常数变化，这都使测量系统的输出产生漂移。此外，放大器由于环境温度的变化或长时间工作后引起温升，也会使输出出现误差。对于其他形式示功器，温度对其传感器膜片及弹性元件的影响也是产生误差的因素。

为了减小温度变化对传感器产生的影响，应切实改善并十分注意测试时传感器的冷却条件，或采用带温度补偿片的压电传感器，以避免工作高温带来的影响。

对于燃烧分析仪，零点漂移给多循环的平均值和放热率的计算带来误差。首先应注意使压电传感器、电荷放大器和测量线路的绝缘电阻达到要求数值。

此外，机器的振动及噪声、外界外电磁场的干扰、所用弹性元件变形的非线性、安装操作不当等等，都会给测量带来误差。

思　考　题

1. 为什么要测录柴油机的示功图，测录有何要求？
2. 描述示功图的测取方法及注意事项。
3. 机械示功器压力和位移是怎样显示的？
4. 如何选择机械示功器小活塞和弹簧？
5. 机械式示功器传动机构应满足哪些要求？分为几种类型？
6. 试比较压电式、电阻应变式和电容式示功装置的工作原理和特点。
7. 机械示功器与电子示功器各有何优缺点？
8. 简述动态参数采集与处理系统组成和功用。
9. 上止点测定法有哪些方法，各有什么特点？
10. 示功装置的压力标定分几种方法，适用于什么范围？
11. 如何对上止点相位进行修正？
12. 试分析影响示功图测录误差的因素。

第5章 温度测量

能力目标:能正确选择合适的温度测量仪器测量不同类型的温度;能正确安装各类温度传感器和温度测量仪器;能校验检测温度测量仪器。

知识目标:掌握各种温度测量仪器的工作原理、特性等基本知识;了解温度测量的误差来源及减少测量误差的方法。

5.1 概 述

5.1.1 测温的目的

温度测量是轮机测试的重要项目之一,其测温目的大致可归纳为如下几个方面:

(1)为保证轮机主辅机设备的正常运行,须随时监测润滑油、冷却水及有关零件温度是否正常;

(2)根据冷却液的流量和所测得的温度来计算冷却液所带走的热量;

(3)测定零件两点间温差,并根据两点间距离和传热系数计算零件传递的热量;

(4)测定零件的温度分布,根据零件的形状和热膨胀所受的限制推算其热应力;

(5)测定与燃烧生成物有直接关系的燃气温度,研究有害气体的生成规律和防止污染的方法。

5.1.2 测温法分类

测温法可分接触式测温法和非接触式测温法两大类。接触式测温法是基于热平衡原理,测温敏感元件必须与被测介质接触,使两者处于同一热平衡状态,具有同一温度。例如水银温度计、热敏电阻温度计、热电偶温度计、压力式温度计等。

非接触式测温法是利用物质的热辐射原理,测温敏感元件不用与被测介质接触,如辐射式高温计、光学高温计、红外热像仪等。

表5-1列出了常用测温方法、类型及特点。轮机试验中温度的测量大致可分为三类。

1.稳定或变化很慢的流体温度的测量

这种温度一般比较稳定或变化缓慢,如进出冷却水温度、机油温度、燃油温度、大气温度等。测量液体温度常用压力式温度计、电阻温度计;测量大气温度时,常用玻璃管液体温度计。

2.流体介质的瞬时温度测量

如排气瞬时温度、气缸内燃烧温度等温度的测定可采用声速法、超声波法、热电阻温度计、热电偶温度计。

3.零件温度的测量

常见的内燃机零件温度的测量有活塞温度的测量、气阀温度的测量、缸壁温度及散热片温度的测量。测量零件的温度常用热电阻、热电偶温度计,有的还可用示温涂料法、易熔合金法、硬度塞法等。

表5－1　常用测温方法、类型及特点

测温方式	温度计或传感器类型			测温范围/℃	精度/%	特点
接触式	热膨胀式	水银		－50～650	0.1～1	简单方便；易损坏；感温部大
		双金属		0～300	1	结构紧凑、牢固可靠
		压力	液	－30～600	1	耐震、坚固、价廉；感温部大
			气	－20～350		
	热电偶	铂铑－铂 其他		0～1 600 －200～1 100	0.2～0.5 0.4～1.0	种类多、适应性强；结构简单、经济、方便，应用广泛。须注意寄生热电势及动圈式仪表电阻对测量结果的影响
	热电阻	铂镍铜		－260～600 －50～300 0～180	0.1～0.3 0.2～0.5 0.1～0.3	精度及灵敏度均较好；感温部大。须注意环境温度的影响
		热敏电阻		－50～350	0.3～0.5	体积小、响应快、灵敏度高；线性差。须注意环境温度的影响
非接触式	辐射温度计 光学高温计			800～3 500 700～3 000	1 1	非接触测温，不干扰被测温度场；辐射率受干扰小；能作远距离测量；不能用于低温测量
	热敏探测器 热敏电阻探测器 光子探测器			200～2 000 －50～3 200 0～3 500	1 1 1	非接触测温，不干扰被测温度场；响应快；测温范围大；适于测温度分布；易受外界干扰；标定困难
其他	示温涂料	碘化银、二碘化汞、氯化铁、液晶等		－35～2 000		测温范围大、经济方便，特别适于大面积连续运转零件上的测温；精度低，人为误差大

5.2　玻璃管液体温度计

玻璃管液体温度计是利用液体体积随温度升高而膨胀的原理制作而成的。根据充填的工作液体的不同，可分为水银温度计和有机液体温度计。

图5－1是液体温度计外形图，由于液体膨胀系数比玻璃大，因此当温度升高时，在温包里的液体因膨胀而沿毛细管上升，根据玻璃管刻度标尺可以测出被测介质的温度，为了防止温度过高时液体胀裂玻璃管，在毛细管的顶部一般都留有一膨胀室。

玻璃管温度计的主要优点是直观、测量准确、结构简单、造价低廉，因此被广泛应用于工业和实验室各个领域。缺点是不能自动记录、不能远传、易碎、有一定延迟。

玻璃管温度计中用得最多的是水银温度计，虽然水银膨胀系数并不大，但与其他液体相

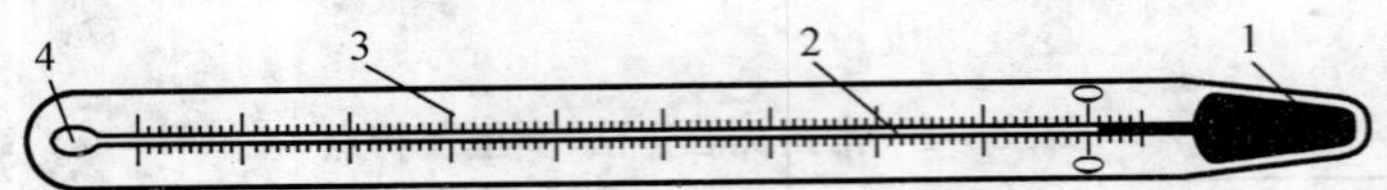

图 5-1 玻璃管液体温度计

1—玻璃温包;2—毛细管;3—刻度标尺;4—膨胀室

比有许多优点:不易氧化、不沾玻璃、易获得很高的纯度、熔点和沸点间间隔大,能在很大温度范围内保持液态(-38~356 ℃),特别是在200 ℃以下它的膨胀系数几乎和温度呈线性关系,所以可作为精密的标准温度计。

普通水银温度计的测量范围在-30~300 ℃之间。如果在水银上面空间充以一定压力的氮气,玻璃材料用石英玻璃,测温范围可达500~750 ℃,甚至高达1 200 ℃。此外工作液体还有用酒精、甲苯等,可见表5-2。

表 5-2 玻璃管液体温度计液体材料的测温范围

工作液体	测温范围/℃	备 注
水 银	-30~750或更高	上限用加压方法获得
甲 苯	-90~100	
乙 醇	-100~75	
石油醚	-130~25	
戊 烷	-200~20	

玻璃管温度计所用玻璃的材料,对温度计的质量起着重要作用。对300 ℃以上的玻璃温度计要用特殊的玻璃(硅硼玻璃),500 ℃以上则要用石英玻璃。

玻璃温度计按其用途可分成标准温度计、实验室用温度计、工业用温度计和特殊用途温度计四类。使用玻璃管液体温度计应注意两个问题。

1.零点漂移

玻璃的热胀冷缩也会引起零点位置的移动,因此使用玻璃管液体温度计应定期校验零点位置,对零位漂移要作修正,不合格的不能使用。

2.出液柱的校正

在使用时,必须严格掌握温度计的插入深度。因为温度刻度是在温度计液柱全部浸入介质中标定的,而使用液柱可按下式求其修正值Δt

$$\Delta t = nK(t - t_0) \tag{5-1}$$

式中 n——露出液柱所占的度数;

K——工作液体的膨胀系数(水银 $K \approx 0.000\ 16/℃$,有机液 $K \approx 0.001\ 24/℃$);

T——温度计指示的读数,单位℃;

t_0——由辅助温度计读出的液柱露出部分的平均温度,单位℃。

5.3 压力式温度计

压力式温度计由于其抗震性好,价格便宜,被大量用在随机仪表盘或控制台仪表盘上,用以监测发动机运行状况。

压力式温度计是利用气体或液体的热胀冷缩特性,其工作原理如图5-2所示。

压力式温度计由感温包5、毛细管6、弹簧管式压力表及密封于感温包、毛细管及弹簧管1内的气体或液体工作介质所组成。感温包用不锈钢或铜等材料制成,测温时将其装于被测介质中。毛细管用钢或铜制成,内径为0.2~0.5 mm,壁厚为0.2~2 mm,长度为2~6 m。为保护毛细管,其外部套以金属编织网。当感温包在被测介质中温度变化时,其内封装的工作介质膨胀或收缩,因此密封系统内的体积和压力发生相应变化,由弹簧管式压力表指示。

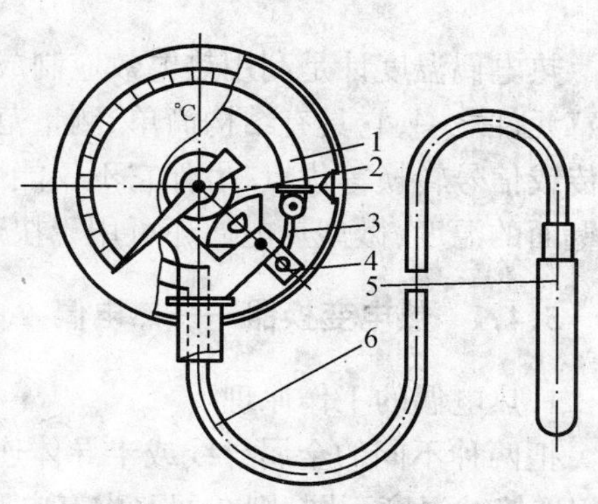

图5-2 压力式温度计

1—弹簧管;2—小齿轮;3—连接杆;4—扇形齿轮;5—感温包;6—毛细管

根据密闭系统内工作介质的不同,压力式温度计可分为三类。

1.液体压力式温度计

液体压力式温度计密闭系统内充满液体工质,利用液体体积随温度变化的特性进行测温。常用的工质有水银、二甲苯、甲醇等。

由于液体工质的线膨胀量与温度呈线性关系,因此仪表盘刻度均匀。其缺点是感温包与弹簧管之间高度差的变化会带来静压误差。另外,由于毛细管很长,环境温度变化时毛细管内的液体会产生额外的膨胀,导致较大误差,必须进行补偿,使结构复杂,因此目前已很少应用。

2.气体压力式温度计

气体压力式温度计工作原理是利用密闭系统内气体压力随温度变化的特性。所充气体通常为化学性质稳定、物理性质接近于理想气体的氮或氦。

气体压力式温度计的压力与温度呈线性关系,因此表盘刻度均匀,毛细管内气体易受环境温度的影响而产生测量误差。为减小影响,感温包一般较大,并使充气的原始压力高些,其测温范围为-50~550 ℃。

3.蒸汽压力式温度计

蒸汽压力式温度计的密闭系统内封入约占感温包容积2/3的挥发性液体,其余容积充满了该液体的饱和蒸汽。

根据道尔顿蒸汽定律:如果同时存在液气两相,则饱和蒸汽压力仅取决于温度,而与容器尺寸大小无关。根据这个定律,可以通过测量压力而知道温度大小。常用的挥发性液体有丙烷、氯甲烷、氯乙烷、氟里昂、乙醚及丙酮等。

当感温包温度上升时,饱和蒸汽压力会急剧增加,因此这种温度计灵敏度高,响应快。环境温度变化对毛细管和弹簧管内的蒸汽压力无影响。其压力由感温包的温度所决定。这种温度计感温包可以较小、毛细管可以粗长、结构简单、价格便宜,由于上述优点,获得广泛的使用。它的缺点是饱和蒸汽压力与温度间的关系非线性,因此表盘刻度不均匀,其间隔随温度升高而增大,在满刻度 1/3 以下时,其刻度误差较大。对某一定的介质,其测量范围较小。例如丙烷为 -45~10 ℃,乙醚为 0~180 ℃等。由于充入蒸汽的原始压力与大气压力相差较小,故测量精度易受大气压力变化的影响。使用时,感温包应立装而不可倒装。

5.4 热电偶温度计

热电偶温度计是利用热电效应制成的一种测温元件,是目前温度测量中应用最广泛的传感元件之一,它具有结构简单、测量范围宽、准确度高、热惯性小、输出信号为电信号便于远传或信号转换等优点,另外它不仅能用来测量液体的温度而且还能用来测量固体以及固体壁面的温度,微型热电偶还可用于快速及动态温度的测量。

5.4.1 热电变换器——热电偶

1.热电偶的工作原理

把两种不同的金属导线或半导体连接成如图 5-3(a)所示的闭合回路。如果导体 A 和 B 相连接处温度不同,则在回路中有电流 I 流过,称为热电流。若如图 5-3(b)所示在任意一点切断回路,在断点处则有电动势 E,称为热电势。我们把这种现象称为热电效应。它是在 1821 年由塞贝克(Seebeck)首先发现的,所以又称塞贝克效应。

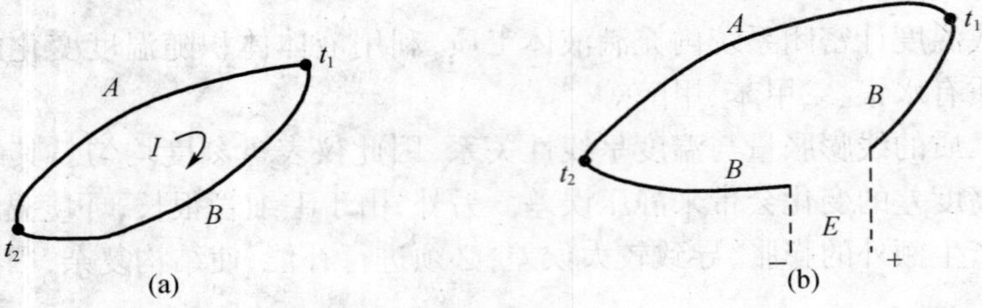

图 5-3　热电偶原理图

热电势有两个来源:

(1)接触电势。由于两种导体或半导体材料不同,当它们相互接触时,由于其内部电子密度不同(单位体积中自由电子数),例如导体 A 的电子密度比导体 B 大,则就会有一些电子从 A 跑到 B 中去,A 失去电子而带正电,B 得到电子而带负电,这就形成了扩散电流,使得 A 侧电子数减少,B 侧电子数增加,这就形成了一个由 A 向 B 的静电场,它将阻止电子进一步由 A 向 B 扩散,当扩散力和电场力平衡时,AB 间就建立了一个固定的接触电势。它的大小取决于温度和 A,B 材料的性质。

(2)温差电势。温差电势是由于导体或半导体两端温度不同而引起的一种电势。由于导体两端温度不同,则两端电子的能量也不同,温度越高电子能量越大,能量较大的电子会向能量较小的电子处跑,这就形成一个由高温端向低温端的静电场,静电场又阻止电子继续向低温端迁移,最后达到一个动平衡状态。

温差电势的方向是由低温端向高温端,并与两端温差有关。

热电偶(A,B)所产生的热电势 E_{AB} 对温度的变化率 $\mathrm{d}E_{AB}/\mathrm{d}t$ 可表达为

$$\frac{dE_{AB}}{dt} = S_{AB} = S_A - S_B \tag{5-2}$$

式中 S_{AB}——热电偶(A,B)的相对热电势系数，也叫相对塞贝克系数；

S_A, S_B——金属导体 A,B 的热电势系数或塞贝克系数。

热电势系数与温度 t 的函数关系由材料A,B的性质所决定。

当两接点温度分别为 t_1, t_2 时，可得热电势为

$$\left.\begin{aligned} E_{AB}(t_1,t_2) &= \int_{t_1}^{t_2}(S_A - S_B)dt = \int_{t_1}^{t_2} S_A dt + \int_{t_2}^{t_1} S_B dt \\ \text{或}\quad E_{AB}(t_1,t_2) &= \int_{t_1}^{t_2} S_{AB} dt = E_{AB}(t_2) - E_{AB}(t_1) \end{aligned}\right\} \tag{5-3}$$

从上两式可得出结论：

(1)热电偶回路热电势的大小只与组成热电偶的材料及两端温度有关，它与热电偶的长度、粗细无关；

(2)只有用不同性质的导体或半导体才能组合成热电偶，相同材料不会产生热电势；

(3)只有当热电偶两端温度不同，热电偶的两根材料不同时才能有热电势产生；

(4)材料确定后，热电势的大小只与热电偶两端的温度有关。一般来说，一个接点是测量待测的未知温度(称为热端或测量端)，另一个接点通常保持一定温度(称为冷端或参考端)。这样，热电势就仅为测量端温度的函数。

2.热电偶的定律

以下几条定律对于指导热电偶的理论和实践方面是十分有用的。

(1)均质导体定律

在一种均质导体(截面不一定均匀)组成的闭合回路中，仅用加热的方法使导体内产生温度梯度，是不能产生热电势的。这条定律表明：对任何热电偶电路，必须要有两种不同的导体材料组成。

(2)中间导体定律

在热电偶回路中引入中间金属时，只要这第三种金属引入的两个接点处温度相同，就不会影响净电动势。

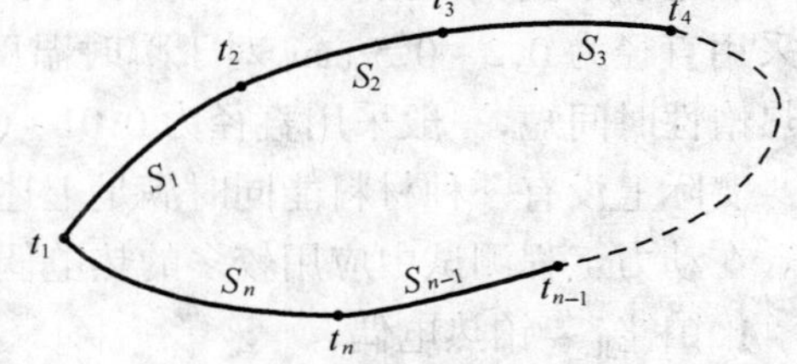

图5-4 多种材料组成的热电回路

如图 5-4 所示，用多种材料的导线串联时，热电势可由式(5-3)推广得到

$$E = \int_{t_1}^{t_2} S_1 dt + \int_{t_2}^{t_3} S_2 dt + \cdots + \int_{t_{n-1}}^{t_n} S_{n-1} dt + \int_{t_n}^{t_1} S_n dt \tag{5-4}$$

上式中任意一项积分，只要其上下限相等，则该项为零，于是中间导体定律得到证明。

中间导体定律指明：可以把测量热电势的装置接入到热电偶回路中的任意点，只要由该装置所引入到回路中的全部接点均处于同样温度下，则不会影响净电动势，在制造热电偶中，可以使用接合材料，例如软焊料或硬焊料；热电偶可以直接放在导体或非导体的表面上或直接嵌入内部，都不会改变热电偶的使用效果。

3.中间温度定律

由 A,B 两种材料组成的热电偶,当接点温度为 t_1,t_2 时产生的热电势为 $E_{AB}(t_1,t_2)$,接点温度为 t_2,t_3 时产生的热电势为 $E_{AB}(t_2,t_3)$,则当接点温度为 t_1,t_3 时,其热电势为

$$E_{AB}(t_1,t_3)=E_{AB}(t_1,t_2)+E_{AB}(t_2,t_3) \tag{5-5}$$

该定律图解如图 5-5,并由式(5-3)证明如下

$$\begin{aligned}E_{AB}(t_1,t_3)&=E_{AB}(t_1)-E_{AB}(t_3)=[E_{AB}(t_1)-E_{AB}(t_2)]+[E_{AB}(t_2)-E_{AB}(t_3)]\\&=E_{AB}(t_1,t_2)+E_{AB}(t_2,t_3)\end{aligned}$$

中间温度定律表明:可以只在某一参考端温度下分度热电偶,在其他参考端温度时,只须加上一个修正值即可;在(t_2,t_3)间使用的是与热电偶(A,B)的热电特性相似的补偿导线时,对测试结果没有影响。

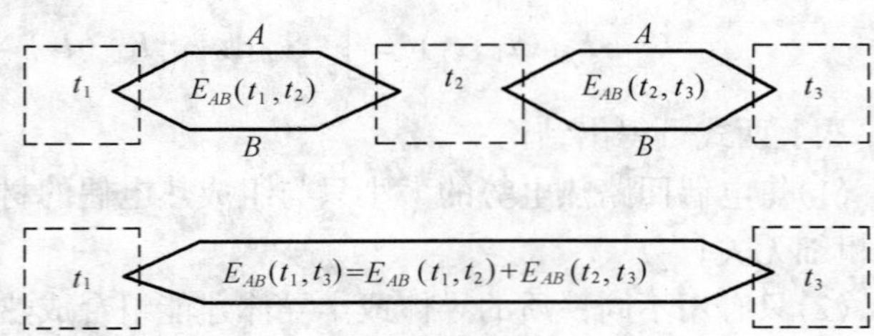

图 5-5 中间温度定律

5.4.2 热电极材料和常用热电偶

理论上任何两种不同性质的导体都可以组成热电偶。但作为实际的测温元件,为了保证应用的可靠性和足够的测温精度,热电极的材料必须严格选择。具体要求是:热电势对温度的变化率应足够大,即灵敏度高;热电势与温度间应是简单的函数关系,并尽可能呈线性,以使显示仪表刻度均匀,提高精度;在测量温度范围内热电性能要稳定,不随时间变化;物理化学性能稳定,抗氧化性、抗还原性能好,不受化学腐蚀,能在较宽的温度范围内应用;电阻温度系数小,电导率高,热导率小;复制性及加工性好,利于互换,便于批量生产,且价格便宜。

热电极的直径根据材料的价格、强度、电导率和要求的热惰性时间、寿命等来选择。一般采用直径为 0.2~0.5 mm,对于瞬时温度测量,考虑到热惯性要小,常牺牲一些寿命来保证热惰性时间短,一般采用直径为 0.01~0.03 mm 的材料,以便获得更小的热接点。

实际上没有一种材料能同时满足上述全部要求,在应用中只能根据具体的使用情况选用。在动力工程测试中应用较多的热电偶有如下几种。

1.铂铑$_{10}$-铂热电偶

代号:WRP

分度号:S

正极:铂铑$_{10}$(用质量比 90% 铂和 10% 铑冶炼而成)

负极:纯铂

长时间测温范围:0~1 300 ℃

短时间可测到:1 600 ℃

由于易得到高纯度的铂和铂铑,故它们的复制性好,在所有热电偶中其测温精度是最高的。在氧化性和中性气氛中,有较高的物理化学稳定性,能耐高温。因此,常把铂铑$_{10}$-铂热电偶用作标准热电偶及高精度测量,并规定其为国际实用温标中在 630.74~1 064.43 ℃范围内复现温标的基准。

它的主要缺点是热电势小,而且热电特性非线性;属于贵金属,价格昂贵;材料软,机械

强度较低；在高还原气体（如 H_2，CO 等）、金属蒸汽和 SiO_2 中易受污染而变质，在这种情况下，热电偶应用非金属套管保护，不允许将热电偶直接插入金属的保护管中；在真空中，因为铂易挥发，也只能短期使用；在高温下长时间使用时，铂电极晶粒易粗化，导致电极变脆易折断。

铂铑$_{10}$－铂热电偶的热电势与温度的对应关系表（也叫分度表）如表5－3所示。

表5－3 铂铑$_{10}$－铂热电偶分度简表（热电偶冷端温度为0 ℃）分度号：S

工作端温度/℃	0	10	20	30	40	50	60	70	80	90
	热电势/mV									
0	0.000	0.056	0.113	0.173	0.235	0.299	0.364	0.431	0.500	0.571
100	0.643	0.717	0.792	0.869	0.946	1.025	1.106	1.187	1.269	1.352
200	1.436	1.521	1.607	1.693	1.780	1.867	1.955	2.044	2.134	2.224
300	2.315	2.407	2.498	2.591	2.684	2.777	2.871	2.965	3.060	3.151
400	3.250	3.346	3.441	3.538	3.634	3.731	3.828	3.925	4.023	4.121
500	4.220	4.318	4.418	4.517	4.617	4.717	4.817	4.918	5.019	5.121
600	5.222	5.324	5.427	5.530	5.633	5.735	5.839	5.943	6.046	6.151
700	6.256	6.361	6.466	6.572	6.677	6.784	6.891	6.999	7.105	7.213
800	7.322	7.430	7.539	7.648	7.757	7.867	7.978	8.088	8.199	8.310
900	8.421	8.534	8.646	8.758	8.871	8.985	9.098	9.212	9.326	9.441
1 000	9.556	9.671	9.787	9.902	10.019	10.136	10.252	10.370	10.488	10.605
1 100	10.723	10.824	10.961	11.080	11.198	11.317	11.437	11.556	11.676	11.795
1 200	11.915	12.035	12.155	12.275	12.395	12.515	12.636	12.756	12.875	12.996
1 300	13.116	13.236	13.356	13.475	13.595	13.715	13.835	13.955	14.074	14.193
1 400	14.313	14.433	14.552	14.671	14.790	14.910	15.092	15.148	15.266	15.385
1 500	15.504	15.623	15.742	15.860	15.979	16.097	16.216	15.334	16.451	16.569
1 600	16.688									

2. 镍铬－镍硅热电偶

代号：WRN

分度号：K

正极：镍铬合金（用88.4%～89.7%镍，9%～10%铬，0.6%硅，0.3%锰，0.4%～0.7%钴冶炼而成）

负极：镍硅合金（用95.7%～97%镍，2%～3%硅，0.4%～0.7%钴冶炼而成）

测量温度长期可到1 000 ℃，短期可达1 300 ℃。

在所有热电偶中镍铬－镍硅热电偶有最宽的测温范围，为－200～1 000 ℃。在0～1 000 ℃之间其热电势与温度的关系几乎是线性的，它的灵敏度比铂铑$_{10}$－铂热电偶要高4～5倍；由于电极中含有大量的镍，所以在高温下抗氧化能力强，在氧化性和中性气氛中性能稳定；此外，相对于铂系金属，它是价廉的。因此，在所有热电偶中，镍铬－镍硅热电偶是使用最多的。

它的缺点是在还原性气体和 SO_2，H_2S 等气体中易被侵蚀；在真空中，因铬要挥发而改变其分度值，也只能短期使用。

表 5-4 镍铬-镍硅(镍铝)热电偶分度简表(热电偶冷端温度为 0 ℃)分度号:K

工作端	0	10	20	30	40	50	60	70	80	90
温度/℃	热电势/mV									
-0	0.00	-0.39	-0.77	-1.14	-1.15	-1.86				
+0	0.00	0.40	0.80	1.20	1.61	2.02	2.43	2.85	3.26	3.68
100	4.10	4.51	4.92	5.33	5.73	6.13	6.53	6.93	7.33	7.73
200	8.13	8.53	8.93	9.34	9.74	10.15	10.56	11.97	11.38	11.80
300	12.21	12.62	13.04	13.45	13.87	14.30	14.72	15.14	15.56	15.99
400	16.40	16.83	17.25	17.67	18.09	18.51	18.94	19.37	19.79	20.22
500	20.65	21.08	21.50	21.93	22.35	22.78	23.21	23.63	24.05	24.48
600	24.90	25.32	25.75	26.18	26.60	27.03	27.45	27.87	28.29	28.71
700	29.13	29.55	29.97	30.39	30.81	31.22	31.64	32.06	32.46	32.87
800	33.29	33.69	34.10	34.51	34.91	35.32	35.72	36.13	36.53	36.93
900	37.33	37.73	38.13	38.53	38.93	39.32	39.72	40.10	40.49	40.88
1 000	41.27	41.66	42.04	42.43	42.83	43.21	43.59	43.97	44.34	44.72
1 100	45.10	45.48	45.85	46.23	46.60	46.97	47.34	47.71	48.08	48.44
1 200	48.81	49.17	49.53	49.89	50.25	50.61	50.96	51.32	51.67	52.02
1 300	52.37									

3.镍铬-考铜热电偶

代号:WREA

分度号:EA-2

正极:镍铬合金

负极:考铜合金(用 56% 铜和 34% 镍冶炼而成)

测量温度长期可达 600 ℃,短期可达:800 ℃。

镍铬-考铜热电偶是所有热电偶中灵敏度最高的;可在 -200~600 ℃范围内的氧化性或中性气氛中使用;它的热电特性近于线性;价格比较便宜。但它不适于在还原性气氛、交替氧化与还原的气氛及真空中使用;考铜热电极不易加工,复制性较差。

镍铬-考铜热电偶分度表如表 5-5 所示。

上述三种热电偶在我国列入了工业标准,称为标准化热电偶,是定型产品,成批生产,其主要技术数据列于表 5-6 中。图 5-6 是常用热电偶的热电特性曲线。

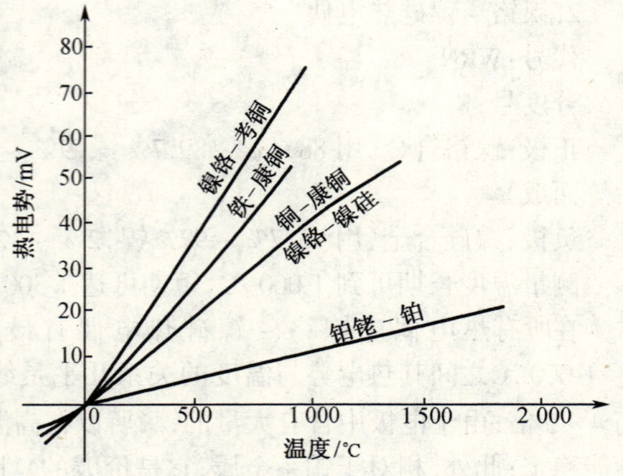

图 5-6 常用热电偶的热电特性曲线

表 5-5 镍铬-考铜热电偶分度简表(冷端温度为 0 ℃)分度号:EA-2

工作端温度/℃	0	10	20	30	40	50	60	70	80	90
	热电势/mV									
-0	0.00	-0.64	-1.27	-1.89	-2.50	-3.11				
+0	0.00	0.65	1.31	1.98	2.66	3.35	4.05	4.76	5.48	6.21
100	6.95	7.69	8.43	9.18	9.93	10.69	11.46	12.24	13.03	13.84
200	14.66	15.48	16.30	17.12	17.95	18.76	19.59	20.42	21.24	22.07
300	22.90	23.74	24.59	25.44	26.30	27.15	28.01	28.88	29.75	30.61
400	31.48	32.34	33.21	34.07	34.94	35.81	36.67	37.54	38.41	39.28
500	40.15	41.02	41.90	42.78	43.67	44.55	45.44	46.33	49.22	48.11
600	49.01	49.89	50.76	51.64	52.51	53.39	54.26	55.12	56.00	56.87
700	57.74	58.57	59.47	60.33	61.20	62.06	62.92	63.78	64.64	65.50
800	66.36									

表 5-6 热电偶技术数据

热电偶名称	分度号		热电偶材料		0 ℃时的电阻率/(Ω·mm/m)	平均电阻温度系数/(1/K)	热电势 E(0,100 ℃)/mV	实用温度范围/℃	允许误差①/℃	
	新	旧	极性	识别					温度范围	误差
铂铑$_{10}$-铂	S	LB-3	+	较硬	0.193	20~1 600 ℃: 1.4×10^{-3}	0.643	0~1 300	≤600	±3
			-	较软	0.17	20~1 600 ℃: 3.1×10^{-3}			>600	±0.5%t②
镍铬-镍硅	K	EU-2	+	不亲磁	≈0.72	20~1 000 ℃: $\approx0.27\times10^{-3}$	4.10	0~1 000	≤400	±3
			-	稍亲磁	≈0.27	20~1 000 ℃: $\approx1.2\times10^{-3}$			>400	±0.75%t
镍铬-考铜		EA-2	+	色较暗	≈0.72	20~1 000 ℃: $\approx0.27\times10^{-3}$	6.95	0~600	≤400	±4
			-	银白色	≈0.49	20~1 000 ℃: $\approx0.05\times10^{-3}$			>400	±1%t

注:①允许误差是指热电偶的热电势与分度值之偏差;②t 为热电偶测量温度。

5.4.3 热电式温度传感器

1.普通型热电偶传感器

普通型热电偶传感器的结构如图 5-7 所示。它由热电偶 4、绝缘套管 3、保护套管 2 和接线盒 1 等部分组成。

热电偶是传感器的核心部分，通常加工成丝状，一端焊接。它的直径主要由材料的价格、机械强度、电导率、传感器的用途及测量范围所决定。贵金属热电偶的直径一般为 0.3～0.65 mm，廉价金属热电偶直径一般为 0.5～3.2 mm。热电偶的长度由安装条件，特别是测量端在介质中的插入深度决定。通常做成 100～2 000 mm 范围内的各种规格，以供实际选用。

绝缘套管的作用是防止两个热电极短路。套管材料的选用由使用温度范围确定。其结构类型有单孔和双孔。

保护套管的作用是保护热电偶不受化学腐蚀和机械损伤；避免高温火焰或气流的直接冲刷；防止导电介质与热电偶的直接接触；此外，还有固定和支撑热电偶的作用。

有的保护套管带有螺纹或法兰，以便安装传感器。对保护套管的要求是能耐高温、耐腐蚀、耐温度剧变、良好的气密性、足够的机械强度、高的导热系数以及在高温下不会分解出对热电偶有害的气体等。选用时应根据测量范围和被测介质对响应速度的要求等条件来决定。常用保护套管材料如表 5－7 所示。

接线盒一般由铝合金制成，供热电偶与补偿导线连接之用。

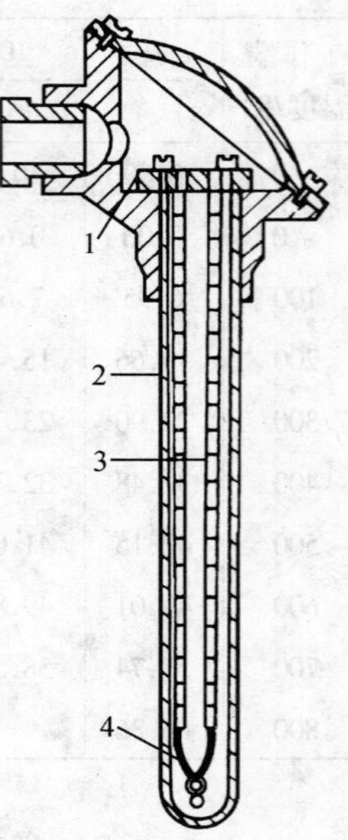

图 5－7 普通型热电偶传感器简图

1—接线盒；2—保护套管；3—绝缘套管；4—热电偶丝

表 5－7 常用热电偶保护套管的材料

材料名称	长期使用温度	短期使用温度	特点及用途
铜及铜合金	400 ℃		气密性及导热性好，适用于中性介质。为防止氧化，使用时表面镀一层铬
钢	600 ℃		可承受一定压力，导热性较好；易氧化，渗铝、镀铬、镀镍后可在 900 ℃～1 000 ℃下应用。用作镍铬－考铜热电偶保护
不锈钢	900 ℃～1 000 ℃	1 250 ℃	高温下具有良好的机械性能、化学稳定性和抗氧化能力，但抗还原性较差。常用作镍铬－镍硅、镍铬－考铜热电偶的保护
石　英	1 300 ℃	1 600 ℃	耐高温剧变性好，能在氧化气氛中工作；高温还原气氛中易渗透，怕碱、盐腐蚀，常用作铂铑$_{10}$－铂热电偶的保护
高纯氧化铝	1 600 ℃	1 800 ℃	高温下有一定机械强度，气密性好，有一定抗还原能力。适合于铂铑$_{10}$－铂热电偶保护

2. 铠装热电偶

随着生产和科学技术的不断发展，在 20 世纪 60 年代初出现了一种轻便的热电偶——铠装热电偶。它是将金属保护管和装在里面的热电极及绝缘材料一起逐步拉制成坚实的整体型热电偶。其外形和断面结构如图5-8所示。

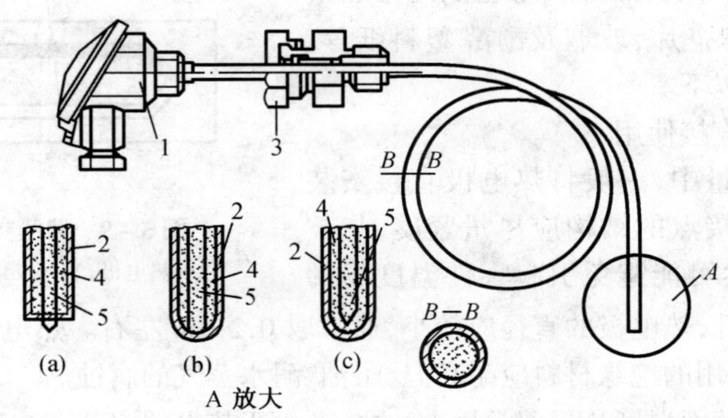

图5-8 铠装热电偶示意图

(a)露头型;(b)接壳型;(c)绝缘型

1—接线盒;2—金属套管;3—固定装置;4—绝缘填料;5—热电偶丝

铠装热电偶材料为铜、不锈钢或镍基高温合金。热电极材料一般有镍铬-镍硅和镍铬-考铜等。热电极之间和套管与热电极之间用氧化镁粉或氧化铝粉等高温绝缘材料填满。套管中的热电极有单丝、双丝和四丝的。

铠装热电偶的优点是外径可以很细(其外径为0.25~12 mm),长度可以根据需要来决定,最长可达数百米;热惯性小,响应时间可达到毫秒数量级;具有可绕性,便于用在结构复杂的装置上测温,结构坚实、耐压、不怕振动和冲击,适应恶劣工作环境下使用。

铠装热电偶的热端有三种基本结构类型。

(1)露头型

它的特点是反应快速、制造简单、绝缘材料易吸潮,不耐压、偶丝易损坏使分度迅速漂移,偶丝与外界接触,使用寿命缩短。它一般用于温度不高、工作环境良好和对偶丝不产生侵蚀的介质中。

(2)接壳型

偶丝的感温部分与金属套管接触并焊接在一起。它的响应稍慢于露头型,耐压较高(约达7×10^{7} Pa),偶丝不受机械损伤,不直接与被测介质接触,寿命较长。当热接点没有保护性结构时,其偶丝与套管的热膨胀系数必须接近,避免热接点被拉断。

接壳型热电偶适用于温度较高、环境较差的场合测温。

(3)绝缘型

偶丝与套管完全绝缘。它的响应较接壳型慢,耐高压达3×10^{8} Pa以上,偶丝不受机械损伤,不与外界接触,寿命长,热膨胀系数对偶丝与套管影响极微。其制造困难,价格较贵。

绝缘型热电偶适用于电磁场干扰较大、温度较高的地方及防止热电偶与介质接触而质变的场合。

3.薄膜热电偶

薄膜热电偶通常是用真空蒸镀等方法将两种热电极材料蒸镀到很薄的绝缘基片上,再在其上蒸镀一层二氧化硅薄膜制成。其结构如图5-9所示。

它的热接点小而薄,可薄到0.01~0.1 μm,因此热容量小,响应快(时间常数以μs计),特别适用于物体表面小面积上的温度或瞬变温度的测量。安装时用黏结剂将它贴在被测物体壁面上。目前我国使用的有铁 - 镍、铁 - 康铜和铜 - 康铜三种，尺寸为 60 mm × 6 mm × 0.2 mm，绝缘基板用云母、陶瓷片、玻璃及酚醛塑料纸等。测温范围在 300 ℃以下。

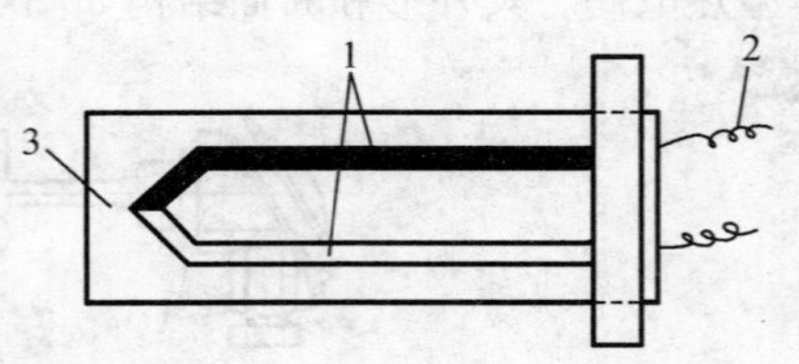

图 5 - 9　薄膜热电偶示意图

1—热电极；2—引出线；3—绝缘基片

4.热电偶丝的直接使用

在零件温度测量中，一般将热电极直接安装在被测零件上。热接点的结构应尽量紧凑，与被测部位接触良好，尽可能避免引起零件温度场的变化。为减小热惰性，热电极的直径应较小，通常取 0.2 mm 左右。热电极及连接导线应保持良好的绝缘，所选用的绝缘材料应耐高温、耐油、耐水蒸气的腐蚀。

用热电偶丝测壁面温度是目前常用方法之一，由于热电偶安装在被测物表面，所以必然有一部分热量从热电偶导出，从而降低了热电偶热接点的温度，造成测量误差。为了衡量其测量的准确性，通常用一个安装系数 Z 来表示

$$Z = \frac{T_f - T_i}{T_f - T_a} \tag{5-6}$$

式中　T_f——壁面真实温度；

T_i——热电偶指示温度；

T_a——被测壁面周围介质温度。

安装系数 Z 越小，测量精度越高，Z 的数值与热电偶材料性质、尺寸、安装方法及被测物表面材料的性质等因素有关。通常用实验方法来确定。

各种热接点的结构安装方法如图 5 - 10 所示。其中图(a)将热电偶直接焊在表面上，这种方法由于热电偶散热，会带来一定误差；图(b)将热电偶焊在一块导热性能良好的金属集热块上，以减少被测壁的热阻，因而可以减小误差；图(c)将热电偶与壁面平行一段距离，从而也减小了从热接点向热电偶导热的损失，提高了测量精度；图(d)两根热电偶丝分别焊在壁面上，可以提高精度，测出的温度是壁面两个测点的平均温度；图(e)是用 B 材料作为一个引出极代替一根热电偶丝，可以提高测量精度；图(f)是将热电偶焊或埋在专门开的小槽

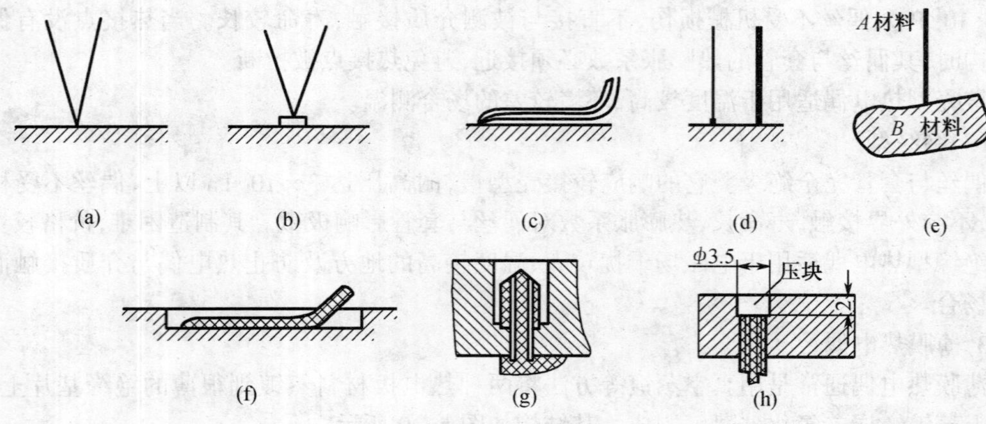

图 5 - 10　热电偶接点结构示意图

里,以减小外边气体流动对热端的影响,为了防止由于温度较高而热电偶不冷却被烧坏,常常将热电偶丝用玻璃纤维等材料缠上,再将热电偶用黏结剂黏合在管壁上以冷却热电偶;图(g)为焊接式压块结构,先用电容冲击焊将热电极焊在压块孔底,再填满耐热绝缘黏固剂后,将压块紧紧压入被测件所钻的孔中;图(h)为压接法。图(h)和图(g)均可避免误测零件表面以外的气体或液体温度。

测量气体或液体的温度时,将热电偶的热接点直接放置在介质之中,可以得到比有保护套管的热电偶快得多的响应。

图5-11所示为这种测量的三个方案。其中图(a)方案比图(b)更精确,但为了防止折断,热电极不能太细;图(c)方案是在粗热电极2上焊上细的同材料的热电极4(线径为0.05 mm左右),这样就大大地减小了热惯性,这种方法让热电极直接受介质的冲刷和侵蚀,因此使用寿命较短。它适用于流体动态温度的测量。

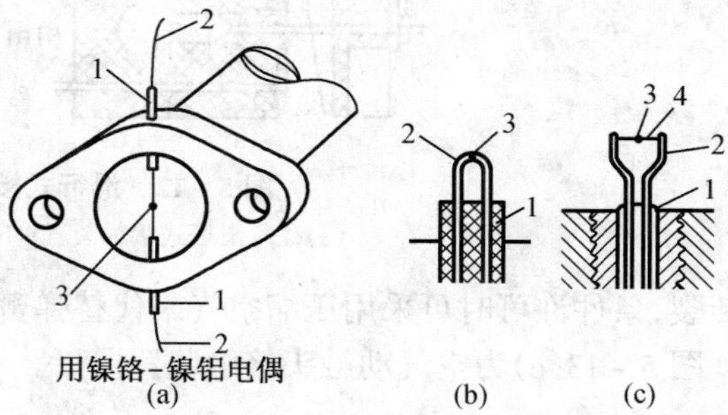

图5-11 测量流体温度的热接点

1—绝缘体;2—热电极;3—热接点;4—细热电极

5.4.4 热电偶的引出

1.热电偶信号引出类型

热电偶信号的引出可分为连续的和间歇的两种。信号连续引出即直接引线法,利用补偿导线与接线盒连接,再把信号引至记录设备处。要注意两个问题:一是信号引出装置不能影响发动机的正常运行或改变其运行工况;二是对于往复式运动的零件(如气阀),测量其零件工作温度时,热电偶信号可以通过挠性电缆、挠性簧片、铰链连杆机构、长摇臂机构等引出。但由于电缆、弹簧极易折断,而且安装引出机构需要足够的空间,所以对于像活塞这样的往复式运动零件,测量其工作温度时,热电偶信号的引出一般不再采用连续引出法,而是采用间歇引出装置。常见的信号间歇引出装置有以下几种。

(1)滑行式接触装置

常见的滑行式接触装置有滑板式(图5-12(a))和插座式(图5-12(b))两种。

滑板式是在活塞裙部或连杆上装一滑板,而机座上装一由弹簧或簧片压紧的滑动触头式集电炭刷,当活塞处于下死点前后的一段时间内实现接触,在接触期间,热电偶信号引出。

插座式是当活塞进入下死点前不久,装在活塞裙部的插头插入装在曲轴箱内的弹簧片插座中实现接触。

滑行式接触装置接触时间较长即信号引出时间长,但容易磨损,使用期限短,由于接触电阻大而不稳定。

(2)打击式接触装置

图5.13(a)为悬臂式簧片接触装置,当活塞处于下死点前后的一定时间内,装在活塞裙部的上触头5与装在曲轴箱中的热电材料4(与所用热电偶材料对应相同)接触。为了增加刚度,在热电材料片下面附上两片经过热处理的铍青铜片2。

图5-13(b)为弹簧触头接触装置,当活塞处于下死点前后的一段时间内,装在活塞裙部的固定触头与装在曲轴箱中的弹簧支承着的动触头实现接触。为了避免弹簧因长期工作

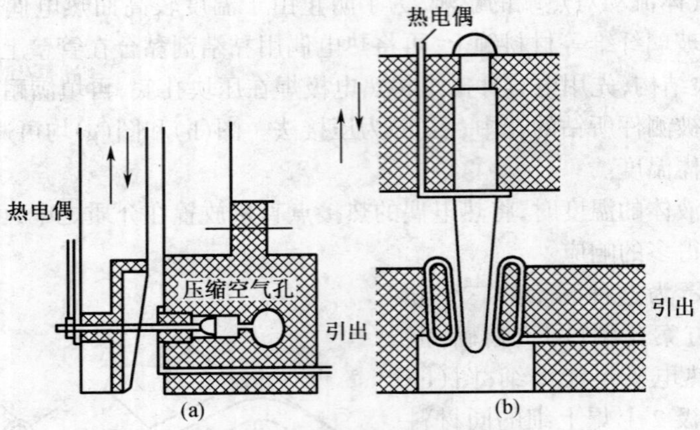

图 5-12 滑行式接触装置示意图

(a)往复滑板式接触装置;(b)插座式集电引出装置

而断裂,条件许可时可采用压缩空气来代替弹簧。

图 5-13(c)为空气动触头接触装置。

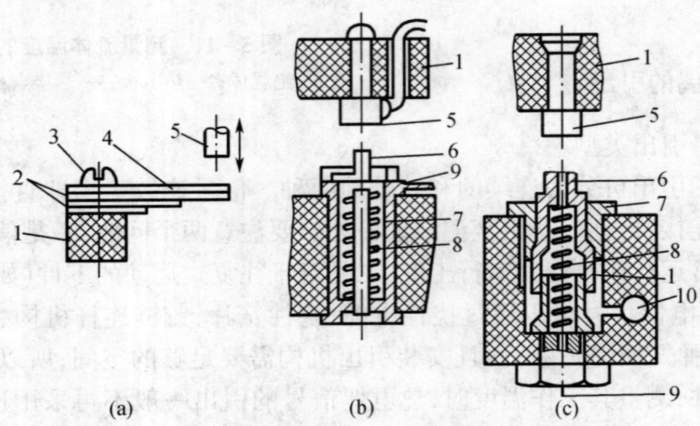

图 5-13 打击式接触装置示意图

(a)簧片式;(b)弹簧式;(c)气动式

1—夹布胶木板;2—铍青铜片;3—固定螺钉;4—热电材料片;5—上触头;6—下触头;7—支座;8—弹簧;9—引出线;10—压缩空气孔

热电偶在活塞上的安装分布如图 5-14。

2.间歇信号的测量系统

引出的间歇信号是一个脉冲热电势。将这个脉冲热电势经过电容积累器迅速累积起来,变为波动很小的稳定电压,然后用高阻抗的电位差计进行测量,用光电检流计进行监视。这种测量方法为热电积累法。采用热电积累法的测量线路如图 5-15 所示。

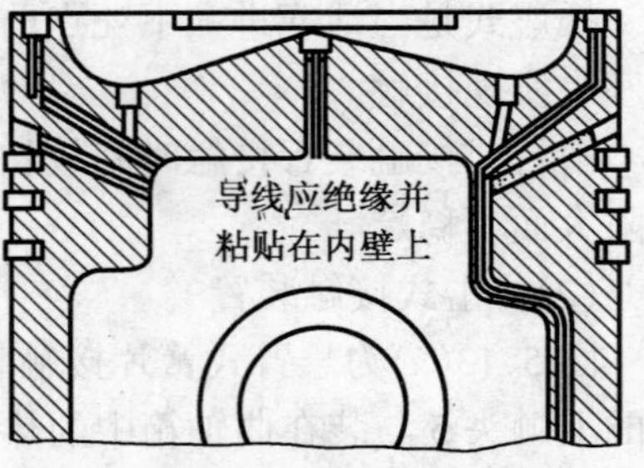

图 5-14 热电偶在活塞上的安装示意图

采用热电积累法测量热电势必须选用输入阻抗很高的测量仪表,否则就达不到正确的测量。测量回路的等效电路如图 5-16 所示。E 为热电势,R_1 为热

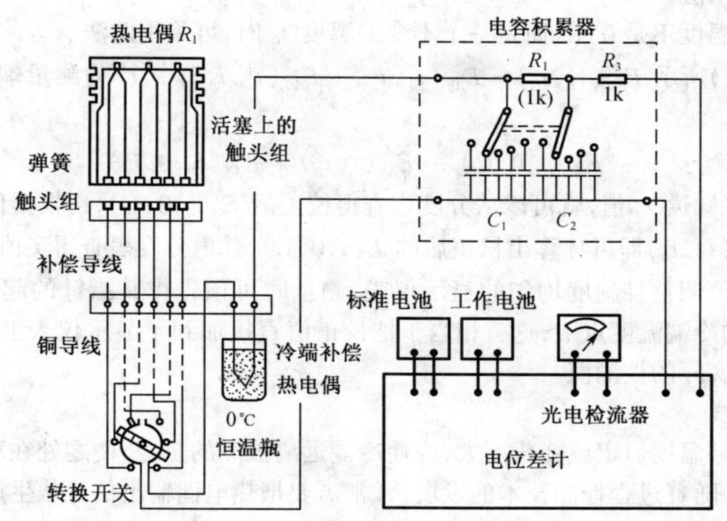

图 5－15　采用热电积累法的测量系统

电偶线路电阻，一般约为 10 Ω，C_1 为滤波电容，一般为 200 μF，R_3 为放电回路电阻，一般≥500 MΩ。

由于充电回路时间常数 R_1C_1 极小，而测量仪表阻抗极高，所以当上、下触头接触导通时，电容 C_1 迅速充电。

当触点断开时，C_1 向测量仪表放电，放电回路时间常数 R_3C_1 很大，因此 C_1 的端电压放电是极其缓慢的。

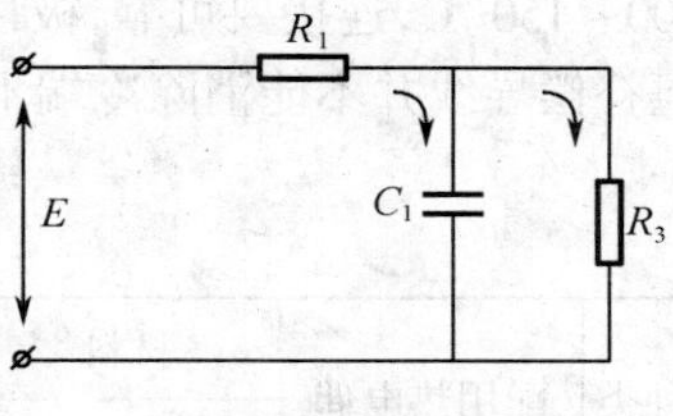

图 5－16　测量回路的等效电路

在触点不断接触中，电容 C_1 的端电压迅速充电，缓慢衰减，以致 C_1 上的电压很快就接近热电势 E，这样就可直接测出或使用数字显示。

5.4.5　热电偶冷端温度补偿

要找出各种热电偶温度与热电势的函数关系的数学表达式比较困难，在工程应用中常采用实验的方法得出温度与热电势的分度表以备查用。如表 5－3 至表 5－5 所示。热电偶分度表是以冷端温度为 0 ℃为基础而制成的，如欲直接利用分度表根据显示仪表的读数求得温度，必须使冷端温度保持为 0 ℃。通常采用如图 5－17 所示系统来达到目的。

特制的冰瓶中插有试管，而试管中注入少量水银，将热电偶的冷端插入试管的水银中以维持其温度为 0 ℃。注意，在使用中应使冰处于部分融化状态。此法较麻烦，多半用于要求较高的测量中。

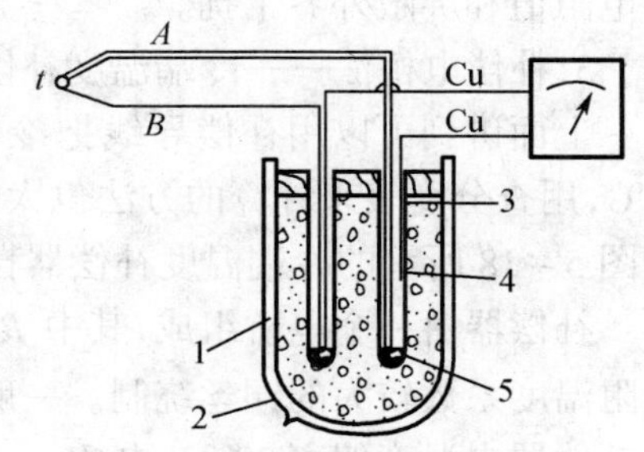

图 5－17　热电偶冷端插入冰瓶

1—融冰；2—冰瓶；3—试管；4—热电偶；5—水银

在使用时，往往由于环境和现场条件的限制，热电偶冷端不能维持在 0 ℃，因此需要进行补偿。常采用如下几种补偿方法。

1.计算校正法

如果冷端温度不是0 ℃,而是一个不变的温度 t_0 时,可采用此法。

由式(5-5)所示 $E_{AB}(t_1,t_3)=E_{AB}(t_1,t_2)+E_{AB}(t_2,t_3)$,令 t_1 为测量端温度 t,$t_2=t_0$,$t_3=0$ ℃,则

$$E_{AB}(t,0\ ℃)=E_{AB}(t,t_0)+E_{AB}(t_0,0\ ℃) \tag{5-7}$$

显然,只要知道 t_0 值,就可以从分度表查得校正值 $E(t_0,0\ ℃)$,再根据仪表在冷端为 t_0 时的指示值 $E(t_1,t_0)$ 即可计算出校正后的 $E(t,0\ ℃)$,并由分度表查得 t 值。

对于有零位调整且刻度均匀的显示仪表,测量时可预先将其指针的起始值(即机械零点)调到已知的冷端温度点上,这就相当于把校正值直接加到了显示仪表上,则仪表工作时的指示值就是实际的被测值。

2.补偿导线

为保持冷端温度恒定或变化不大,应使冷端远离被测的热源,使之处在环境温度较稳定的地方。另外,随着过程控制技术的发展,常常需要把热电偶输出信号从生产运行的装置上传输到较远的控制室中。如果将热电极直接延伸到较远的地方,则不经济。因此,实用中大量采用补偿导线代替热电极的延长部分。

补偿导线的热电特性与所配热电偶相同或接近,它们连接端处温度不应超过100~150 ℃,连接要可靠,极性不能接错,各种热电偶都有相应的补偿导线,如表5-8所示。但补偿导线并不能消除冷端不为0 ℃的影响。

表5-8 热电偶补偿导线

种类	配用热电偶	材料		绝缘颜色		在 $t_0=0$ ℃,$t=100$ ℃时的热电势/mV	1 m长电阻/Ω		
		正极	负极	正极	负极		1 mm^2	1.5 mm^2	2.5 mm^2
S	铂铑$_{10}$-铂	铜	铜镍	红	绿	0.643±0.023	0.05	0.03	0.02
K	镍铬-镍硅	铜	康铜	红	蓝	4.1±0.15	0.52	0.35	0.21
EA	镍铬-考铜	镍铬	考铜	红	黄	6.95±0.30	1.15	0.77	0.46

补偿导线不仅价格便宜,同时可以改善热电回路的机械和物理特性,还可用来调整回路的电阻值和屏蔽外界干扰。

3.补偿电桥法——冷端温度补偿器

上面讲到可以用补偿导线把冷端移到温度较稳定的地方,但还不能维持冷端温度为0 ℃,用查分度表来计算的方法也太麻烦,不适用于经常测量。为了解决这个问题,可采用如图5-18所示的冷端温度补偿器自动补偿。

补偿器由一个电桥组成,其中 R_1,R_2,R_3,R_g 用锰铜制造,电阻温度系数很小,R_H 是由电阻温度系数较大的铜丝绕制。一般设计为20 ℃时电桥平衡,a,b 两端输出电压为零。如果补偿器内温度偏离20 ℃,电桥 a,b 两端就会有一不平衡电压输出。选择合适的 R_g,可以使电桥输出正好抵消热电偶冷端偏离20 ℃时产生的附加电势,使用补偿电桥时,只须把显示仪表机械零点调到20 ℃温度上,则无论冷端温度 t_0 如何变化,指示值均为实际被测值。

国产冷端温度补偿器规格如表5-9所示,使用时应与热电偶配套,极性不能接反,外加

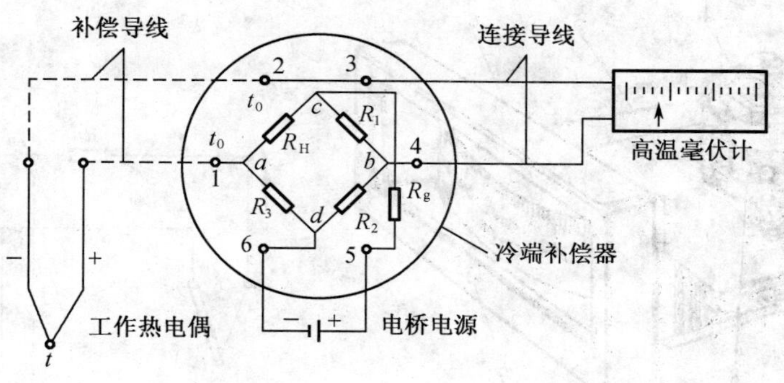

图 5-18 冷端温度补偿器

电源应符合要求。

表 5-9 冷端温度补偿器规格

配用热电偶	电桥平衡时温度	补偿范围	电源	内阻	电流	外形尺寸	补偿误差
铂铑$_{10}$-铂	20 ℃	0 ℃~40 ℃	4 V	1 Ω	4~60 mV	长×宽×高/mm 150×115×50	$\pm(0.015+0.0015t)$
镍铬-镍硅							$\pm(0.04+0.004t)$
镍铬-考铜							$\pm(0.065+0.0065t)$

5.4.6 热电势测量仪表

热电偶测温系统一般由热电偶、补偿导线、冷端恒温器、显示仪表等组成，如图 5-19 所示。

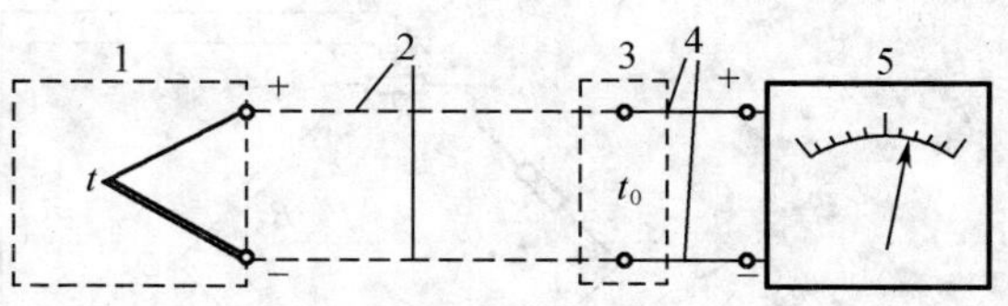

图 5-19 热电偶测温系统

1—热电偶；2—补偿导线；3—冷端恒温器；4—铜导线；5—热电势测量仪表

测量热电势仪表按其工作原理不同可分为下面几种。

1.动圈式仪表

测量热电势的动圈式仪表是一种高灵敏度的磁电式电流表。其结构图和原理图分别如图 5-20 和 5-21 所示。若整个测量回路总电阻保持恒定，则通过仪表的电流值与热电势成正比，仪表指针偏转角则指示出对应的热电势的大小。

动圈式测温仪表刻度标尺有毫伏与温度两种。以毫伏刻度标尺的，适用于各种类型热电偶，但须根据指示的毫伏值查分度表，才能得到所测温度的大小。以温度刻度标尺的，可直接读出温度，使用方便，但它只能与刻度尺表盘上所注明的分度号所代表的热电偶配套使用。

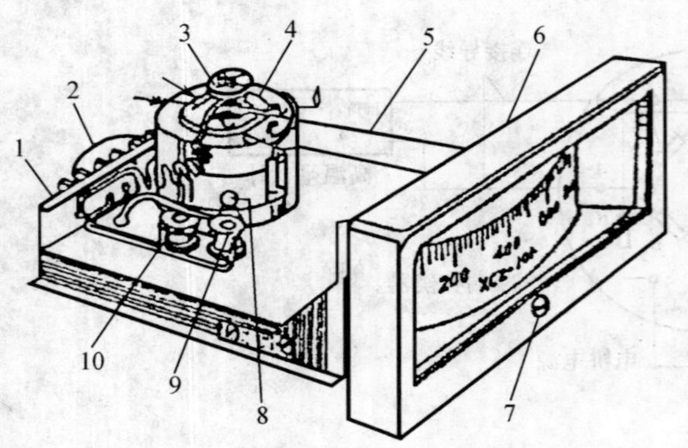

图 5-20　XCZ-101 型动圈式仪表结构图

1—热电偶接线端子；2—导线；3—仪表轴承架；4—磁钢；
5—指针；6—仪表壳；7—调零旋钮；8—热敏电阻；
9—补偿电阻；10—调整量程电阻

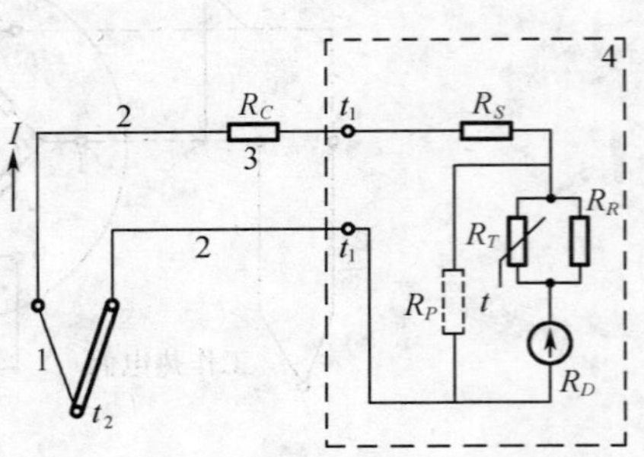

图 5-21　XCZ-101 型动圈式仪表测量原理图

1—热电偶；2—补偿导线；
3—调整电阻；4—动圈式仪表测量机构

为保证刻度值与通过仪表的电流的比例关系，仪表的外接电阻——热电偶电阻、补偿导线电阻、冷端恒温器内阻及铜导线电阻等的总和值，应等于仪表刻度尺表盘上所注明的外接电阻值。当外接电阻不符合规定时，可串接适当的锰铜电阻调整。

动圈式测温仪表的精度通常为 1.0 级和 1.5 级。

2. 自动电位差计

为避免外电路电阻的影响，通常用自动电位差计测量热电势，它利用测量电桥产生一个已知的电位差与热电偶产生的热电势相平衡而实现对热电势的指示和记录，其基本工作原理如图 5-22 所示。

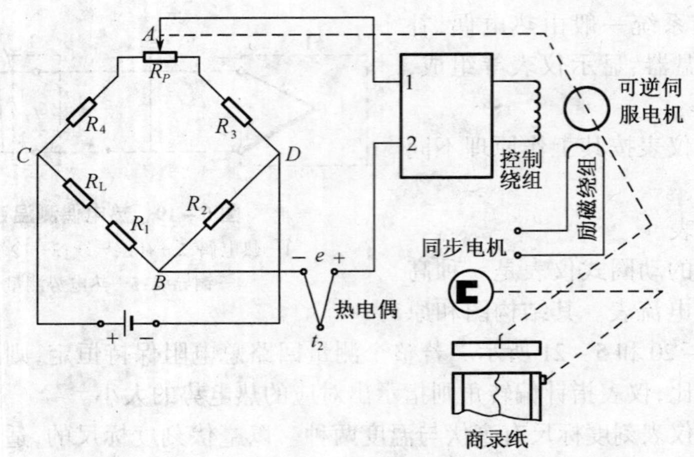

图 5-22　自动电位差计示意图

放大器输入端的电压为热电偶所产生的热电势 e 与测量电桥的输出电位差 U_{AB} 之差。当 U_{AB} 与 e 不相等时，就有一电压信号被放大去控制伺服电机，使伺服电机带动滑线电阻 R_P 的触点 A 和指针及记录笔 S 移动，直到 $U_{AB}=e$ 时达到平衡，马达也停止移动，指针指示出相应的温度值。而记录笔则在同步电机驱动的记录纸上绘出相应的温度变化曲线。

电阻 R_L 称为补偿电阻，它由温度系数较大的铜丝绕成，用来进行冷端温度补偿。电桥其他电阻由温度系数小的锰铜制成。R_L 安装在电位差计连接热电偶补偿导线的接线板上，以保持 R_L 与热电偶冷端温度相同。当热电偶冷端温度在 0 ~ 50 ℃范围变化时，R_L 所产生的电阻值变化使测量电桥产生的电压输出恰能补偿热电偶冷端温度变化所产生的附加热电势，于是实现了冷端温度补偿。

自动电位差计实际上是一种零位法进行测量的自动平衡记录仪。它的测量精度高，一般为0.5级，有的可达到0.2级。采用了放大器作为检零元件，因此灵敏度较高，可实现自动记录、超限报警和自动控制。

3.数字式热电偶温度计

图 5 – 23 为数字式热电偶温度计的工作原理图。热电势经放大器放大后，由 A/D 转换器转换为数字量。数字线性变换器对热电势与被测温度的非线性关系进行校正，使之线性化，然后由数字显示器直接显示出被测温度的数值。

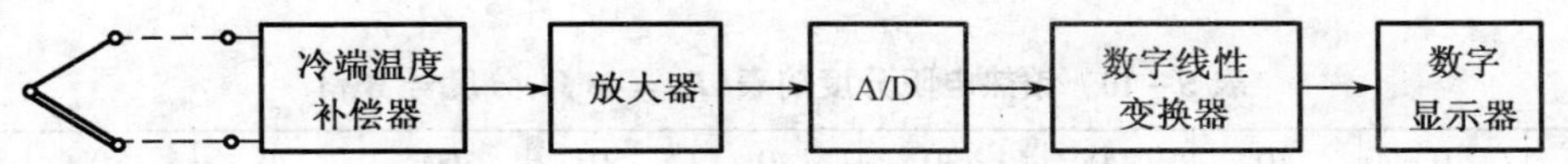

图 5 – 23　数字式热电偶温度计原理图

通常，数字式仪表的输入阻抗高，其外部电阻的影响可以忽略不计，故可以不考虑回路电阻问题。该温度计具有读数直观、性能稳定、测量精度高等优点，可以较容易实现 0.1 级的测量。但它应与指定的热电偶配套使用。

5.5　热电阻温度计

对于 500 ℃以下的温度，由于热电偶产生的热电势较小，测量精度较低，所以有时采用热电阻温度计来进行测温，尤其对低温测量，热电阻温度计用得更多。

热电阻温度计的优点是精度高，不存在冷端问题，信号便于远传。缺点是要受导线电阻的影响。

5.5.1　热电阻变换器

热电阻温度计的工作原理是根据导体（或半导体）的电阻值随温度变化而改变的性质，通过测量其电阻值从而算出被测物体的温度。

作为实际测温的热电阻变换器的材料要求有较高的电阻温度系数，以得到高的灵敏度、大的电阻率，以便用较短的电阻丝达到要求的电阻值，从而减小感温部分的尺寸，减小热惯性；在测温范围内化学物理性能稳定，不致受温度以外的影响而变质；电阻与温度的关系最好是简单的单值函数关系，最好是线性的；容易加工便于复制，价格便宜等。现代工业上使用的热电阻变换器材料只限于纯金属丝，主要是铂丝和铜丝。

1.铂热电阻

铂电阻在氧化性介质中物理化学性能稳定，具有较高的测量精度，复制性好，因此常用作复现温标的标准仪器,在实验室和工业生产中应用广泛,但铂电阻在还原气氛中容易被侵蚀变脆,并改变它的电阻与温度间的关系。

在 0～850 ℃范围内铂电阻与温度关系表达式为

$$R_t = R_0(1 + At + Bt^2) \tag{5-8}$$

在 -200～0 ℃范围内为

$$R_t = R_0[1 + At + Bt^2 + C(t - 100)t^3] \tag{5-9}$$

式中 R_t, R_0——温度分别是 t ℃和 0 ℃时铂的电阻值;

A, B, C——常数, $R_{100}/R_0 = 1.391\ 0$ 时, $A = 3.968\ 47 \times 10^{-3}/℃$, $B = -5.847 \times 10^{-7}/℃$, $C = -4.22 \times 10^{-12}/℃$。

铂电阻的测量精度和稳定性取决于所用铂的纯度。铂的纯度以其 100 ℃时的电阻 R_{100} 与 0 ℃时的电阻 R_0 的比值 R_{100}/R_0 来表示。比值越大,表示纯度越高。作为标准仪器的铂电阻 $R_{100}/R_0 = 1.392\ 50$;对工业用铂电阻,我国规定为 $R_{100}/R_0 = 1.391\ 0$,分度号为 B_{A1}, B_{A2}。表 5-10,5-11 是两种铂热电阻分度简表。

表 5-10 铂热电阻分度简表($R_0 = 46\ \Omega$,分度号 B_{A1})

温度/℃	0	10	20	30	40	50	60	70	80	90
	电阻值/Ω									
-200	7.95	—	—	—	—	—	—	—	—	—
-100	27.44	25.54	23.63	21.72	19.79	17.85	15.90	13.93	11.95	9.96
-0	46.00	44.17	42.34	40.50	38.65	36.80	34.94	33.08	13.21	29.33
0	46.00	47.82	49.64	51.45	53.26	55.06	56.86	58.65	60.43	62.21
100	63.99	65.76	67.52	69.28	71.03	72.78	74.52	76.26	77.99	79.71
200	81.43	83.15	84.86	86.56	88.26	89.96	91.64	93.33	95.00	96.68
300	98.43	100.01	101.66	103.31	104.96	106.60	108.23	109.86	111.84	113.10
400	114.72	116.32	117.93	119.52	121.11	122.70	124.28	125.86	127.43	128.99
500	130.55	132.10	133.65	135.20	136.73	138.27	139.79	141.32	142.83	144.34
600	145.85	147.35	148.84	150.33	151.81	153.30	—	—	—	—

表 5-11 铂热电阻分度简表($R_0 = 100\ \Omega$,分度号 B_{A2})

温度/℃	0	10	20	30	40	50	60	70	80	90
	电阻值/Ω									
-200	17.28	—	—	—	—	—	—	—	—	—
-100	59.65	55.52	51.38	47.21	43.02	38.80	34.56	30.29	25.98	21.65
-0	100.00	96.03	92.04	88.04	84.03	80.00	75.96	71.91	67.84	63.75
0	100.00	103.96	107.91	111.85	115.78	119.70	123.60	127.49	131.37	135.24
100	139.10	142.95	146.78	150.60	154.41	158.21	162.00	165.78	169.54	173.29
200	177.03	180.76	184.48	188.18	191.88	195.56	199.23	202.89	206.53	210.17
300	213.70	217.40	221.00	224.59	228.17	231.73	235.29	238.83	242.36	245.88
400	249.38	252.88	256.36	259.83	263.29	266.74	270.18	273.60	277.01	280.41
500	283.80	287.18	290.55	293.91	297.25	300.58	303.90	307.21	310.50	313.79
600	317.06	320.32	323.57	326.80	330.03	333.25	—	—	—	—

2.铜热电阻

铜热电阻容易提纯和加工，价格便宜，有较高的电阻温度系数 α，而且电阻与温度的关系是线性的，即

$$R_t = R_0(1 + \alpha t) \tag{5-10}$$

其中，$\alpha = 4.25\times10^{-3} \sim 4.28\times10^{-3}/℃$。

铜热电阻的主要缺点是铜的电阻率较小，所以要制造一定电阻值的热电阻，其铜丝的直径细小，影响机械强度，而且长度很长，因此制成的热电阻体积较大，热惯性大；在 150 ℃以上时易氧化，还不能在有侵蚀性介质中使用；常采用的铜漆包线的绝缘材料也限制了它的使用温度，所以铜热电阻只能在 150 ℃以下工作。

我国采用的铜热电阻分度号为 Cu50（$R_0 = 50\ \Omega$）和 Cu100（$R_0 = 100\ \Omega$）两种。Cu100 的分度表见表 5-12，Cu50 的分度值可以用 Cu100 的分度值除以 2 得到。

铂、铜热电阻的技术特性见表 5-13。

表 5-12　铜热电阻分度简表（$R_0 = 100\ \Omega$，分度号 Cu100）

工作端温度 /℃	热电阻阻值 /Ω	工作端温度 /℃	热电阻阻值 /Ω	工作端温度 /℃	热电阻阻值 /Ω
-50	78.49	20	108.56	90	138.52
-40	82.80	30	112.84	100	142.80
-30	87.10	40	117.21	110	147.08
-20	91.40	50	121.40	120	151.36
-10	95.70	60	125.68	130	155.66
0	100	70	129.90	140	159.96
10	104.28	80	134.24	150	164.27

表 5-13　热电阻技术数据

名称	代号	分度号	R_0/Ω	R_{100}/R_0	长期使用温度	在分度表的允差 Δt/℃
铂热电阻	WZP	B_{A1}	46 ± 0.046	1.391 ± 0.001	-200 ~ 500 ℃	-200 ~ 0 ℃ $\pm(0.30 + 6.0\times10^{-8}t)$ 0 ~ 500 ℃ $\pm(0.30 + 4.5\times10^{-3}t)$
		B_{A2}	100 ± 0.1			
铜热电阻	WXC	Cu50	50 ± 0.05	1.428 ± 0.002	-50 ~ 100 ℃	-50 ~ 100 ℃ $\pm(0.30 + 6.0\times10^{-3}t)$
		Cu100	100 ± 0.1			

3.半导体热敏电阻温度计

近年来用半导体热敏电阻作为感温元件来测量温度已有应用，它的优点是电阻温度系数大，而且是负值，约为 -(3 ~ 6)%，因此此温度计的灵敏度较高，可测到 0.001 ~ 0.000 5 ℃这样微小的温度变化，它的电阻率大，所以温度计的测量系统简单、体积小、连接导线对误差影响小，用以测量物体表面局部温度。但它性能不稳定，互换性差，精度低，且电阻与温度间

的关系是非线性的,老化较快,对环境温度的敏感性大。

5.5.2 热电阻传感器

热电阻传感器由热电阻感温元件、绝缘套管、保护管和接线盒等组成。图5-24所示为普通型热电阻传感器结构。感温元件主要由热电阻变换器(电阻丝)、骨架和引出线组成。

图5-24(b)所示铂热电阻感温元件是把铂丝绕在长为90 mm,宽为10 mm的锯齿形云母片骨架下,然后用两片无锯齿形云母片夹住,再用绑带扎紧。铂丝直径为0.07±0.005 mm,R_0为46 Ω和100 Ω两种。

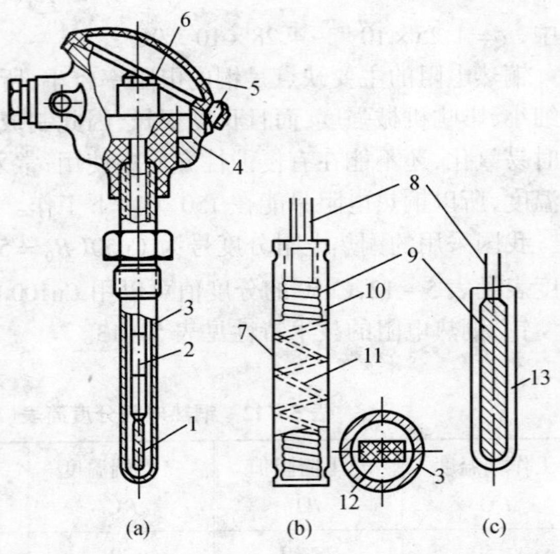

图5-24 普通型热电阻传感器示意图

1—感温元件;2—绝缘套管;3—保护管;4—接线盒;5—接线盒盖;6—接线螺钉;7—保护用云母片;8—引出线;9—铂丝;10—锯齿云母骨架;11—绑带;12—铂电阻横断面;13—石英骨架

为了减小引出线和连接导线上电阻变化而引起的误差,希望R_0值要大些,但为了体积和热惯性及减小外电流在电阻丝上放出的热量,却又希望R_0值小些。在实际应用中,综合考虑了上述两种情况,为了消除电感的影响,所有热电阻温度计感温元件均采用双线绕法。

图5-24(b)结构形式的铂热电阻适用于500 ℃以下的温度测量。图5-24(c)是一种石英玻璃圆柱作骨架的铂热电阻,石英具有良好的绝缘和耐高温的性质,因此适用于500 ℃以上的温度测量。为了使铂丝绝缘不受损坏和腐蚀,外面再套上石英管。

铜热电阻感温元件是以双线绕法将铜线绕在塑料圆柱骨架上的。由于铜的电阻率很小,为了不致体积过大,采用约0.11 mm直径的铜漆包线进行分层密绕;为了防止铜丝松散以及提高它的导热性和机械强度,整个元件经过酚醛树脂和清漆浸渍处理。

保护套管的材料要能耐高温、耐腐蚀,能承受温度剧变、密封性好及有足够的机械强度,一般可采用碳钢、黄铜或不锈钢,也可采用玻璃、石英或塑料等非金属材料。

热电阻也像热电偶一样,还可制成铠装式的新型传感器结构。

5.5.3 测量仪器和方法

1.直流电桥

可用直流电桥测量热电阻的电阻值,再确定热电阻所感受的温度。如图5-25所示。电桥测量可分为零平衡电桥与偏差电桥。

零平衡电桥:初始时,首先调整R_W,使电桥平衡,电表G读数为零。测量时,热电阻R_t的电阻值将随被测温度而发生变化,使电桥失去平衡。此时再调整R_W,恢复电桥平衡,则由标定的电阻R_W的调节量即可知被测量的大小。此法只适用于测量静态或变化缓慢的温度。

偏差电桥法:初始时仍是调节 R_W,使电桥平衡。测量时,保持 R_W 不变,当 R_t 随被测温度变化时,直接由电表 G 读出电桥不平衡输出量,以确定输入信号的大小。对静态温度可采用普通电表指示,对动态温度,则应用示波器等来显示、记录。

根据 R_t 的测量值读数由热电阻分度表查出被测温度 t。

为了减小导线电阻随环境温度变化而变化对测量的影响,希望导线电阻值相对热电阻值要尽量小,还可以通过线路进行补偿。常用补偿方法有两种。

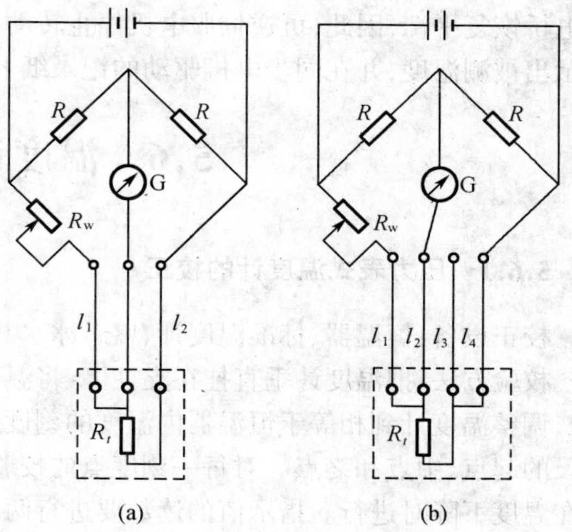

图 5-25 热电阻补偿引线接线方法

(1)三线式接法

如图 5-25(a),两根长度和截面积相等、材料相同且处在相同环境中的导线 l_1,l_2 分别接在电桥相邻臂上,环境温度对于它们的影响是相同的,则附加电阻输出变化互相抵消,不致造成测量误差。

(2)四线式接法

为了更精确的测量,采用四线式接线法,如图 5-25(b)所示。用 l_1,l_2,l_4 三根线连接测量后,再将 l_1,l_2,l_4 与 l_4,l_3,l_1 交换测量,取两次测量的平均值,则导线的影响可完全清除。

2.自动电子平衡电桥

自动电子平衡电桥与热电阻配套作为测温指示仪表,精度为 0.5 级。它的放大线路与自动电位差计相同,它们的外形、大多数零件相同,是通用的。原理图如图 5-26 所示。

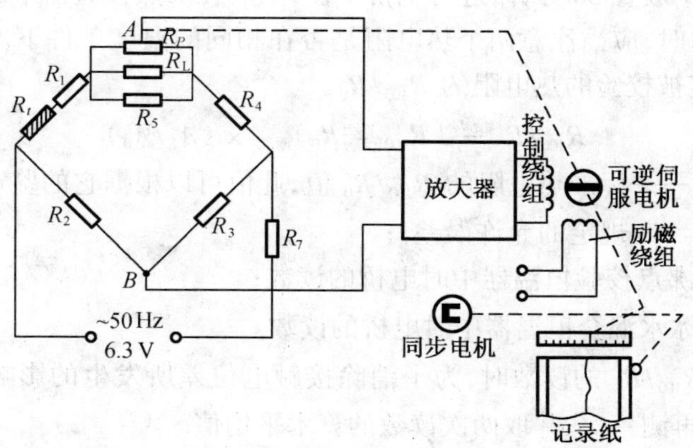

图 5-26 自动电子平衡电桥示意图

测量电桥所加电源为 50 Hz 交流电压,热电阻 R_t 与电阻 R_1 串联构成测量电桥的一个桥臂。当 R_t 随温度变化时,电桥失去平衡,输出端 A,B 便有相应电压信号输送给放大器,经放大后,驱动可逆伺服电机转动。通过传动机构,一方面带动滑线电阻 R_P 的触头移动,使电桥恢复平衡,因此,可逆伺服电机停止转动;另一方面传动机构驱动指针和记录笔移动,指示出被测温度,并在同步电机驱动的记录纸上绘出温度变化曲线。

5.6 温度计的校验

5.6.1 压力表式温度计的校正

校正设备:恒温器、标准温度计、盛有冰水共存的容器。

校验方法:把温度计垂直挂在支柱上,将温包全部浸在恒温器内(或浸有冰水共存容器内),调整温度计到相等于恒温器内温度的刻度点(或 0 ℃),一般校验点不少于三点:即刻度标尺的起点、中点和终点。对每一刻度点的校验,首先要在恒温器的温度上升时进行,然后再在温度下降时进行。指示值的读数要进行两次,一次是在不敲表壳的情况下读出,一次是在轻敲一下表壳后读出,经敲壳后的指针变化不应超过允许误差的一半。

5.6.2 热电阻的校验

校验设备:标准热电阻温度计(标准热电阻温度计所用的材料与被校的一样)、加热恒温器、冰水混合物的恒温器、标准电位差计或不低于 0.05 级双臂电桥一只。

校验方法:有两个点必须进行校验,一个是在 0 ℃时的电阻值 R_0,另一个是在 100 ℃时的电阻值 R_{100},并检查 100 ℃时的电阻值 R_{100} 对于 0 ℃时的电阻值 R_0 之比值,即 R_{100}/R_0 是否符合规定。

在测定 R_0 时,要将热电阻放在具有冰水混合物的恒温器中。在校验 R_{100}/R_0 的数值时,应该与标准热电阻温度计比较,标准热电阻温度计所用材料应与被校验的一样,测量应该用双臂电桥进行,把标准温度计的电阻作为标准电阻,而被校验电阻作为未知电阻,测试时先在冰点恒温器中放置 30 分钟,进行电桥平衡,然后在沸点校验器中放置 30 分钟再进行电桥平衡,在读数值时,应当注意两个热电阻是否在相同的温度条件下。在取得读数后,用下式进行计算,确定被校验的热电阻的 R_{100}/R_0

$$R_{100}/R_0 = (R_{100} - R_0)_{标准} \times (A_K/A_0) \tag{5-11}$$

式中 $(R_{100}/R_0)_{标准}$——标准热电阻的 R_{100}/R_0 值,此值可以根据它的鉴定书得到(国家标准规定的允许误差);

A_K——置在沸点校验恒温器中时电桥的读数;

A_0——置在冰水混合恒温器中时电桥的读数。

在校验 R_0 和 R_{100}/R_0 的读数时,为了消除接触电位差所发生的影响,必要时应在改换接线极性的条件下再测一次,并取两次读数的算术平均值。

5.6.3 热电偶的校验

热电偶的校验方法有两种:定点法与比较法。前者利用纯元素的沸点或凝固点作为温度标准,这种方法用于热电偶分度;后者利用高一级的标准热电偶与被校热电偶放在同一温度的介质中,并以标准热电偶温度计的读数为温度标准。一般多用比较法来校验。

热电偶校验时,要有一个温度均匀、稳定而又根据需要进行调节的热源。

温度在300 ℃以下时,采用恒温油浴炉,由标准水银温度计指示温度;温度在300~1 300 ℃时,采用管式电炉,由标准铂铑$_{10}$-铂热电偶指示温度;温度在1 300~2 000 ℃时,采用铜丝炉,由一等或二等光学高温计指示温度。

在高温下进行标定时,为了防止热电偶氧化,要将炉内先抽成真空,然后充入惰性气体,再把被校的热电偶与作为标准用的热电偶的热接点置于炉内同一点上,以保证所处的温度相同。当使用标准型号的热电偶时,只需定期地对所有热电偶进行校验,检查它们在规定的温度下所产生的热电势是否符合分度表中给出的数值,并给出实际偏差。以便测量时加以修正。

校验设备:标准铂铑$_{10}$-铂热电偶、可以调节温度的管式电炉、具有冰水混合物的0 ℃恒温器、试管、变压器油、转换开关、毫伏计或电位差计。

校验方法:把所测量的几支热电偶与标准铂铑$_{10}$-铂热电偶放在管式炉中,比较它们的读数。在校验前,应先将热电偶保护管除去,并将被校验的热电偶与标准热电偶同时放在管式电炉内,热电偶的工作端点应放在炉内的最高温度处,通常在炉内塞一圆柱形镍块,镍块的一个平面上钻有互相穿通的孔(图5-27),各个热电偶即插在各个孔内。为了防止标准铂铑$_{10}$-铂热电偶与其他金属接触而弄脏,标准热电偶的工作端一头应该用小直径薄壁瓷管保护。所有热电偶的冷端分别装入一个试管,试管都插入冰水混合物的保温瓶内,接到测量仪器的引线从试管中引出。为了使引线与热电偶冷端接触良好,试管中可以盛有水银或变压器油,可以把引线与冷端焊接,再将焊接点浸入水银或变压器油里。各对引线通过转换开关接到电位差计上,读数时应尽量使炉内温度稳定在同一温度上。

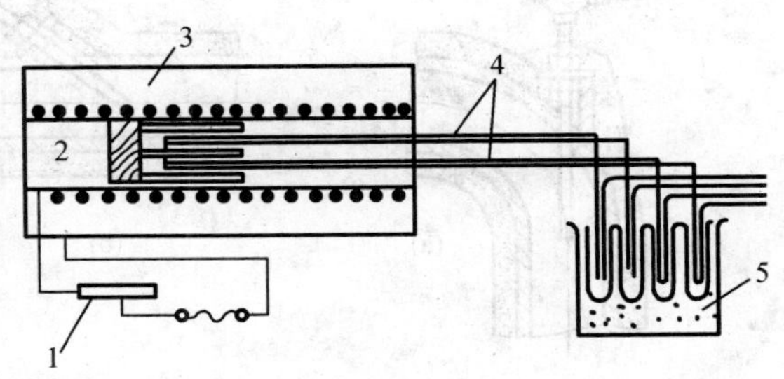

图5-27　自动电子平衡电桥示意图

1—变阻器;2—管式电炉;3—镍块;4—热电偶;5—冷端恒温器

5.7　测温元件的安装与温度测量误差

5.7.1　测温元件受热与发热的基本情况

测温元件接受的热量基本上来自两方面:

①被测介质传给测温元件的热量,包括介质对测温元件的导热、辐射和对流换热;

②由于测温元件阻挡了流动介质而在测温元件附近发生气流绝热压缩,因而使流体的动能变为热能,这种现象在测量高速气流的温度时应给予高度重视。

由测温元件散发出去的热量有两种:

①直接由测温元件向周围冷壁的辐射散热;

②沿着测温元件向外部介质的传导散热(包括测温元件露在外部介质中的部分辐射散热)。

后者在静态或中低速流动介质中测量时引起误差较大。

5.7.2 测温元件安装的基本要求

测温元件采用不同安装方法，就会产生不同的测量结果，所以在测量时一定要使用最佳安装方法。

安装时测温元件应与被测介质形成逆流，即迎着被测介质流向插入，如图 5－28(a)。若不能迎着被测介质流向插入，可采用迎着被测介质流向斜插，如图 5－28(b)所示，至少也须与被测介质正交(垂直插入)，如图 5－28(c)所示。尽量避免与被测介质成顺流。

测温元件要位于管道中心线上介质流速最高处。当在管道上倾斜安装时，保护管顶端要高出管中心线 5～10 mm。

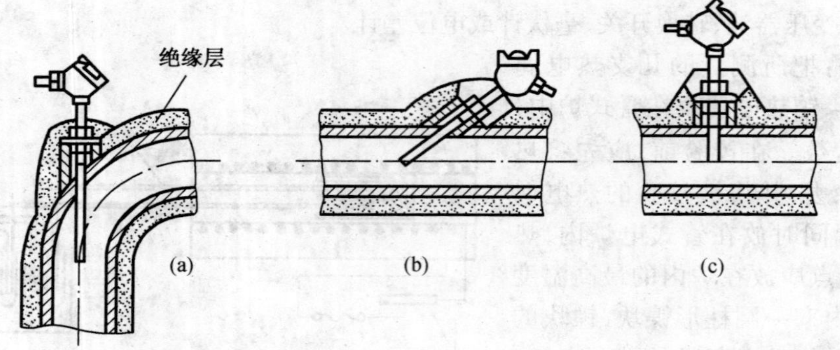

图 5－28 测温元件的安装

在测温元件插入处附近的管道或容器壁外，要有足够的绝热层，以减少由于辐射和导热损失而引起的误差。

为了减少测量误差，测温元件应保证有足够的插入深度，热电偶的插入深度应符合出厂使用说明书的要求，如不用保护管时，热电偶插入深度不应小于热电偶丝直径的 50 倍。

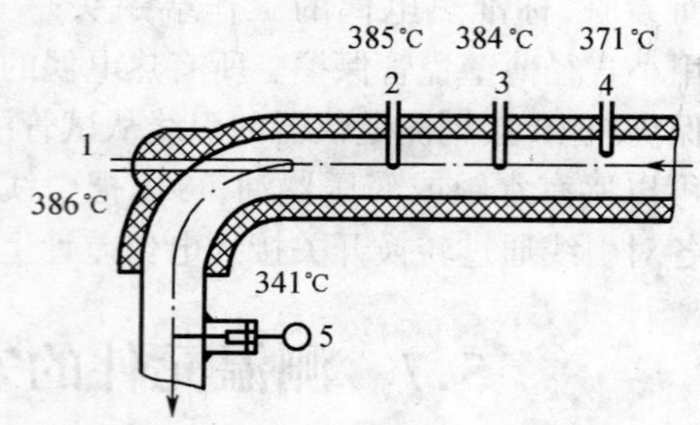

图 5－29 传感器安装方法对温度测量的影响

图 5－29 列出了测温元件在管道中的安装方法不同而产生不同误差的例子。根据安装基本要求，图中 1 的测量结果比较正确；在直管道上 2 较正确；3 的保护套管的壁较厚，增大了误差；4 的插入深度过浅，误差更大；5 的外露部分过长，又无绝热材料覆盖，因此误差最大。

5.7.3 温度测量误差

由于热交换的存在，传感器感知的温度 t_k 与被测介质的实际温度 t 之间将存在误差。

1. 环境温度、压力引起的误差

对充液温度计，若流体与毛细管材料的温度膨胀系数不同将引起误差，当然，把充液球的容积做得大一些，把毛细管和压力弹簧管的容积做得小一些可减少误差，但对高精度充液温度计，往往将一根能使空间的体积膨胀和液体的膨胀相匹配的细金属丝，穿到毛细管孔中来取得补偿。

另外，由于压力弹簧管通常用作测量大气压力，因此，大气压的变化将对压力弹簧管式的温度示值发生变化而产生误差，采用高压充注的系统可大大减少误差。

2.热辐射引起的误差

假设沿测温传感器保护套管的导热损失忽略不计，则由于传感器感温部分向周围辐射传热产生的误差 Δt_f 可表示为

$$\Delta t_f = t - t_k = \frac{C_0 \varepsilon}{\alpha}\left[\left(\frac{T_k}{100}\right)^4 - \left(\frac{T_w}{100}\right)^4\right] \tag{5-12}$$

式中 C_0——绝对黑体辐射系数，$C_0 = 5.67\ [\mathrm{W/(m^2 \cdot k^4)}]$；

ε——辐射换热系统黑度，因 $F_1 \ll F_2$，所以 $\varepsilon \approx \varepsilon_k$，$\varepsilon_k$ 为传感器感温部分表面黑度，F_1，F_2 分别为发生辐射换热的感温部分表面积与管道内壁面积；

α——介质向感温部分表面对流换热系数；

T_k——传感器感温部分的绝对温度；

T_w——管道内壁的绝对温度。

由式(5-12)可见，要减小辐射引起的测量误差，应减小传感器感温部分表面黑度 ε_k，为此要使感温部分表面尽量光滑；并应改善对流换热条件，以提高对流换热系数 α；此外，应减小产生辐射换热两部分间的温度差，为此可在管道外加绝热覆盖层以提高温度 T_w，或在传感器感温部分的周围加一薄的防辐射隔离罩。

3.热传导引起的误差

由于传感器的感温部分比其他部分的温度高，因此有一部分热量将传递给温度低的部分，从而引起测量误差。此测量误差可由下式表示

$$\Delta t_p = t - t_k = \frac{t - t_z}{\mathrm{ch}\left(L \cdot \sqrt{\frac{\alpha u}{\lambda f}}\right)} \tag{5-13}$$

式中 Δt_p——热传导引起的测量误差；

t——被测介质温度；

t_z——保护套管座处温度；

L——感温部分插入被测介质的深度；

α——介质向感温部分的对流换热系数；

u——感温部分外圆周长，$u = \pi D$；

λ——感温部分材料导热系数；

f——感温部分截面积，$f = \frac{\pi}{4}(D^2 - d^2)$，$D$，$d$ 分别为感温部分外径和内径；

$\mathrm{ch}x$——双曲余弦函数，$\mathrm{ch}x = \frac{e^x - e^{-x}}{2}$。

由式(5-13)可见，要减小热传导引起的误差，应采取如下措施：

(1)应使保护套管座处温度与被测介质温度尽量接近，为此须将管道外壁与保护套管座处均加绝热材料覆盖，提高 t_z。

(2)增大感温部分插入深度 L，对于液体介质，当 $L \geqslant (9\sim12)D$，气体介质当 $L \geqslant 15D$ 时，插入深度影响可忽略不计。

(3)采用较薄的保护套管,以提高 u/f 值。

为了减少热传导误差,在安装传感器时一定要注意一些基本要求。

4.高速气流滞止引起的误差

在测量高速流动气体的温度时,因传感器固定安装于管道中心,使之处于被测气流之中,在靠近测温元件附近局部温度升高而产生测量误差,尤其当气流速度大于 50 m/s 时,必须考虑此项误差,其误差值可由下式表示

$$\Delta t = t_q - t = \gamma \cdot \frac{v^2}{2C_p} \tag{5-14}$$

式中 t_q——气流滞止温度;

γ——恢复系数,其值与气体的性质、传感器感温元件结构及安装方式有关,通常由实验确定,因气流不会绝热全滞止,所以 $\gamma<1$;

v——气体流速,单位 m/s;

C_p——气体定压比热,单位 J/(kg·K)。

5.8 其他测温方法

内燃机的温度测量方法除了以上几种常用方法外,还有下面一些测温方法。

5.8.1 易熔合金法

易熔合金法是利用不同成分的合金有不同熔点这一性质,制成许多种不同熔点的易熔合金塞,用以嵌入零件的某一部位,测量其所受最高温度。各种合金的成分和熔点在内燃机试验手册中可以查到。

以测定活塞、活塞环和气缸盖的温度为例,应用易熔合金必须使运动件或固定件上的易熔合金在熔化时顺利流脱,例如对活塞环,易熔合金须装在环内表面上,以便熔化后脱落,一般在每一测量部位上钻三个相距约 4 mm 的小孔,估计此测量部位可能出现的温度,然后在三个小孔中放上熔点与此相近且依次相邻的三个易熔合金,嵌装合金的孔深、方向以及孔径大小都要根据零件的具体结构及强度决定。一般小孔的直径为 1.5~1.6 mm,孔深为 3~4 mm。嵌入易熔合金要注意它与零件接触良好而不应有空隙。装入后,必要时可用凹面冲头将小孔边缘翻折,以防止嵌入的易熔合金脱出。

在各个测量部位上,易熔合金都嵌好后,将各零件装入发动机,在即将测试的工况下运转 15 分钟到 1 小时左右,然后拆下观察合金的熔化情况,由未熔化的合金熔点与其最近的熔化了的合金熔点的平均值作为此点的温度。测量精度取决于三个小孔中易熔合金的熔点间隔。

易熔合金法可以测量其他方法难于测量的高温运动零件的温度,但须在零件上钻许多小孔以安装易熔合金,会影响零件的温度分布和零件强度,测量精度不高,测量一个工况就需要拆装一次。一般在测量工况不多,且希望对零件温度有一个初步概念的情况下使用。

5.8.2 双金属温度计

双金属温度计是用膨胀系数不同的两种金属构成的金属片作为感温元件,当温度变化时,两种金属的膨胀不同会产生弯曲,此变形与被测温度大小成比例,通过心轴传至指针,即

指示出温度数值。

它坚固耐用,测量范围在-60~500 ℃。根据感温双金属片的结构形状不同,有螺旋形和盘形双金属温度计两种。

5.8.3 辐射式温度计

辐射式温度计是利用炽热物体的辐射能进行测温的方法,即利用热能接收器接受被测物体在不同温度下辐射能的不同来确定对象的温度。目前工业上应用的有光学高温计、辐射高温计、光电高温计、比色高温计、红外辐射测温仪等。

光学高温计是利用光学手段测定可见光平均波长随温度不同的变化,测量范围一般不低于800 ℃。

辐射高温计是根据高温物体辐射能量大小与温度有关的特性进行测温。它的误差比光学高温计大一些,但它可以与显示仪表直接相连,不必动手操作,使用方便。

上述两种高温计的共同缺点是物体黑度会对测量结果带来较大误差,而比色高温计是利用两种不同波长下辐射强度的比值来测量温度的一种测温仪器。

辐射式温度计测温时不需要与被测对象接触,因此可以测定移动物体的温度,不会干扰被测对象;其响应快,便于实现遥控及自动检测,可测高温达3 000 ℃。缺点是精度不如接触式测温仪表,结构复杂,多用于金属熔炼、浇铸、锻压、热处理及高温零件表面温度测量。

5.8.4 硬度塞测温法

某些金属在受热后会产生永久性的硬度变化,这种硬度的最后变化取决于它所受的最高温度和在此温度下的连续时间,如果延续时间一定,则可建立温度-硬度标定曲线,然后按测定的硬度值找出相应的温度。

利用此特性可以直接测定零件某部位硬度值来确定该部位工作时的最高温度,或采用某种材料制成小螺钉作为测温硬度塞,并将小螺钉拧紧在要测温的部位上进行温度测量,这种方法称为硬度塞测温法。

硬度塞测温法可测高温运动零件温度或其温度的分布情况,但测量精度不高,约为2%~4%。

5.8.5 示温涂料法

示温涂料法是利用某些物质在不同温度下能够发生颜色变化的特性,制成示温涂料。有些涂料颜色变化是可逆的,即温度上升时颜色发生变化,温度下降之后又恢复原来的颜色,有些则是不可逆的。

测温时,根据估计的温度分布选择合适的示温涂料涂在被测的零件上,测定某一工况下运行30分钟左右,拆下零件,观察零件上示温涂料的颜色变化,再与比色表对照,就可确定零件上的温度分布。

这种方法便于进行高温运动零件温度分布的测定、非接触测定或最高温度记忆测定,可以测到1 500 ℃左右,但测量精度不高。

思考题

1.轮机试验中温度的测量有哪几种类型?

2.使用玻璃管液体温度计应注意什么?

3.压力式温度计有哪几种类型,各有何特点?

4.什么是热电效应?热电势是如何产生的?

5.常用的热电偶三定律对温度测量各有何指导作用?

6.典型的三种热电偶各有何特点?

7.热电偶温度传感器有哪些类型?

8.热电势间歇信号用什么方法测量?说明其原理。

9.热电偶冷端温度如何补偿?

10.什么是热电阻温度计,其有何特点?

11.热电阻温度计的测量电路和方法有哪些?

12.各类温度计如何校验?

13.温度测量误差主要由哪些方面引起?

14.如何正确安装温度传感器?

第 6 章　燃油消耗量的测量

能力目标：能正确操作使用各类燃油消耗量的测量仪器。

知识目标：了解各种燃油消耗量的测量方法；掌握各种燃油消耗量的测量仪器的原理、特性等基本知识。

有效燃料消耗率 g_e 是发动机最重要的性能参数之一。它由测量发动机有效功率 P_e 和单位时间燃料消耗量 G，经计算得到

$$g_e = \frac{G}{P_e} \tag{6-1}$$

测定单位时间燃料消耗量 G 的基本做法是测出发动机消耗一定质量或一定体积的燃料所经过的时间，然后计算得到 G

$$G = \frac{m}{t} = \frac{\rho V}{t} \tag{6-2}$$

式中　m——燃料的质量；

t——消耗燃料量 m 所用的时间；

V——燃料量 m 对应的体积；

ρ——燃料密度。

燃料密度 ρ 的测定是用如图 6-1 所示的浮子式相对密度计。液体的密度越大，相对密度计颈杆伸出液面越多。颈杆上刻度指示出被测液体的相应密度。

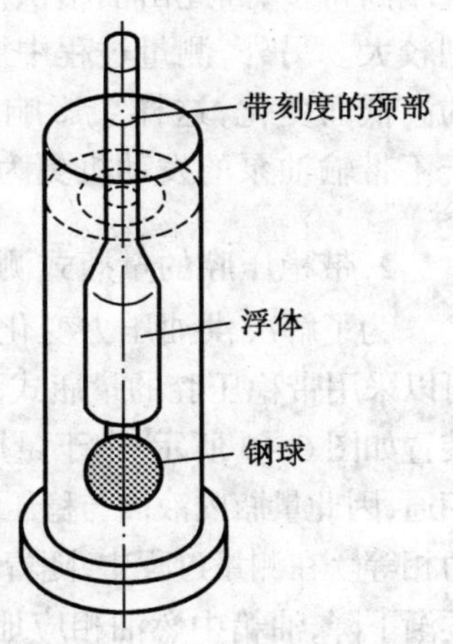

图 6-1　相对密度计示意图

由式(6-2)可见，燃料消耗量 G 的具体测量方法可分为测定 V 和 t 的容积法、测定 m 和 t 的称量法和测定燃料流量的流量计法等方法。

6.1　容积法测量燃油消耗量

容积法是测定消耗一定体积燃料所用的时间。从测量方式来分，有手动测量装置和自动测量装置两类，按测量仪器来分有量瓶式和活塞式两种。

6.1.1　量瓶式测量装置

1.简单量瓶式测量装置

图 6-2 所示为简单的量瓶式测量装置。玻璃量瓶由三个油泡组成，在细颈处均有刻线，各刻线间的容积均为已知。三通旋塞将发动机燃油系统、量瓶和油箱连接起来。

不测量时，三通旋塞置于“供油”位置，由油箱向发动机供油。准备测量时，将三通旋塞转至“充油”位置，油箱向发动机供油的同时，也向量瓶充油。当进入量瓶中燃油稍多于测量

时所要消耗的油量时，将三通旋塞转至“测量”位置，由量瓶向发动机供油。随着量瓶中燃油被发动机消耗，油面开始下降。当油面降至上刻度线时，按下秒表，开始计时。直到油面降至下刻度线时，按停秒表，并迅速将三通旋塞转至“供油”位置，以免发动机因断油停车。由此测得量瓶内上下两刻度线间容积为 V 的燃油消耗所需时间 t，将 V，t 及所测得的燃料密度 ρ 一起代入式(6－2)中即可求得燃油消耗量 G。

当用手按秒表测量时，测量容积 V 应选择适当，不能使测量时间过短，一般在 1 分钟左右较好。这样可以使启动和停止秒表所带来的误差显得小些。

用这种装置测量时，燃油箱的安装位置一般都比量瓶高得多，因此由油箱供油和由量瓶供油时压力差别较大。另外，测量过程中瓶内燃油压力也随着液面的高低而变化，这样会影响测量的准确性，尤其是对于不带输油泵的发动机更为明显。

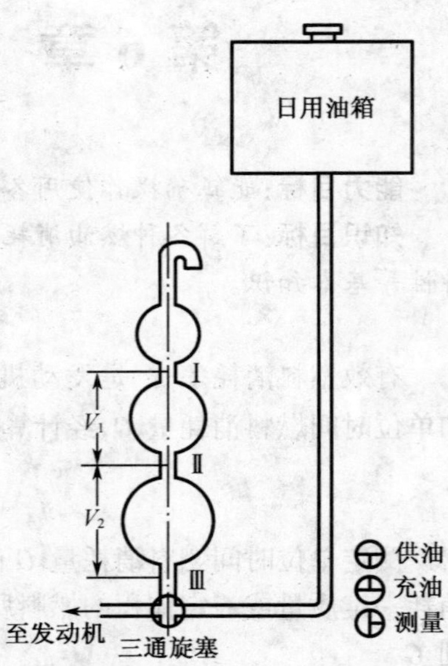

图 6－2 简单量瓶式油耗测量装置

2.带稳压腔的量瓶式测量装置

为了解决供油压力变化对测量的影响，可以采用带稳压腔的量瓶式测量装置。这种装置如图 6－3 所示，由于量瓶上口与稳压腔相通，因此量瓶内液面与稳压腔内液面所受压力相等。在测量过程中，随着量瓶中燃油液面逐渐下降，油箱中燃油相应地补充进稳压腔，这样就保持了腔内气压基本不变，供油压力也与油箱供油时差别不大。

测量前，利用阀和放气旋塞适当调节稳压腔及量瓶中空气量，使量瓶中液面降到测量容积结束的刻线以下而油还未用完时，稳压腔中油面又上升到量瓶上口处，这样燃油可以及时补充进入量瓶，即使偶尔测量结束时忘了转换三通旋塞，也不致使发动机因断油而突然停机，起到了安全保护的作用。

此装置测量时的操作方法与简单量瓶装置相同。

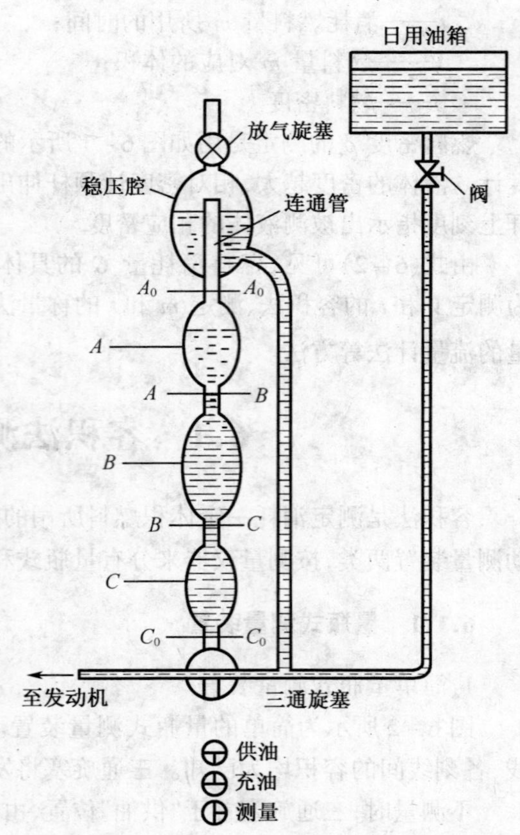

图 6－3 带稳压腔的量瓶式油耗测量装置

3.容积法自动测量装置

量瓶式容积法测量装置简单易行，设备成本低，但由于人工操作效率低，人为误差较大。为了提高工作效率和测量精度，目前已将其测量过程实现了自动化。如图6-4所示为LYS-101型数字油耗仪。该仪表分计时器和计量器两部分,计量器为落地式,通过连接电缆与计时器相连。测量装置的计时是利用光电传感器在量瓶中液面经过刻线的瞬时发出的光电脉冲信号进行控制的。光电三极管 BG_A,BG_B,…,BG_E 和光源灯泡 PL_A,PL_B,…,PL_E 组成光电开关,而阀门 V_1,V_2 则组成一个电磁三通阀。由燃油液面控制光电开关,进行计时并控制阀 V_1,V_2。

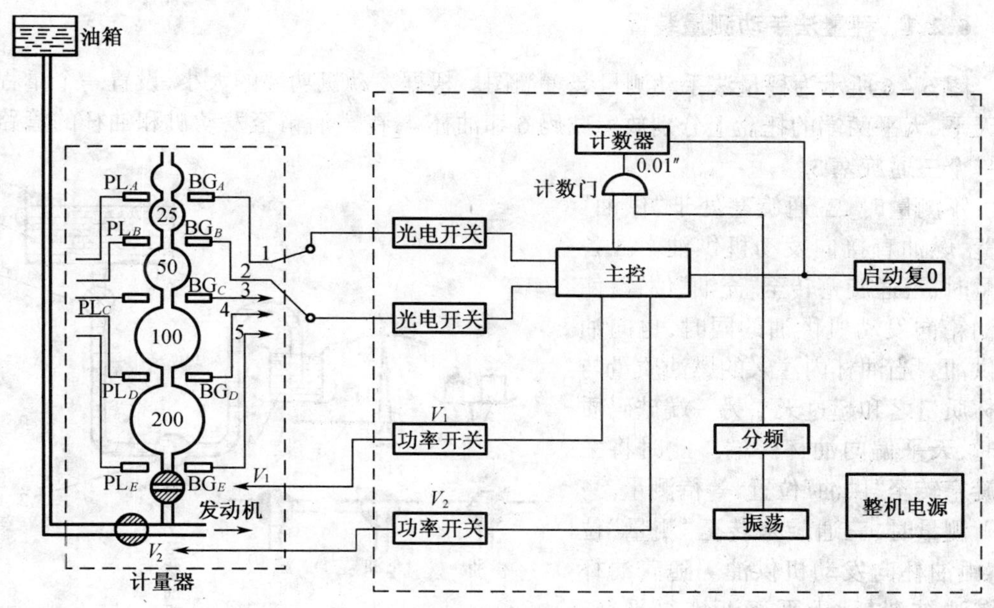

图6-4 LYS-101型数字油耗计原理图

LYS-101型数字油耗仪的测定容积分25,50,75,100,150,200,300 mL 7挡;计时容量分0~99.99 s和0~999.9 s 2挡。其计量器实为常压下的玻璃球量瓶式油耗仪,只不过其检测与阀门的控制自动化了。

6.1.2 往复活塞式油耗仪

如上所述,量瓶式测量装置只能作抽样测量,不能连续测量燃料消耗量。因为每次测量后都必须再将量瓶充满油,往复活塞式油耗仪可以在任意长的时间内连续测定燃料消耗量。它是一种容积式测量仪。对汽油机,它装在化油器前面;对柴油机,装在喷油泵前面。它在较小压力(0.1 MPa)下也能正常工作。

图6-5所示即为活塞式油耗仪的工作原理。活塞被流进的燃料推动,电磁阀使燃料交替地进入活塞上面和下面。这些电磁阀经操纵杆和开关继电器由活塞在其死点进行控制。活塞每次行程都排出一个精确的燃料体积量。用一个计数器对双行程进行计数。此外装一个光源,在向上行程时光源发光,向下行程时,光源熄灭,这样就能测定单行程了,测出消耗预定燃料体积或完成一定数量双行程所经过的时间,即可算出燃料的消耗量 G。

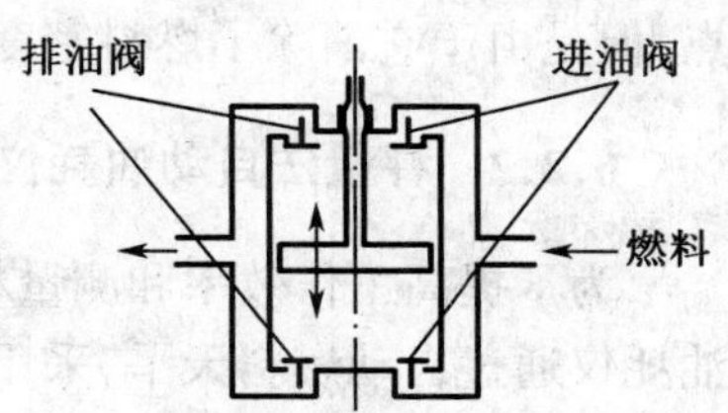

图6-5 往复活塞式油耗仪工作原理图

6.2 秤量法测量燃油消耗量

秤量法是测定消耗一定质量燃料所用的时间。一般也有手动测量装置和自动测量装置之分。需要注意的一点是秤量法测量装置的设置必须高于柴油机油泵进油口的位置。

6.2.1 秤量法手动测量装置

图 6-6 所示为秤量法手动测量装置简图。根据发动机功率的大小,设置一个量程适当的天平,天平两端的托盘上分别放置砝码 6 和油杯 4,在燃油箱至发动机和油杯的管路上设置一个三通旋塞 3。

不测量时,三通旋塞处于"供油"位置,燃油直接向发动机供油。准备测量时,三通旋塞转至"充油"位置,使燃油箱向发动机供油的同时,也向油杯供油。当油杯内注入的燃油质量与油杯质量之和超过天平另一端砝码质量时,天平偏向油杯一端。此时将三通旋塞转至"供油"位置,等待测量。

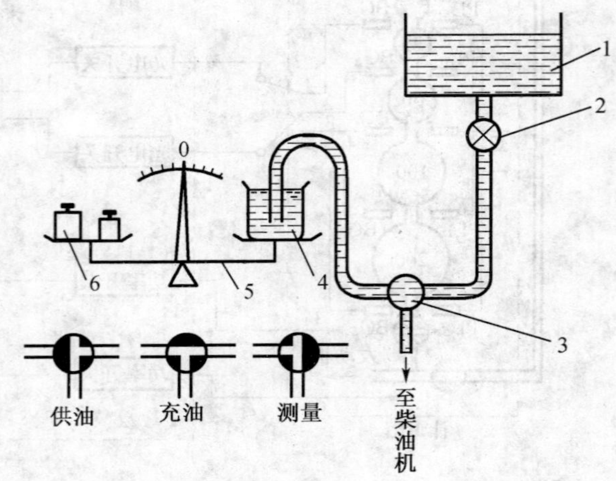

图 6-6 秤量法油耗测量装置

1—油箱;2—阀;3—三通旋塞;4—油杯;5—天平;6—砝码

测量时,三通旋塞转至"测量"位置,由油杯向发动机供油。随着油杯内燃油被消耗,天平逐渐恢复平衡。当指针至零时,立即按动秒表,开始计时。同时取下质量为 m 的砝码,天平又偏向油杯一端。当油杯内燃油被消耗至天平又恢复平衡,指针第二次至零时,立即按停秒表,并将三通旋塞转至"充油",进行下一次测量准备。

天平两次平衡之间的时间 t 内所消耗的燃油质量等于所取下的砝码质量 m。将 m 及秒表指示 t 值代入式(6-2)中即可求得燃油消耗量 G。

每次测量所消耗的燃油量(取下砝码的质量)应根据试验时发动机功率大小及测量所用时间来确定。人工操作时,每次测量时间也同量瓶式容积法测量一样不能太短,在 1 分钟左右为好。

秤量法具有结构简单,设备成本低等优点和人工操作时效率低,引入人为误差较大等缺点,但是由于它消除了燃料密度所带来的误差,因此,秤量法比容积法测量精度要高。

6.2.2 秤量法自动油耗仪

为了提高工作效率和测量精度,秤量法油耗的测量过程也实现了自动化。秤量法自动油耗仪通过自动燃料天平,采用砝码自动转移的方法,测定发动机消耗一定质量燃油所经历的时间,用数字式电子计时器累计并显示出来。还能通过光电管自动控制加油装置,使燃油得到补充,从而可连续进行全自动测量。

自动燃料天平砝码转移原理如图 6-7 所示。天平一端悬挂砝码,另一端悬挂测量罐,测油耗时，由燃油泵自动向测量罐注油，当罐中油面达到一定高度，超过测量油量(测量油量的多少，可根据试验工况，由手动操作手柄选择测量砝码来实现)时，天平右端被升起，天平臂 A 接触上档块，测量砝码和平衡砝码质量全部加在天平右臂上，燃油泵自动停止注油，此为测量准备阶段。随着发动机不断消耗测量罐中燃油，天平逐渐向砝码端偏摆。当测量罐和其中燃油的质量与砝码质量相等时，天平达到平衡状态，此时天平右臂离开上档块向下运动，天平臂右端的光门控制爪打开光门Ⅰ(光门控制爪平时遮住光源，此时爪上的小孔通过光线，光门控制原理见图 6-8)，于是光电管便向控制器发出一个"测量开始"信号，使电子计时器开始计时。同时，天平臂 A 上的砝码吊架 B 落到固定支架 C 上。发动机继续消耗测量罐中的燃油，天平左端质量逐渐减小，天平臂 A 右端与砝码吊架 B 之间的压力随之逐渐减小，而砝码吊架 B 与固定支架 C 上压力却逐渐增加，最后砝码吊架 B 的力全部转移到固定支架 C 上，这就叫做砝码的自动转移。此时，天平臂 A 右端继续向下运动，光门Ⅱ被打开，光电管发出"测量结束"信号，使计时器停止计时。计时器显示的时间即为耗油时间，同时，"测量结束"信号触发控制器，使燃油泵开启，向测量罐注油。当罐内油面上升到最高位置时，计时器自动复零，为下一次测量做好准备。

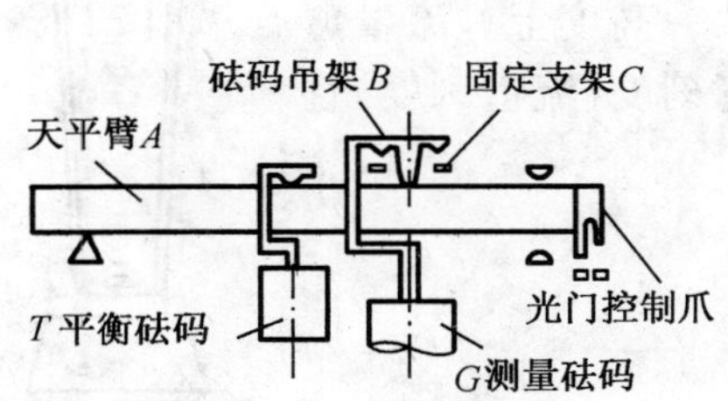

图 6-7　自动燃料天平砝码转移原理

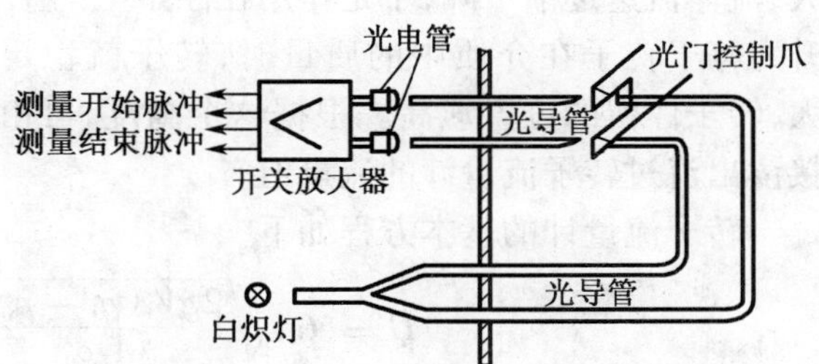

图 6-8　光门控制原理

自动燃料天平在测量开始瞬时天平臂达到平衡状态后，便始终保持平衡直至测量结束。由于在整个测量过程中天平臂始终保持静止，因而完全消除了刀口摩擦误差。

由式(6-1)和(6-2)，有效燃油消耗率 g_e 可表达如下

$$g_e = \frac{G}{P_e} = \frac{m}{P_e t} = \frac{C \cdot m}{M_K n t} = \frac{C \cdot m}{M_K \cdot \dfrac{Z}{t} \cdot t} = \frac{C \cdot m}{M_K \cdot Z} \tag{6-3}$$

式中　M_K——发动机输出扭矩；

n——发动机转速；

C——常数；

Z——测量时间 t 内的发动机转数。

可见，只要测定 Z，则可消除时间误差，这只需将秤量法自动油耗仪的电子计时器改为计数器即可。

6.3 流量计测量燃油消耗量

燃油消耗量的测量虽然也是流量测量，但由于其流量很小，而且要求有较高的测量精度，所以它与一般流量测量有所不同。原则上可用测量液体流量的方法进行测量。然而这种方法大都精度较低，一般较少采用。只有在内燃机耐久试验及船舶主机营运过程中，需要测量燃油消耗总量或瞬时值，且对其测量精度要求不高的场合，才采用小流量的工业产品流量计。台架耐久试验可选用玻璃转子流量计或涡轮流量计，实船测量可用涡轮流量计。

6.3.1 玻璃转子流量计

玻璃转子流量计的结构如图 6-9 所示。在一段带有刻度的向上扩大的锥形玻璃管中，放有一只转子（或称浮子），流体自下而上流动时，由于转子上下压差所产生的作用于转子上的上升力大于浸于介质中转子的质量，使转子上移，随着转子的上升，转子与锥形管壁间的间隙逐渐增大，流体流速逐渐下降，于是作用在浮子上的上升力也逐渐减小，直到上升力等于转子在介质中的质量时，转子就稳定在某一高度上。流量愈大，转子停留的位置愈高。根据这个高度，可由锥管刻度（流量刻度）直接读出流过转子流量计的流量值。

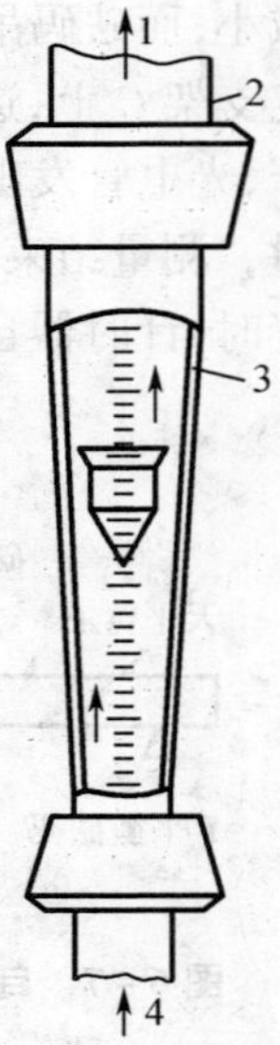

图 6-9 玻璃转子流量计

1，4—液流；2—管道；3—锥形玻璃管

转子流量计的基本方程如下

$$Q = CA\sqrt{\frac{2gV_f(\rho_f - \rho_0)}{A_f\rho_0}} \tag{6-4}$$

式中 Q——体积流量；

C——流量系数；

A——转子最大横截面和锥管间的环隙面积；

A_f——转子最大横截面积；

g——重力加速度；

V_f——转子体积；

ρ_f——转子材料密度；

ρ_0——流体密度。

从式(6-4)可见，转子材料密度和流体密度都能影响流量的指示值。所以在使用时，若流体密度与标定时的流体密度不同，流量计的指示值则必须修正。玻璃转子流量计在出厂时是按水标定的，用来测量燃油流量时可按下式修正

$$Q_1 = Q\sqrt{\frac{(\rho_f - \rho)\rho_0}{(\rho_f - \rho_0)\rho}} \tag{6-5}$$

式中 Q_1——修正后的体积流量；

Q——用水标定时的体积流量；

ρ_0——原标定时水的密度；

ρ——被测液体的密度。

由于流量与环隙面积 A 成正比，故转子流量计又叫变面积流量计。转子确定后，其质量

一定，则转子在任一平衡位置时，其两端压差都相同，故转子流量计亦称为恒压差式流量计。

国产玻璃转子流量计有多种规格，其可测量最小流量为 1 L/h(液体)；量程较宽，量程比为 10:1；压力损失较小，为 100 ~ 7 000 Pa；仪表前直管段要求不严；结构简单，使用方便，精度等级 1 ~ 2.5 级。需要垂直安装。

6.3.2　涡轮流量计

涡轮流量计的结构如图 6 – 10 所示。壳体 11 的前后端固定有几片呈辐射状布置的导流片 3，中心为导流体 2，导流片和导流体的作用是整顿流体的流形，减小流场扰动的影响。涡轮 8 通过轴 4，10 和轴承 9 支撑在导流体上，涡轮叶片的材料通常采用导磁的不锈钢。磁电式变换器安装在非导磁的壳体上，正对着叶轮，永久磁铁 7 产生的磁力线穿过壳体，经涡轮叶片形成磁回路。

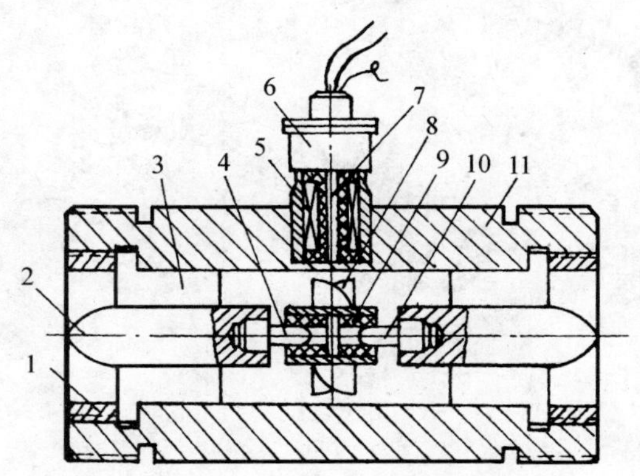

图 6 – 10　涡轮流量计结构图

1—导流器压圈；2—导流体；3—导流片；4—轴；5—感应线圈；6—小型前置放大器；7—磁铁；8—涡轮；9—轴承；10—轴；11—壳体

当流体从流量计中流过时，由于涡轮叶片前后压差的作用推动叶片，使涡轮旋转。涡轮叶片则周期性地改变磁回路的磁阻，从而使线圈 5 内的磁通量周期性地变化，在线圈内产生脉动的感应电势信号，该信号的频率正比于流体的流量。此信号经放大器 6 放大后送至显示仪表进行流量的计算和指示。

当流经流量计的被测流体的流量保持不变时，该流量可表示为

$$Q = \frac{f}{\xi} \quad (\mathrm{L/s}) \tag{6-6}$$

式中　f——涡轮流量计输出的电脉冲信号频率；

ξ——涡轮流量计流量系数；

Q——被测流体的体积流量。

涡轮流量计流量系数 ξ 与叶轮尺寸、叶片螺旋角及流量计流通面积等因素有关。对于确定的流量计，在其测量范围内 ξ 为常数。

国产涡轮流量计也有多种规格，其可测最小流量为 1.7 L/h(液体)；量程比为 6:1 ~ 10:1；压力损失较大；流量计前、后直管段长度要求分别大于管道直径的 15 倍和 5 倍，且要求水平安装；前面应设过滤器；精度等级较高，但低流量时测量精度较差；电信号可以进行远距离传送。

思　考　题

1. 什么是发动机的有效燃料消耗率？哪些方法可以测量发动机燃料消耗量？
2. 量瓶式测量装置有哪几种类型，各有何特点？
3. 往复活塞式油耗仪是如何工作的？

4.秤量法测量装置有哪些类型,各有何特点?
5.秤量法自动油耗仪天平砝码是如何转移的?
6.玻璃转子流量计有何特点,如何安装?
7.涡轮流量计工作原理是什么,有何特点,如何安装?

第7章　振动的测量

能力目标:能根据测量目的及需要测量的振动参数选用适当的振动测量仪器;能操作使用各类振动测量仪器。

知识目标:了解各种振动类型;了解衡量振动的参数;掌握各种振动测量仪器的原理、特性等基本知识。

7.1　内燃机振动及其分类

内燃机是船舶最主要的振动源,内燃机发生各类振动的激励,主要来自气缸内的气体压力,以及由于主运动机构的运动而产生的惯性力。具体地,如在气缸内反复的压缩、膨胀,所产生的以燃烧周期为基础的多谐波复杂激振力。曲柄连杆机构由于不平衡质量的存在,所产生的不平衡惯性力和惯性力矩,引起以内燃机转速为基础的谐波振动。此外,在内燃机的其他系统中,如配气机构、喷射系统引起的振动和冲击,加之由于各摩擦副之间的间隙,在运动过程中产生的冲击以及配套中负荷不均匀所引起的振动等等,这些使得内燃机的振动变得十分复杂。在理论的分析研究和实际的设计中,振动的测量成为一个必不可少的手段,总的来说,振动测量的目的是为了寻找产生振动的原因,为改进内燃机结构设计,合理设计弹性支承和减少由共振造成的损失,提供实验数据,积累资料,为制定内燃机容许振动标准提供依据,同时对振动作出综合评价。振动测量最基本的内容包括:振动体在选定点上的位移、速度和加速度的测量。从更广义上讲,振动测量还应包括结构的振型、动态刚度、固有频率、动态响应特性等的测量和分析。

综合起来,内燃机各类振动激励的周期性变化,将引起内燃机产生以下种类的振动。

7.1.1　内燃机的整机振动

这类振动也称内燃机的机组振动。由于曲柄连杆机构中活塞的往复运动将产生往复惯性力,在多气缸时,还将产生离心惯性力矩,此外由于气体压力及往复惯性力的变化特性,由此所形成的扭矩也是周期性变化的,这些力或力矩是构成内燃机整机振动的激励源。如图7－1所示为内燃机整机振动的数理模型简图。为简化坐标系,我们取内燃机的重心为坐标原点G,其三向的坐标轴分别为内燃机横向、垂向及纵向的主惯性轴 $x-y-z$。将内燃机看作刚体,共有 x,y,z 三个方向的振动和绕三个轴的回转振动,为六个自由度的振动系统。这类振动将产生以下严重后果:

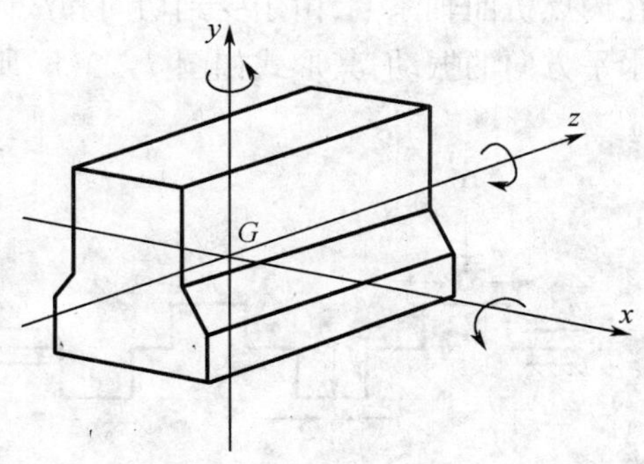

图7－1　内燃机整机振动数理模型简图

(1)剧烈的振动使内燃机本身零部件间发生剧烈的冲击,导致内燃机本身机件的损坏。

(2)内燃机本体的振动使得配置在其上的各零部件受到激励而产生局部振动。这种局部振动或者使该部件直接损坏,或者使部件与内燃机本体间的连接部分损坏而造成事故。

(3)内燃机机体的振动将使激励力或力矩传递给载体或周围环境,造成载体或周围厂房设备的振动,影响载体的正常运行和工作质量或造成周围环境的恶化。

(4)剧烈的振动将造成很大的噪声,恶化了环境。

7.1.2 内燃机曲轴系的扭转振动

由于内燃机工作的间歇周期性、气缸内燃气压力和运动不平衡惯性力呈周期性的变化,加之曲轴上外加干扰力矩的影响,将引起曲轴的扭转振动。

内燃机曲轴系的扭转振动,是曲轴系在回转过程中,平均扭变量上所叠加的一种扭转振动现象。因而,易形成过大的扭转共振现象,从而产生较大的动态扭转振动附加应力,严重的曲轴系扭转振动将会对内燃机曲轴的传动轴系的强度产生恶劣影响。

7.1.3 内燃机曲轴系的纵向振动

由于内燃机曲轴系是一个金属的弹性系统,在曲拐上除了作用有交变的扭矩外,还受有交变的法向作用力,而曲拐在受到法向力时会产生轴向变形,使曲轴系的轴段受到交变拉压力而形成纵向振动。

曲轴系产生纵向振动的后果有:

(1)使内燃机的曲拐开挡发生较大变形,见图 7-2(a)所示,使曲拐圆角处发生较大的弯曲应力,导致曲轴的断裂或轴段的疲劳破损。

(2)曲轴系的纵向振动受限制于轴系上的止推轴承,因而严重时将导致止推轴承的损坏以及纵向作用力通过止推轴承传递给载体,激起载体的振动。

(3)曲轴部分的纵向振动过大,当超过其左右工作间隙时,有可能导致内燃机工作的不正常而引起事故。

7.1.4 内燃机曲轴系的横向振动

在内燃机曲轴系上,由于受到切向和法向的交变作用力,最后将形成曲轴系支承梁的垂直和水平方向的振动,其形式如图 7-2(b)所示。由垂直及水平方向的振动组合将形成轴

图 7-2 曲轴受力与振动示意图

系的回旋振动,因此,有时也称轴系的横向振动为回旋振动。

发生横向振动的后果包括:

(1)横向振动将导致轴段中弯曲应力的增加,严重时将使轴段发生疲劳破损。

(2)加剧了支撑轴承的负荷,引起轴承油膜破裂,发生干摩擦而发热以致损坏。

(3)引起载体的振动。

7.1.5　其他振动

主要指配气机构振动,活塞和缸套间的敲击引起的振动等,这将引起配气机构传动链间飞脱、气门和气门座早期磨损,缸套水冷侧穴蚀等弊病,此外还有内燃机附件及附件支座的振动等。

7.2　振动测试系统

7.2.1　振动测试系统分类

按振动测量仪器的性质和作用原理,可分成三大类。

1.机械测振系统

用机械的方法将测得的振动量,通过杠杆或其他机械放大机构放大后直接记录下来,如测振千分表、手持式机械测振仪等。这类系统的频率范围为10~200 Hz(手持)。测量振幅范围为0.01~2.5 mm;其特点是抗干扰能力强,但频率范围和动态线性范围窄,测振时会给振动体加上一定负载,影响精度。主要适用于动力机械以及低频大振幅的振动和扭振的测量。

2.光学测振系统

利用光学杠杆原理和光干涉原理或读数显微镜,经光学放大,测量记录振动量。这类测振系统的特点是:测量精度高,不受电磁场的干扰,适宜于小振幅非接触测量,特别是对质量小及不易安装传感器的振动体的测量。常用于标定振动量,主要用于精密测量和对传感器测振仪的标定或校正。如激光测振仪被用于振幅校准等。

3.电测系统

将机械振动量通过传感器转换成电量或电参量,经电测系统放大、处理、讯号变换等,将振动量显示或记录下来,或通过分析、计算、实时处理等,把衡量振动参数的时间历程、频率谱等,以数字或图形记录和绘制出来。一般电测系统的框图见图7-3。这类测振系统灵敏度高、频率范围和动态线性范围宽,便于分析和遥控,是目前应用最广泛的测振系统。但该系统易受电磁场的干扰。

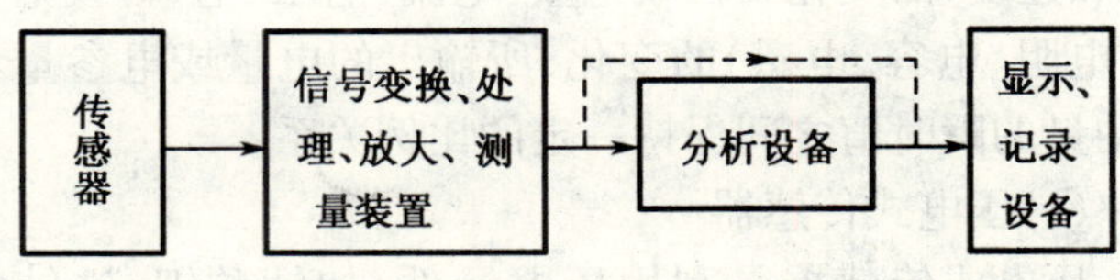

图7-3　一般电测系统框图

这类测振系统一般包括传感器、放大器、频率分析设备及记录器。其中系统中常采用的传感器有压电式传感器、电磁式传感器、电感式传感器和电容式传感器等。

7.2.2　几种典型的振动测量仪

1.机械式测振仪

如图7-4所示为手持式机械测振仪,测量时将仪器固定在不动的支架上或用手拿着,使测振仪触头 1 与被测振动方向一致,并借弹簧 2 与被测振动体表面接触。振动时触头跟随振动体一起振动,推动放大杠杆 3,在由滚筒 6 驱动的记录纸上记录放大以后的振动波形。走纸速度和放大倍数均可调节,时间讯号由电池驱动的电磁体在记录仪上定时打出,以便分析振动频率。这种机械式测振仪一般用于频率范围为 10 ~ 200 Hz、振幅范围为 ±0.01 ~ 2.5 mm 的振动测量。

2.振动位移计

图 7-5 所示为惯性式振动位移计,测振时将位移计安装在振动体所选定的测点上,位移计壳体随振动体一起振动,带有记录笔的悬挂质量在等速旋转圆筒上的记录纸上测录质量与位移计机壳的相对振动波形。

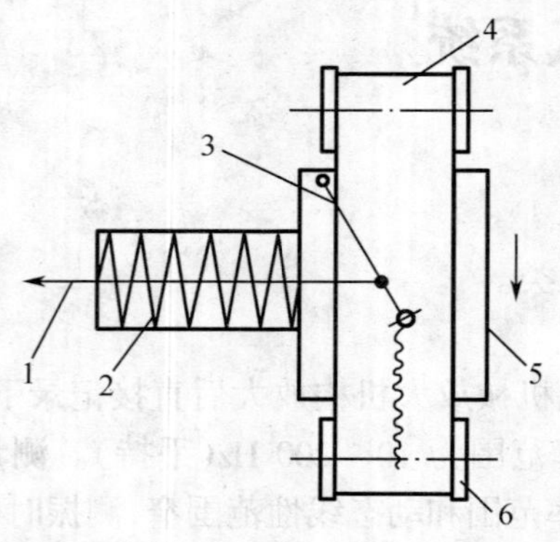

图 7-4 手持式机械测振仪原理图

1—测振杆;2—弹簧;3—杠杆放大机构;
4—记录纸;5—振动子;6—记录纸滚筒

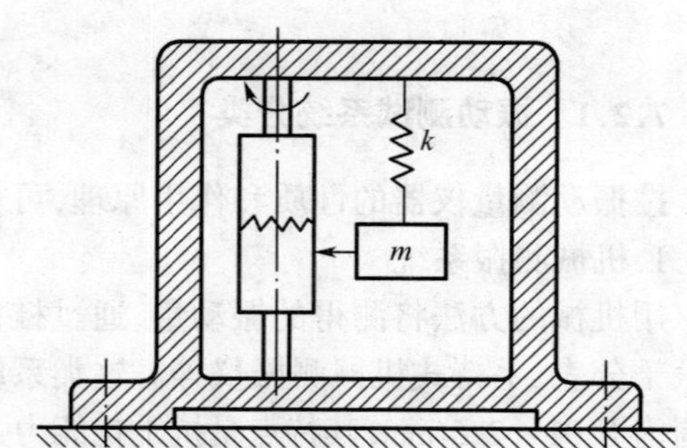

图 7-5 机械惯性测振仪原理图

这种位移计由于体积和质量较大,一般不宜用于较小物体振动的测量,因为较大的附加质量会影响测量精度。在内燃机的振动测量中一般只用于基础振动的测量。

3.电动式测振仪

电测系统中,应用不同的传感器可以构成适应不同测振目的的电动式测振仪,其作用是将振动量(位移、速度、加速度)的变化转换成电量(电流、电压、电荷)或电参量(电阻、电容、电感)的变化,所输出的电量或电参量和振动量的瞬时值之间保持一定的比例关系。

(1)压电式传感器

压电式传感器是利用压电元件,如钛酸钡、锆钛酸铅、石英晶体等,在振动时利用惯性质量对其施加交变压力而产生输出交变电量的变化来测量振动。如压电式加速度计。

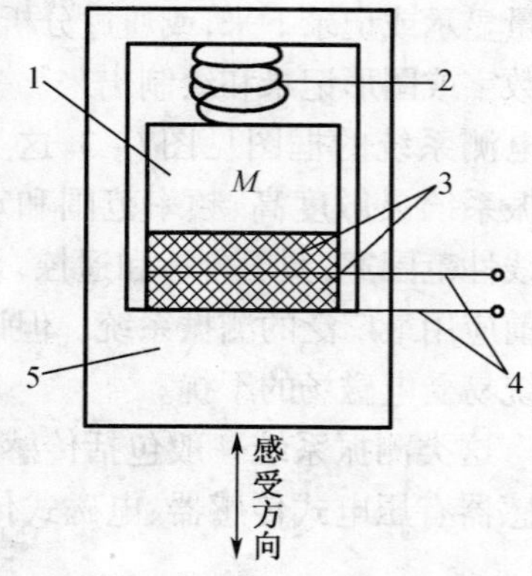

图 7-6 压电式加速计结构原理图

1—质量;2—弹簧;3—压电晶体;
4—引出线;5—壳体

图 7-6 所示为压电式加速度计的结构原理图。这种传感器在安装时必须注意使底座旋入壳体产生必要的预应力,以保证晶体始终受到压力,并且压力不能过小和过大。因为压力过小或过大都会使传感器的相对响应呈

非线性，从而影响到测量的灵敏度。

压电式加速度计一般配置的前置放大器，是将高阻抗输入变成低阻抗输出，使之与后续仪表相匹配。在某些场合下，还往往需要将讯号直接加以放大后再输出。前置放大器中设置适当的积分网络，用以测量速度及位移。前置放大器有两种形式，一种称为电压前置放大器，其输出电压和输入电压成正比，另一种称为电荷放大器，它与输出电荷和输入电荷成正比。

压电式传感器适用的测频范围：若与电压前置放大器配套时为 2～10^4 Hz，与电荷放大器配套时为 0.3～10^4 Hz。可测加速度值为 $10^{-4}g$～$10^4 g$，特别适用于冲击测量。

压电式传感器的灵敏度高，频率范围宽，结构尺寸和质量较小。但受温度、噪声等的影响较大，需要和高阻抗的前置放大器配用。目前，这类传感器的应用最广。

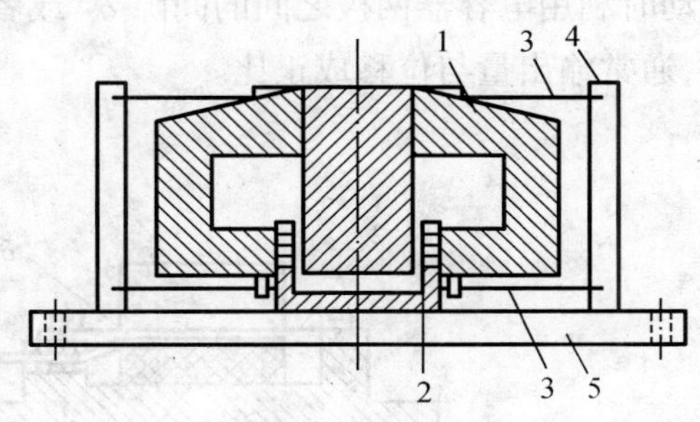

图 7-7　感应式测振仪原理图

1—磁铁；2—框架；3—平弹簧；4—支柱；5—底座

(2)电磁式传感器

图 7-7 为电磁式传感器。它由磁铁、装有线圈的框架、平弹簧、支柱和与被测表面安装在一起的底座组成。测量时，底座支柱和线圈将随被测振动体振动，由于磁铁质量很大，而平弹簧很软，在振动过程中磁铁几乎保持原位置不动，因而线圈切割磁力线产生与速度成正比的电动势。

这种传感器可用于测量振动体的速度，经一次微分可得振动体的加速度，或经一次积分可得振动体的位移。一般测量的频率范围为 10～500 Hz 的线速度或角速度，0.001～1 mm 的位移，0.01g～10g 的加速度。

电磁式传感器系低阻抗输出，输出功率较大，产生讯号较强，不需要前置放大器。传感器的灵敏度高、测量精度高、受温度、湿度影响较小，低阻抗输出引起的干扰噪声小。但结构尺寸和质量大、受磁场影响大，永磁体的衰减会引起灵敏度降低。

(3)电感式传感器

图 7-8 为电感式传感器示意图。当振动时由于弹簧支撑的惯性质量和与壳体相连的电磁体间的气隙 δ 发生变化，导致线圈周围的磁通量发生变化而感应电动势。如果所选择的惯性质量足够大而支撑弹簧又足够软，这时，惯性质量和电磁体间的气隙 δ 的变化就是振动体的振幅值，而电磁体内电感量的大小和 δ 成反比。一般在壳体上装有线圈铁芯，线圈上供有交流电，交流电源的频率比所测振动的频率高。如图 7-8(b)所示，当壳体振动时，由于气隙变化而引起电感量变化，如图 7-8(a)所示，两种波形叠加调制波

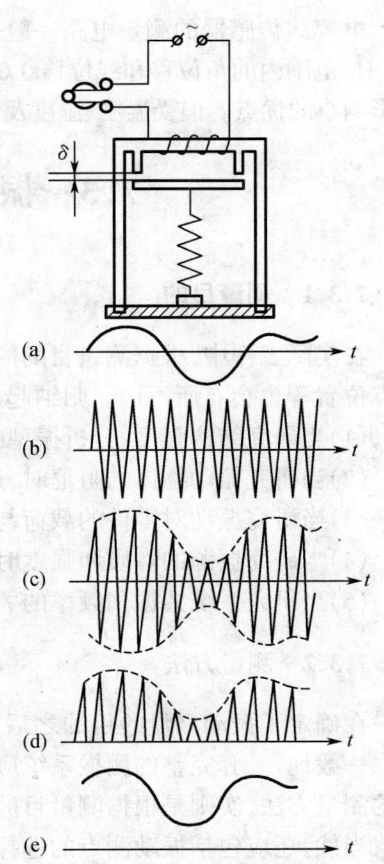

图 7-8　电感式测振仪原理图及记录波形

形为图 7－8(c)，在测试系统中加入整流电路即可得图 7－8(d)所示波形，经滤波，最后得到图 7－8(e)波形，即为实际振动波形。

电感式传感器一般适用于测量 20～1 000 Hz 范围内的振动信号。

(4)电容式传感器

图 7－9 所示为惯性式电容传感器，惯性质量 4 和传感器基座 1 作为电容器的两极，在振动时利用电容器两极之间的间隙 δ_C 或者相对面积 S_C 变化而使电容量发生变化来测量振动，通常输出量与位移成正比。

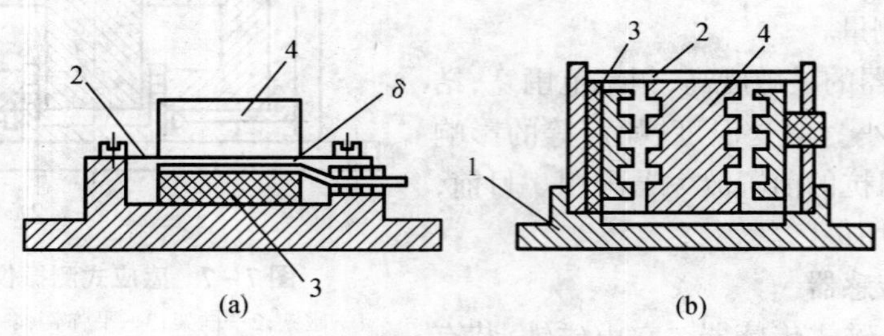

图 7－9　电容式测振仪

1—壳体；2—平弹簧；3—线包；4—惯性质量

电容式传感器的测量电路一般采用桥式线路、谐振线路或差拍线路。适用于测量 10～500 Hz 范围内的角位移和线位移 0.001～1 mm。它具有灵敏度高、结构简单、尺寸小、对被测物体影响小的优点。但受温度、湿度及电容介质等的影响较大，且与其匹配的仪器要求较高。

7.3　振动测量的目的及方法

7.3.1　测量目的

在实际工作中，根据测量目的的不同，所选择的方法，包括所测振动的参数、测振仪器、测点位置等也会有所不同。归纳起来，一般有如下几种情况：

(1)当研究结构强度、分析振型时，通常应测量振动位移，且必须进行多点测量。

(2)当研究振动物体的阻尼时，通常应以测量振动速度为主。

(3)当研究振动对零件的载荷与力的关系、振动时力的传递时，应测量振动的加速度。

(4)当研究振源的性质和强度时，除上述有关测量外还应进行频谱分析。

(5)当研究系统共振和频率的关系时，应测量系统的固有频率。

7.3.2　测量方法

在确定了振动测量的目的之后，应根据具体测试对象和环境，制定测试方案和实施步骤。一般地，一套完整的测振系统应包括传感器、放大器、频率分析仪及记录器等。因而，所谓的测量方法，实则是根据测量目的，确定振动参量，选择与之相适应的测振系统的具体设备。当然，还应包括振动测点的选择与布置、测振工况的选取等问题。

1.振动测量参数的选取

根据测量目的的不同选取具体的振动参量(位移、速度、加速度和频率)的一般原则已在测量目的部分叙述过了,这里就不再赘述了。此外,在使用测量仪器时,还会碰到峰值、有效值、平均值的选择问题。峰值描述振动的量值仅仅取决于瞬时振动的大小,与产生它的时间过程无关。考虑到时间过程,则应选取平均绝对值。而有效值则包含了能量的概念,所以一般振动仪都是用有效值来描述振动量的大小。位移的有效值表示振动系统的势能含量,速度的有效值表示振动系统的功率含量,加速度的有效值表示振动系统的功率谱密度的含量。有效值反映了整个振动过程的时间历程,在目前被认为是一个最全面描述振动过程的指示量。

2.传感器的选择

传感器的选用极为重要,确定了传感器的类型,则测试系统也随之被确定。

选择传感器时,应考虑以下几方面:

(1)所需测量的振动参量的特点。如测量振动速度时,应尽量采用速度传感器,避免振动位移计微分或用加速度计积分求取速度时带来的误差。一般地,积分后,灵敏度将降低;而微分后,高频分量将增加。这些都将影响到测量的实际效果。

(2)传感器的精度、量程和频率范围及传感器的质量等应符合测试的要求。如被测对象较轻时,应选择轻型传感器或非接触式传感器,以避免传感器的质量对测振精度的影响。

一般地,传感器频响范围必须足够宽,以确保测量对象的频率范围在其线性范围之内。如电磁式传感器的共振频率较低,测量范围应高于共振频率;但由于电磁式传感器的灵敏度较高,低频范围内也有较高的输出电压,故也用于低于其共振频率范围的测量。而压电式传感器共振频率较高,测量范围应低于共振频率。通常经验是:当振动的基频比测量系统的下限频率高10倍,最高的振动频率比测量系统的上限频率低10倍时,可以避免发生严重的波形畸变。

图7-10所示为压电式传感器的理想工作范围(阴影区),其上限由加速度计的共振频率决定,下限由电缆电容及前置放大器或电荷放大器的输入阻抗决定。

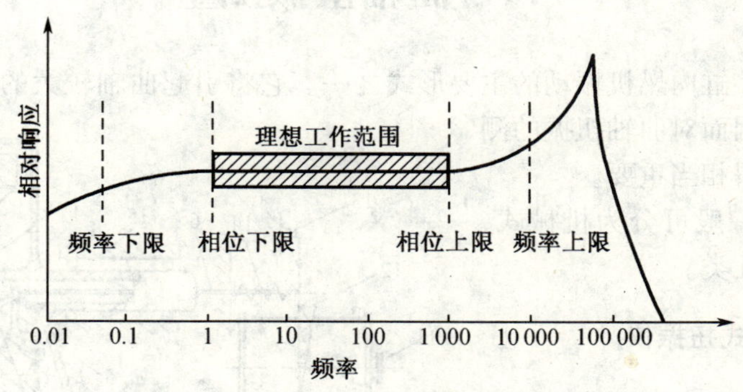

图7-10 压电传感器理想工作范围

(3)考虑周围环境、温度、湿度、电磁场等对传感器的影响,特别是电磁场会引起“本底噪声”,所以为了获得适当的精度,应经常检查测振系统的“背景噪声”级,亦即把传感器放在一个非振动体上测量其振动,使其振动的幅值小于被测量对象幅值的1/3,换言之,测试系统的本底噪声应至少低于被测振级10 dB。

3.测点的布置

振动测量的测点选择和布置应视测量目的而定。对于振型研究的测量,通常应在 x,y,z 三个方向的每一方向上取 3~5 个测点,并测出相位角;对于振动传递的研究,则应在弹性支撑、柔性连接管路前、后各测一点的三个坐标方向数值。在可能的情况下应预计一下振型,以避开振动节点(在振动过程中保持不动的位置)。一般内燃机振动中振幅最大的是绕 x 轴的扭动,因而在大多数情况下,测量 y 轴方向的振动就可以了。传感器布置应尽量避免在刚性较差的部位,以免因刚性差而引起的局部振动造成的误差。因而一般测点应取在气缸头、缸体、曲轴箱、底座等刚性较大的部位。

4.测振工况的选择

一般尽可能在发动机无负载或在某一定负载下,发动机转速从最低逐渐上升到最高,再从最高降到最低时,连续地进行测定。转速的变化不能过快,以免共振尚未充分形成就完成测量,而影响测量结果。同时因受到仪器记录纸或磁带长度的限制,转速的变化又不能过慢,一般以能在 1~2 分钟内连续升降一次为宜。同时要求升降变化速度相同,升、降往复各一次,目的是为了消除被测振动体弹性的非线性。

5.测振仪的选择

根据测振目的的要求及测振参数的不同,应选择相应的仪器。如记录仪中有光线示波器、$X-Y$ 记录仪、磁带记录仪等。振动分析仪器有频谱分析仪(恒定百分比带宽分析仪、恒定带宽分析仪、1/3 倍频程分析仪、实时分析仪及统计分析仪等)。如由于条件或环境限制,不可能将分析仪在现场测试,或多工况测试,受时间限制不能进行实时分析,可用磁带记录仪将实验的数据记录下来,事后进行分析。又如内燃机或旋转机械的振动和转速有关,其频率较低,虽然所测振动信号复杂,但通过简谐分析,可发现前几阶谐振分量一般较大。在这种情况下,可以用恒定百分比带宽分析仪。对属随机振动性质的振动,可采用统计分析仪。总之,测振仪的选择应根据振动的性质、测振的要求及环境条件等多种因素加以确定。

7.4 曲轴扭振测量

曲轴扭振是多缸内燃机振动的主要形式之一。它将引起曲轴较大的附加动应力,导致曲轴疲劳破坏。因而对曲轴扭振的测量对于内燃机显得相当重要。

扭振测量仪一般可分为机械式、电子式和光学式几类。

7.4.1 机械式扭振仪

如图 7-11 所示为一种典型的机械式扭振仪,由一个旋转体的惯性质量、螺旋弹簧、杠杆放大机构、轮形壳体组成。

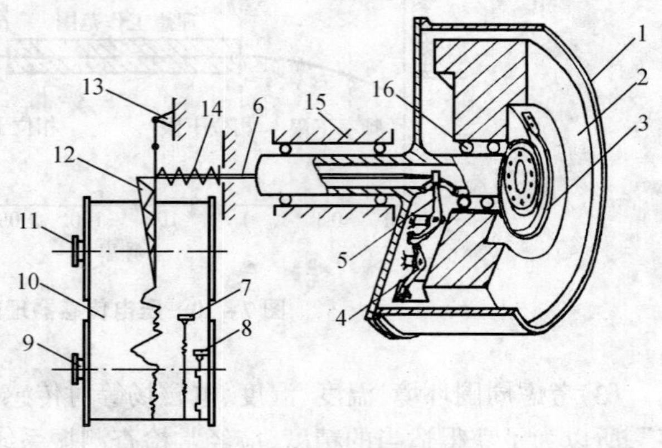

图 7-11 盖格尔扭振仪结构原理图

1—轮形壳体;2—惯性质量;
3—螺旋弹簧;4—杠杆放大机构;5—直杆

螺旋弹簧一端连接转轴,另一端和旋转体 2 相连,外壳 1 用轻质金属制成,通过一弹性很小的传动带与被测轴相连。由于它质量轻,因而被测轴的任何转速瞬时变化,均反映到轻质的外壳上。又由于旋转体惯量很大和螺旋弹簧十分柔软,因而该系统的固有频率远小于被测轴转速瞬时变化的频率。这样,旋转体以不变的平均角速度旋转,于是外壳和旋转体之间产生相对角位移。这一相对运动,通过杠杆放大机构4,转变为直杆5的往复运动,然后记录下来。记录纸的走纸速度可调,这样就可计算出振动的频率和根据放大倍数计算出扭振振幅,从而可以计算扭振附加应力。

7.4.2　电子式扭振仪

高速发动机中扭振频率较高、振幅小,这种情况下,一般采用电子扭振仪来进行测量。电子扭振仪可以实现远距离操作控制,便于记录和分析。如图7-12所示为电感调频式扭振仪简图。其具体工作原理如下。

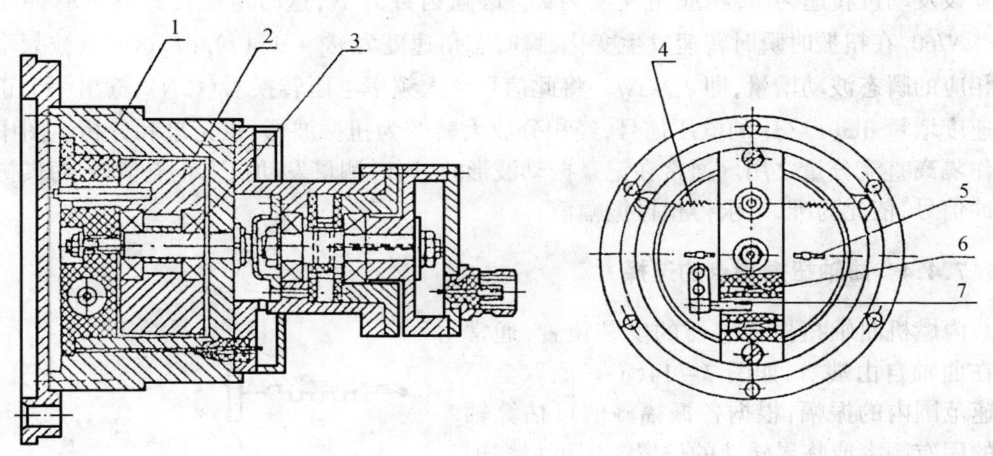

图7-12　电感调频式扭振仪结构图

1—壳体;2—惯性块;3—小轴;4—弹簧;5—阻尼装置;6—线圈;7—磁性棒

测振仪的运动部分由轻质壳体1、惯性质量2以及连接它们的螺旋弹簧4等零件组成,惯性质量经一对精密轴承安装在小轴3上,同时惯性质量上安装有磁性棒7。壳体1和被测轴相连,当被测轴扭振时,因惯性质量保持匀速转动,磁棒就在胶木架上的线圈6内振动,引起相应的电感变化,通过振荡电路将变化的电感信号变成频率的偏移,经高频放大和鉴频器把频率的偏移转换成电压变化,经放大输出。对测出的扭振波形,采用频偏标定法来确定扭振振幅。

这类扭振仪中还有电容式扭振仪、电阻应变式扭振仪等。

7.4.3　非接触式扭振仪

非接触式扭振仪的特点是测振传感器不与被测轴系直接联系,通过光电、磁电转换测取扭振信号。因而,扭振仪给轴系的附加质量最小,对轴系扭振影响最小。

图7-13所示为电磁式非接触扭振仪示意图,图中信号盘2周围均布60、120或240个齿,安装在被测轴上,3为电磁传感器。当曲轴转动时传感器将转速信号转变为脉冲重复频率数,一定转速对应一定的脉冲重复频率数。当存在扭振时,瞬时转速不均匀,脉冲重复频

率也相应变化，这一变化转换成电压输出，经积分放大可得扭振波形。

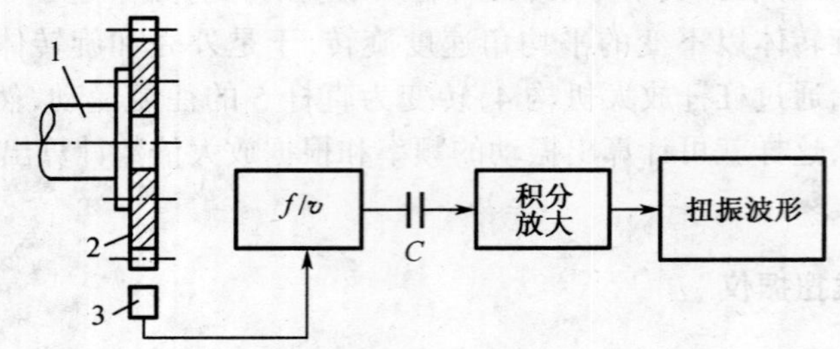

图 7-13 非接触式扭振仪工作原理图

1—曲轴；2—信号盘；3—电磁感应器

设发动机转速为 n，相应角速度为 ω_s，圆盘齿数为 N，这时电磁传感器的脉冲频率为 $f = nN/60$。在扭振时瞬时转速发生变化，瞬时态角速度为 $\omega_s + \mathrm{d}\varphi(t)/\mathrm{d}t$，这时载波频率也产生相应的瞬态波动增量，即 $f_s + \Delta f$。将此信号送入频率电压转换器（C/N），输出一个正比于角速度增量 $\mathrm{d}\varphi(t)/\mathrm{d}t$ 的电压信号，经积分放大转变为扭振波形，供记录和分析。图中电容 C 作隔离直流分量之用。通常在记录振动波形时，同时测量发动机上止点信号，每转测得一脉冲信号，依此为准，可求得扭振振幅值。

7.4.4 曲轴扭振测点的选择

内燃机曲轴扭振传感器的安装位置，通常选在曲轴自由端 A，如图 7-14(a)。测取全部转速范围内的振幅，根据各振幅峰值可估算轴系的固有频率或临界转速的位置。还可根据理论计算的相对振型和实测自由端的振幅对比，求出曲轴振型，再计算曲轴各段的应力。

在曲轴系比较复杂时，如 V 型发动机或有较长中间轴的船舶动力装置中，如图 7-14(b)，往往采用多点测量（图中 A，B，C 点）。在进行多点测量时通常采用电测法，并以曲轴自由端为基准，同时测取各点的振幅，与理论计算相对振型对比，确定曲轴振型，再求取各段的应力。

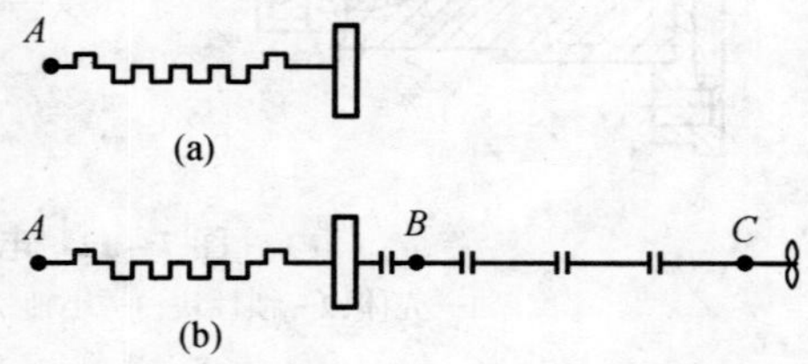

图 7-14 曲轴系扭振测点布置示意图

7.5 测振系统的校准

测振系统的校准是指测振传感器和测振仪的校准和标定。它直接影响到测试结果的可靠性及精度。一般在下列情况下，传感器必须校准后才能使用。

如在传感器和测量仪器经过修理后，应按技术指标全面校准和标定；在使用较长时间或长期搁置后使用应对其灵敏度和频率响应特性标定；在进行重要和大型试验前，或在特殊的环境里进行测试应予以校准，如在高温环境中测试时，应对其温度特性进行校准等。

测振系统的校准方法大体上可分为两类：绝对校准法和比较校准法。

7.5.1　绝对校准法

绝对校准法是利用标准振动台和高精度仪表，如读数显微镜或激光干涉仪等，直接测量振动台的振动量，与被校传感器的输出量进行对比，以确定传感器和测振系统的技术指标。

图 7－15 为绝对校准法校准系统。激光干涉仪用于精确测定振动的振幅。测量干涉条纹经光电转换为电信号，经放大后由频比计数器测量，并由计算机进行数据处理。图中数字电压表用来测量被校传感器的输出电压，和上述光干涉仪输出信号对比由计算机处理，用以校准和标定被校传感器。其他辅助系统用来测录振动台频率和用以观察或监视振动信号及光电信号的波形。

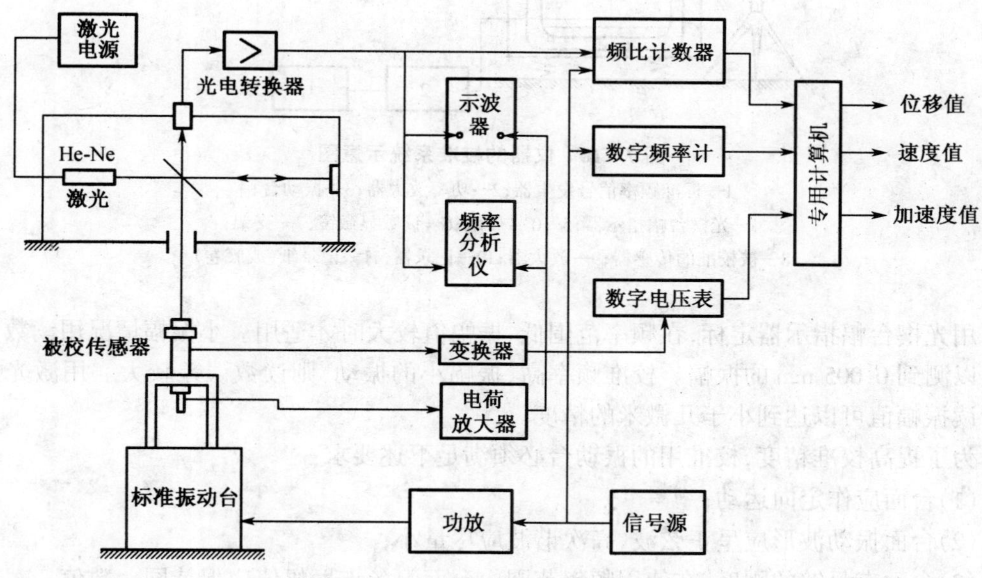

图 7－15　中、低频振动校准系方框图

这种校准方法为目前精度最高的方法之一，用于校准传感器的灵敏度和频响特性。一般校准精度为 0.5% ～2%，频率范围为 5～5 000 Hz。适用于计量单位或测振仪器制造厂。

7.5.2　比较校准法

将被校传感器和标准传感器背靠背地安装在标准振动台上，由振动台激振，比较两者在相同振动信号下的输出量，以确定被校传感器的技术指标。

这种方法校准精度主要取决于标准传感器的精度，一般校准精度可达 5% ～10%，频率范围 5～10^4 Hz，加速度可达 100g 以上，振幅 5 mm 以上。此法简单直观，对设备无特殊要求。

一般仪器常用振幅校准和加速度校准。

7.5.3　振幅的校准

图 7－16 示出一振幅校准系统，由标准频率信号发生器产生一定频率的正弦波信号，经过功率放大器 2 输出功率以便供给校准振动台 3 产生振动，并保持一定振幅，而频率可以按需要逐步改变；在振动台上安装被校准的传感器 8；经放大器 9 到记录器 10，把信号记录在

记录纸(或胶卷)11上;另外,通过光楔台幅指示器4读出低频大振幅峰值;对于小振幅,可用0号砂纸5张贴于振动台侧面,用灯光照射砂纸,利用光的反射,在读数显微镜6上可看到一明亮光点,当台面振动时,光点则呈一直线,从读数显微镜中读出直线峰值;在记录纸(或胶卷)11上记录的峰值即表示读数显微镜上的读数值,亦即振动台的台幅值。

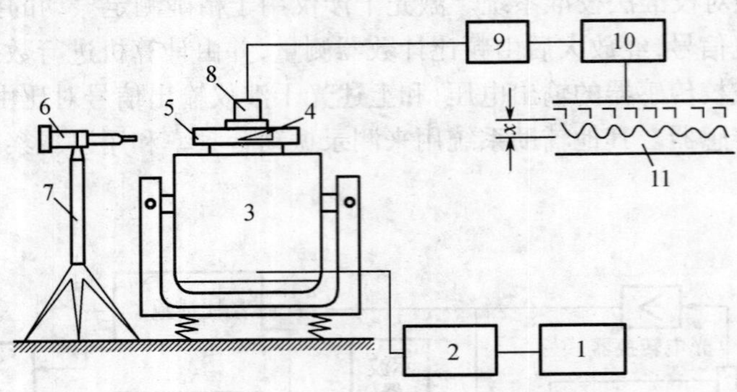

图7-16　仪器的校准系统示意图

1—标准频率信号发生器;2—功率放大器;3—振动台;
4—光楔台幅指示器;5—0号砂纸;6—读数显微镜;7—支架;
8—被校准的传感器;9—放大器;10—记录器;11—记录纸(或胶卷)

用光楔台幅指示器定标,在频率范围低、振幅值较大时才适用。小振幅情况用读数显微镜可以测到0.005 mm的振幅。校准频率高、振幅小的振动,则读数误差较大。用激光干涉法所读振幅值可以达到小于几微米的精度。

为了提高校准精度,校准用的振动台必须满足下述要求:

(1)台面应作定向运动;

(2)台面振动波形应呈正弦波,高次谐波应尽量小;

(3)台面有足够的刚度,在使用频率范围内台面上各点振幅值应保持同一数值;

(4)台面应具有一定承载能力,传感器的质量不致影响台面正常工作;

(5)性能要稳定,在某一工况下,在足够长的时间内性能严格保持不变;

(6)在一定范围内可以无级调节,以得到所需的频率;

(7)振动台要有良好的隔振措施,避免外界振动的干扰。

7.5.4　加速度校准

对于一般加速度型压电式传感器的加速度校准,则多用能产生一个重力加速度 g 的校准设备。在一个重力加速度 g 的加速度情况下,校准灵敏度及仪器的输出。

7.6　振动分析和数据处理简述

振动分析是将传感器所测得的振动信号经过适当处理获得各种分析振动有用的信息。它不再单纯是振动的位移、速度和加速度等,而是可获得振动的概率密度分析、相关分析和频谱分析等等。

振动分析大致可分为时间域分析法、频率域分析法及旋转机械分析法。

7.6.1　时间域分析法

图 7－17 所示为通常使用的时间域测量系统。图中接入的低通滤波器主要是将外界高频振动或噪声滤掉，使记录下来的振动曲线比较整齐便于分析。

由时间域测量系统获得的振动波形可以用包络线法或数值叠加法进行分析，前者较为简便，见图 7－18。从图中可以看出，包络线示出的是一低频振动，其振幅为 A_1，周期为 T_1，而包络线之带宽为较高频的双振幅 $2A_0$，周期为 T_0。

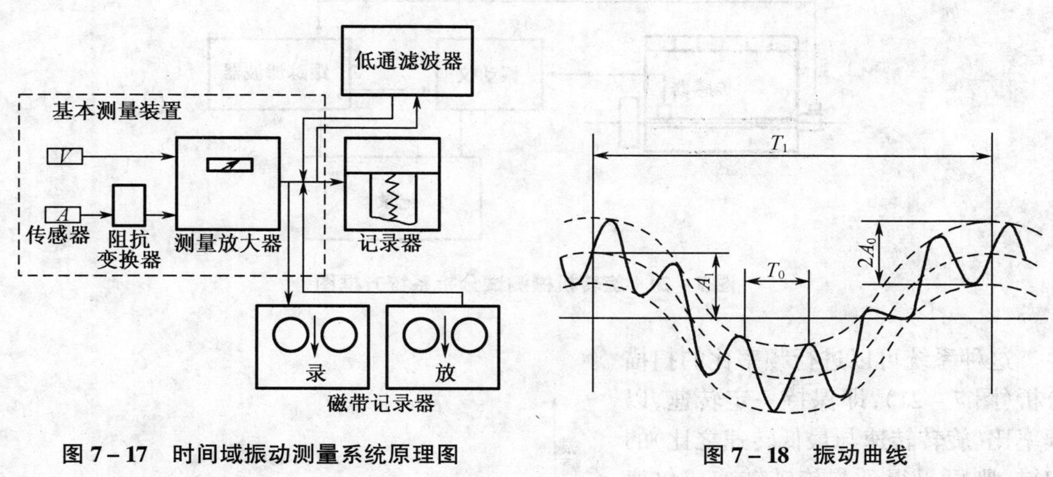

图 7－17　时间域振动测量系统原理图　　图 7－18　振动曲线

7.6.2　频率域分析法

图 7－19 所示为频率域分析系统。在频率分析仪上的频率标尺与电平记录器上的对数坐标纸相对应，并由电讯号或软轴相连，以保证同步。当进行频率扫描分析时，频率所对应的幅值随即被记录下来。根据实际需要，可以用倍频程滤波器、1/3 倍频程滤波器及窄带滤波器。比较实用的是窄带滤波器，但由于频率宽度窄，分析频率较细，在整个频率范围内分析时间较长，故要求振动信号相对稳定。

对于随机振动信号，则必须用磁带记录，反复重放，用统计数据处理或用实时分析系统

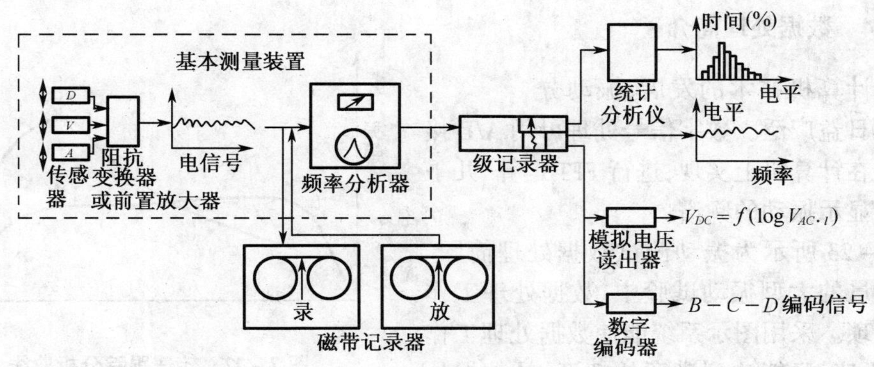

图 7－19　频率域振动分析系统原理图

进行分析。

7.6.3 旋转机械的振动分析

图 7－20 所示为旋转机械测试分析系统。该系统根据旋转机械的特点，扰动频率是以旋转机械的转速为基频，并与以转速的中心频率成任意次简谐。因此，在测量分析时均以转速信号为参考值。

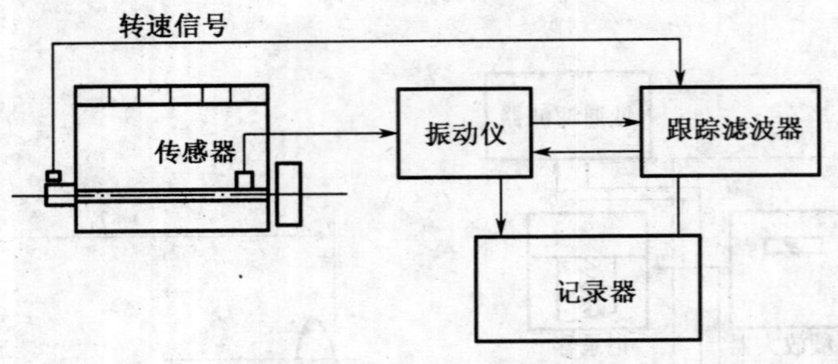

图 7－20 旋转机械测试分析系统方框图

这种系统可以进行频率比的扫描分析（图 7－21），即保持一定转速，以频率比（旋转转速与最低转速之比）的扫描，则可以得到与旋转转速成倍率的各简谐次数以及相应简谐次数幅值大小的关系。

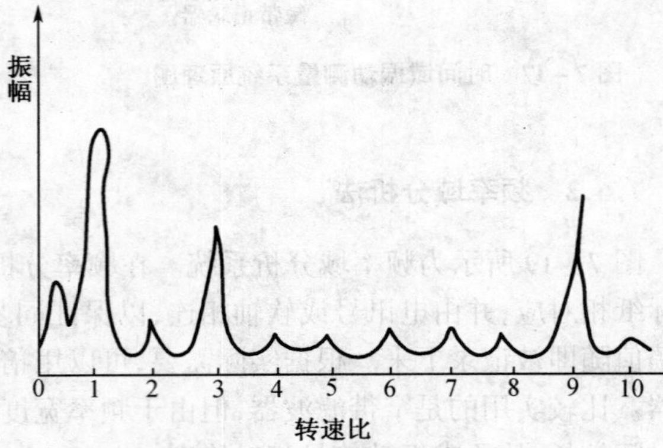

图 7－21 频率比扫描分析曲线

此外，还可以进行如图 7－22 所示的转速跟踪分析，可以得到随着转速的变化，各次简谐幅值的变化规律，从而可以发现在转数变化范围内有无共振出现。用上述频率比扫描及转速跟踪，可以非常方便地找到振动源，以便采取必要的措施。

7.6.4 数据处理简介

随着计算机技术的发展，振动分析仪应用日益广泛。数字信号处理可用 A/D 接口和软件在计算机上实现，进行 FFT 运算，几乎可以实时显示振动的频谱。

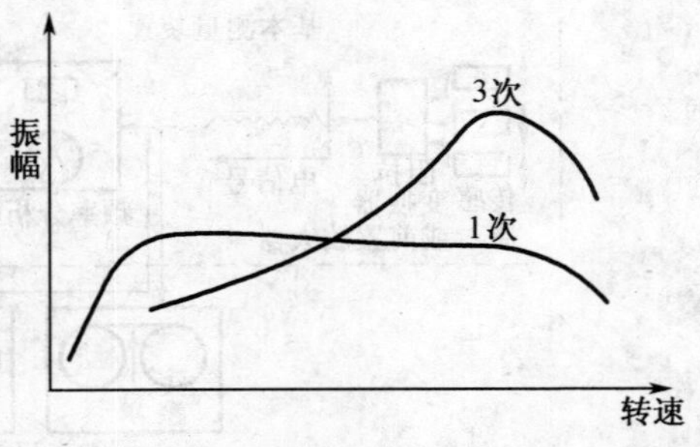

图 7－22 转速跟踪分析曲线

图 7－23 所示为振动测试数据处理简图。在多点测量的大型振动试验中，数据处理工作量大而繁琐。采用图示系统能使数据处理工作既方便、迅速，又能达到满意的精度，是数据处理技术发展的方向。它可以处理复杂的周期性

振动,如高速动力设备的振动。测量数据由磁带记录,数据处理时,从带中取一段样本,制成磁带环,经重放设备输入分析仪,结果由电平记录仪记录,再经 A/D 转换输入计算机。同时将试验进行程序、传感器位置和标定数据以及结构特性数据输入计算机,由计算机处理后,打印和绘制各种图表和曲线。

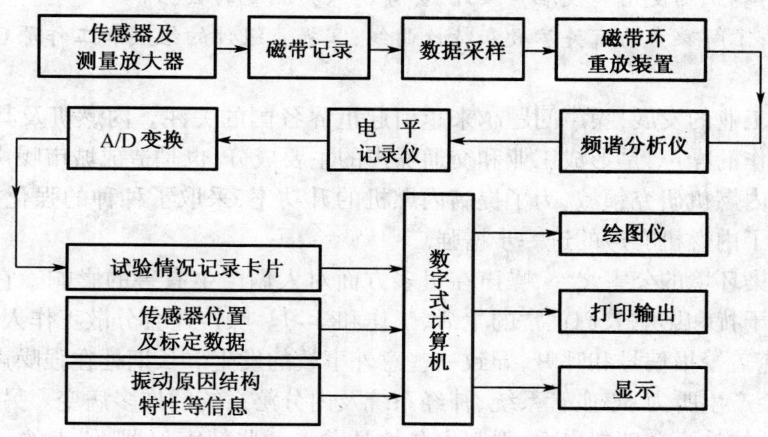

图 7-23　振动测试数据处理系统方框图

更现代的数据处理系统,是以大容量计算机和高速数字式频谱分析仪为主体,配合外部设备,可以实时处理各种数据,它包括傅里叶谱、冲击谱、功率谱、相关函数及概率密度分布等。

思考题

1. 内燃机有哪些振动类型,各有何危害?
2. 振动测量系统有哪些类型,各有何特点?
3. 手持式测振仪和振动位移计分别测量什么振动参数,各有何特点?
4. 电动测振仪有哪些类型,各测量什么振动参数?
5. 如何选择振动测量参数?
6. 如何选择振动测量传感器?
7. 扭振测量仪有哪几种,各有何特点?
8. 轴系扭振测点如何布置?
9. 测振系统的校准方法有哪些,各有何特点?

第8章 噪声测量

能力目标：能正确使用和校准声级计，会分析噪声测量的数据。

知识目标：了解噪声的有关参数和特性曲线；掌握声级计的组成和工作原理。

随着现代工业的发展，噪声问题越来越引起世界各国的关注。内燃机及其驱动的各种机械和运输工作的噪声，是形成工业和交通噪声的主要成分，也是造成城市噪声污染的主要原因之一。在内燃机研究领域，为了提高内燃机的升功率，采取了种种的强化措施，这些强化措施又导致了内燃机噪声的进一步增强。

噪声是污染环境的公害之一，噪声在很多方面对人们产生有害的影响。它使人烦躁不安、易于疲劳、干扰和影响人们正常的生活、工作和学习。噪声还会分散工作人员注意力，降低工作效率，掩盖警报信号和呼喊，导致一些意外事故的发生。长期处在强噪声的工作环境中，工作人员会产生听力、心血管系统、神经系统及内分泌系统的许多病变。另外，在特强噪声作用下，人耳的鼓膜会破裂出血，引起永久性耳聋。一些精密仪器、仪表的灵敏度也将受到不同程度的影响。为此，世界上许多国家先后颁布了目的在于控制噪声、减少公害的噪声限制标准。对保护人体健康而言，一般人们不应在 85 dB(A)以上的环境中连续长时间工作。也正是基于上述原因，我们有必要对内燃机噪声进行测量，把内燃机噪声的大小，作为评价发动机性能优劣的重要指标之一，并且设法控制和降低噪声，使其符合有关规定的标准。

噪声测量主要包括：评价机械产品质量是否符合噪声标准测定的整机测量，为了查明主要噪声源，以改进其中某一部件结构、降低噪声的测量；另外在近几年迅速发展的“机械故障诊断”技术中，把噪声测量作为故障诊断的检测手段，将机械在工作中所发出的噪声作为信息的载体，用以判断机械各部分运转是否正常，是否需要维护。根据实际测量的不同目的，将采用不同的测量方法。

8.1 有关噪声的声学知识

声音源于气体、液体、固体的振动，但并不是所有的振动都能被人耳听见，只有在振动的幅值具有一定的大小，振动频率在人耳听觉范围内的振动，才能为人耳所听到。正常听觉的人所能听到的声音，其频率范围在 20 ~ 20 kHz，通常称这个频率范围的声音为可闻声。

声音最简单的形式是纯音，纯音的波形为正弦波。噪声也是声波，通常它是由许多不同幅度、频率和相位的正弦纯音复合而成的。

从物理学的观点看，噪声是无规则、非周期性的杂乱声波，而乐音是较有规律的振动所产生的周期性的声波组合。如图 8 - 1 所示，从图形上显示了噪声与乐音的波形差别。但从广义的角度讲，凡使人烦躁、讨厌，对正常工作、生活发生干扰的声音都可称为噪声，因此把噪声定义为“不需要的声音”。

噪声的类型很多，就工业、交通运输而言，有空气动力性噪声、机械性噪声、燃烧噪声、电磁性噪声等。

噪声是声音的一种,它具有声音的一切特性。

8.1.1　声波的传播和声场

发声体的振动是通过弹性介质传播出去的。声波在空气中传播,空气质点仅在它们各自的平衡位置附近振动,并没有在波的传播方向上流动。也就是说,传播出去的是物质的运动而不是物质本身。空气质点的振动方向与波的传播方向一致,空气中的声波为纵波。

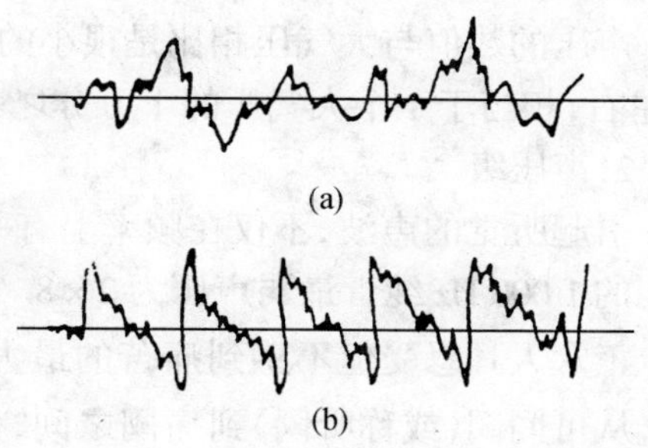

图 8-1　噪声与乐音的波形

(*a*)噪声波形;(*b*)乐音波形

振动发声的物体称为声源。当声源尺寸很小,或相对距离充分远,即使尺寸很大的声源,也可视为点声源,其声波呈球面波均匀地朝各方向辐射。一般可以近似地认为,在声源附近,声波具有球面波的形状;在通道和管子中,或距离声源很远的地方,一般呈平面波传播。声波传播时,由于介质的内摩擦、黏滞性、导热性等原因,声能量不断被介质吸收转化为其他形式的能量,使声强逐渐衰减。这种衰减与声波的频率、介质的成分、温度和湿度有关。一般高频声比低频声衰减的快,也较低频声易吸收和控制。

当声波的波长比障碍物的尺寸大得多时,声波可以绕过障碍物继续前进,这就是声波的绕射。当声波波长很小时,声波将被反射或散射。因此,具有较长波长的低频声容易绕射;高频声的波长短,方向性强,易于隔音。人们在声源正面听到的低频声与声源背面听到的相差不大,但对高频声听起来却相差很大。

大多数机器作为声源时,它既不是点声源,也不是球面声源,它向四周发射出的功率是不均等的,有的方向强些,有的方向弱些,呈现一定的指向特性。当机器尺寸大而波长短时,指向性变得越明显。

有声波存在的弹性介质空间,称为声场。理论上认为,没有边界的、介面均匀而各向同性的声场称为自由声场。在自由声场中,声波在任何方向均可无反射地自由传播。仅有地面为反射面的声场称为半自由场。由于房间的边界面(壁面、顶棚、设备等)交替反射的结果,声源停止发声后,声波仍可持续一段时间,这种现象称为混响。混响声场是指声波多次反射所形成的声场。但实际房屋的墙壁、地面、天花板等既不完全反射声波,也不完全吸收声波,我们称这种实际房间为半混响声场。

8.1.2　声压和声压级

1.声压

由于声波的存在引起弹性介质中压力的变化值称为声压。以声波在空气中传播为例,没有声波存在时的空气中有比较恒定的静压强 p_0,由于声波引起空气质点的扰动,空气压强就在 p_0 附近迅速地起伏变化,出现压强的增减量,相对于静压强的这个变化量就是瞬时声压。因此,也可以这样表述声压概念:在声波作用下,大气相对其静压强的变化量,单位为 Pa。

声压每秒内的变化次数很大,传到人耳,由于耳膜的惯性作用,辨别不出声压的起伏,对耳膜起作用的是一个稳定的有效声压,有效声压是一段时间内瞬时声压的均方根值,可表示为 $p=\sqrt{\frac{1}{T}\int_0^T p^2(t)\mathrm{d}t}$。对于幅值为 p_m 的正弦波,其有效声压为 $p=p_\mathrm{m}\big/\sqrt{2}$。在实际应用中,若没有特别说明,声压 p 就是指有效声压。

声压的数值与大气压相比是很小的。例如一台内燃机距离其表面 1 m 处的声压只有 1 Pa 左右,相当于 1 个大气压的十万分之一。

2.声压级

引起听觉的声波,不仅在频率上有一定范围,在声压上也有一个范围。人耳敏锐听觉能听到的 1 000 Hz 纯音最弱声压为 2×8^{-5} Pa,称为“可闻阈声压”,也称作“基准声压”,用 p_0 表示。正常人耳忍受但不感到痛苦的最大声压为 20 Pa,这个声压称为“痛阈声压”,用 p_T 表示。从可闻阈(或称听阈)到痛阈之间,是正常人耳可以听到的声压范围,但从 $2\times8^{-5}\sim20$ Pa 数值相差 100 万倍,因此,用声压的绝对值来衡量声音的强弱就显得很不方便。实验证明,人耳是按对数的方式对感觉到的声音响度作出反应的。声学上引用一个成倍比关系的对数量——级,作为声音大小的常用单位;对应于声压 p 以声压级 L_p 来代替。L_p 的定义为

$$L_p = 20\lg\frac{p}{p_0} \quad (\text{dB}) \tag{8-1}$$

式中 p——有效声压,单位 Pa;

p_0——基准声压,$p_0=2\times8^{-5}$ Pa。

声压级 L_p 的单位是分贝,记作 dB。分贝没有量纲,只有一个比较指标,可以表示所测的量与基准量比较的相对大小。

用式(8-1)计算,听阈声压为 0 dB。这样就可以把可闻声声压百万倍的变化范围变成从 0~120 dB 的变化范围。普通谈话声的声压是 0.02~0.07 Pa,相当于 60~70 dB;大街上载重卡车的声压为 0.2~0.7 Pa,相当于 80~90 dB。每变化 20 dB,相当于声压值变化 10 倍。

8.1.3 声强和声强级

1.声强

我们知道,声波是能量的携带者。单位时间通过垂直于声波传播方向的单位面积的声能称为声强,记作 I,单位为 W/m²。

对于离开声源足够远处行进的平面波和球面波,声强 I 与声压 p 之间的关系可表示为

$$I = \frac{p^2}{\rho c} \quad (\text{W/m}^2) \tag{8-2}$$

式中 ρ——空气密度,单位 kg/m³;

c——声速,单位 m/s;

ρc——声特性阻抗,其大小随大气压力和温度而变化,单位 Pa·s/m。

2.声强级

对应于声压级,声强也用“级”来表达,叫做声强级。声强级 L_I 的定义为

$$L_I = 10\lg\frac{I}{I_0} \quad (\text{dB}) \tag{8-3}$$

式中 I——声强;

I_0——基准声强,$I_0=8^{-12}$ W/m²。

在常温常压下,声特性阻抗变化不太大。当取 ρc = 常数时,则

$$L_I = 10\lg\frac{I}{I_0} = 10\lg\frac{p^2}{p_0^2} = 20\lg\frac{p}{p_0} = L_p \tag{8-4}$$

实际上，在0～40 ℃温度范围内，L_I 与 L_p 的差值小于 ±0.2 dB，基本可以忽略。因此，在应用中，可以测量声压级得到声强级。

8.1.4 声功率和声功率级

1.声功率

声源辐射功率由声波以能量形式传播。所谓声功率就是声源在单位时间内辐射出来的总声能量，记作 W，单位为 W。它是表征声源特性的物理量，与声波传播的距离环境等无关。

声功率与声强之间的关系可表示为

$$W = \oiint I_n \mathrm{d}s \tag{8-5}$$

式中 s——包围声源的封闭面；

I_n——声强法向分量。

若把机器看作一个点声源，其球面声波在自由场中传播，则声源发射出的声功率为

$$W = 4\pi r^2 I \tag{8-6}$$

或认为在距声源 r m 处的声强为

$$I = \frac{W}{4\pi r^2} \quad (\mathrm{W/m^2}) \tag{8-7}$$

式中 r——假想球面到辐射中心的距离，球面的面积为 $4\pi r^2$；

I——单位面积的平均功率，即平均声强。

如果点声源在平硬地面上，则声波只能向半球面空间辐射，则此时

$$W = 2\pi r^2 I \tag{8-8}$$

或认为距声源 r m 处的声强为

$$I = \frac{W}{2\pi r^2} \quad (\mathrm{W/m^2}) \tag{8-9}$$

从式(8－7)和式(8－9)可知，球面声波辐射时声强随距离的平方而衰减。因为声源发出的声能量是一定的，离开声源越远，分布面也就越大，单位面积的能量就越小。这就是为什么离开声源越远声音就越弱的原因之一。在实际情况中，影响声强的因素很多，如声波在传播过程中会发生反射、散射和吸收等现象。这说明噪声强度和环境有关，环境改变了，声强分布就完全不同。而噪声功率才是本质的东西，它反映了机械特性的不变量和对外影响的根源。

2.声功率级

与声压、声强相似，声功率也可用“级”来表示。称声功率级，声功率级的定义为

$$L_W = 10\lg\frac{W}{W_0} \quad (\mathrm{dB}) \tag{8-10}$$

式中 W——对应的声功率，单位 W；

W_0——基准声功率，$W_0 = 8^{-12}$ W。

注意式(8－1)和式(8－10)的区别，声功率级 20 dB 的变化相当于 100 倍声能量的变化，而声压级 20 dB 的变化为 10 倍声压的变化。一台内燃机辐射的声功率与发动机有效功率相比只是很小的一个数量。

一般可用距声源 r 半径处的声压级求得声源的声功率级。对于球面声波为

$$L_W = L_p + 20\lg r + 11 \tag{8-11}$$

对于半球面波为

$$L_W = L_p + 20\lg r + 8 \tag{8-12}$$

8.1.5 响度级、噪声级

人耳对声音的感觉不仅和声压有关,而且和频率有关,声压级相同而频率不同的声音,听起来的感觉可能是不一样的。例如,同样是声压级为 85 dB 的噪声,频率高的比频率低的听起来要响得多。因此,就存在一个如何将客观物理量与人耳感觉的主观量统一起来的问题。一般人耳判别声音的强弱用响度表示,它取决于声压、频率与波形。

1.响度级

响度的单位为“宋”,定义频率为 1 000 Hz 的纯音,当声压级为 40 dB 时的响度为 1 宋;并规定声压级每升高 10 dB,响度则增加 1 倍,即 50 dB 为 2 宋,60 dB 为 4 宋,等等。由于人耳对声响大小的感觉与声压并非线性关系,它与频率也有相当大的关系,因此,人们引出一个既与声压级又与频率有关的概念即“响度级”,其单位为“方”(phon),即选取 1 000 Hz 的纯音作为基准声,若某声音听起来与该纯音一样响时,则该声音的响度级(phon 值)就等于这个纯音声压级的数值(dB)。例如,某声音与声压级为 60 dB、频率为 1 000 Hz 的纯音同样响,则该噪声的响度级就是 60 方。

响度级反映人对声音响度的主观评价,它把声压级与频率用一个单位统一起来了。利用与基准声比较的方法,通过对大量受试人测试的统计结果,得到了在整个可听范围内的等响曲线,如图 8-2 所示。它已被国际标准化组织(ISO)所采用,故又称为国际标准等响曲线。曲线中每条曲线上的声音,具有同样的响度,但它上面的各点,却对应着不同的频率和声压级,我们将具有同样响度的声音称为具有同样的响度级。

响度级记作 L_N,响度记作 N,两者关系如下

$$N = 2^{0.1(L_N - 40)}$$

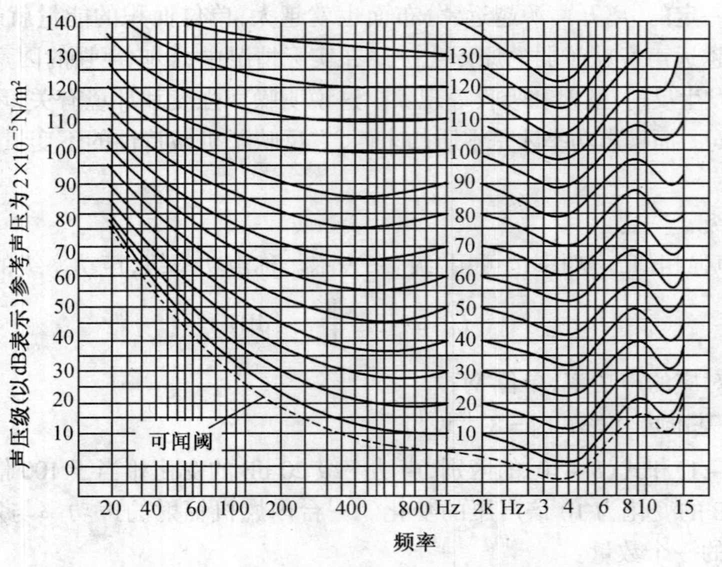

图 8-2　纯音的等响曲线(双耳、自由声场)

$$L_N = 40 + 10\log_2 N \approx 40 + 33.22\lg N \tag{8-13}$$

从等响曲线可知,人耳的听感特性对高频声敏感,对低频声迟钝。在 4 000 Hz 左右最敏感;同一响度级的声音,频率越低,所需声压级越高;响度级越高,曲线越平坦,即频率的影响越小。

2.计权声级

声级计的“输入”是声音的客观物理量——声压,如果它的“输出”(仪表指示)能反映出人耳的感觉特性,即响度级,就比较理想了。为做到这一点,在噪声测量仪器内安装专门设计的滤波线路,叫频率计权网络,造成对某些频率成分的衰减,这时所测得的声级叫计权声级。

因而,所谓计权网络就是根据人耳对声音的频率响应特性而设计的电滤波器,它对不同频率的声音实行不同程度的衰减,以便仪器的频率响应与人耳听觉器观感受近似一致,也使仪器对不同频率和声压级但具有同样响度的声音有相同的测量值。

国际电工委员会(IEC)对声学仪器规定了 A,B,C 等几种国际标准频率计权网络(见图 8-3),它是参考国际标准等响曲线设置的。

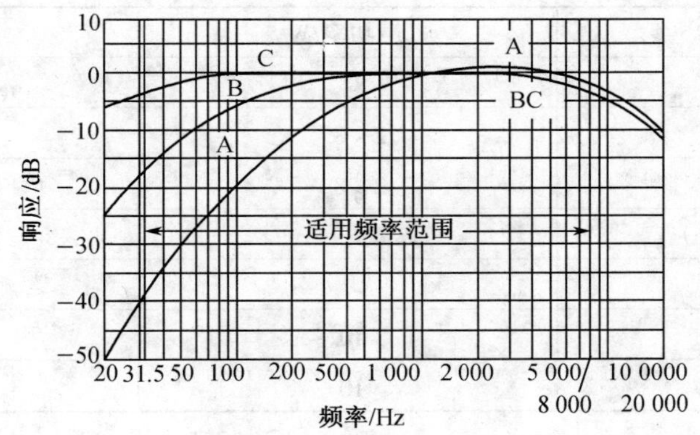

图 8-3　几种计权网络的频率响应曲线

A 网络——模拟 40 方等响曲线倒立形状,它对 500 Hz 以下中、低频段的声音有较大的衰减,对高频较敏感,对低频不敏感。这与人的听觉特性较接近,因此,一般采用 A 网络测得的值代表噪声级的大小。

B 网络——模拟 70 方等响曲线的倒立形状,声音通过时,低频段有一定的衰减。

C 网络——模拟 100 方等响曲线的倒立形状,在整个可闻声频率范围内基本上没有衰减。因此可把 C 网络的测量结果作为总声压级。

声压级测得的经过频率计权后的声压级,称为噪声级,单位仍然是 dB。但须注明测量时所使用的国际标准频率计权网络的名称。经计权网络后的读数和原来的声压级有时是不同的。如 80 dB(A),即表示用 A 计权网络测得噪声级为 80 dB。

表 8-1 和表 8-2 所示为一些声源的有关参数。

表 8-1 一些声源的声压和声级

声源(或环境)	声压/Pa	A 声级/dB
静夜、安静住宅	$2\times8^{-4}\sim2\times8^{-3}$	20~40
办公室内、家用电冰箱	0.002~0.02	40~60
普通谈话声、家用洗衣机	0.02~0.07	60~70
城市街道两侧、小轿车	0.07~0.2	70~80
普通车床、重型汽车	0.2~0.7	80~90
汽油机、中小型柴油机、鼓风机	0.7~7	90~110
大型柴油机、进排气噪声	7~70	110~130
喷气式飞机、大炮	70~700	130~150

注:测点距声源一般为 1 m;谈话声为 0.3 m;汽车为 7.5 m;大炮等为 25 m 以外。

表 8-2 一些声源发出的声功率和声功率级

声　源	声功率/W	声功率级/dB
轻声耳语	8^{-9}	30
小电钟	2×8^{-8}	43
钢　琴	2×8^{-2}	103
汽车(72 km/h)	0.1	110
气　锤	1	120
大型鼓风机	10^2	140
喷气式飞机	10^4	160

8.2 噪声测量仪器

噪声的主要测量项目是噪声级和噪声频谱,有时还需测量指向性特征。常用的仪器有声级计、频率分析仪、电平记录仪、磁带记录器等。声级计是噪声测量中使用最广泛和较简便的一种仪器,它主要用来测量噪声级。如要进一步了解和分析噪声的成分及性质,可将频率分析仪接入声级计,测量各频带的声压级。若再将频率分析仪的输出接至电平记录仪,便可自动把频谱记录在坐标纸上。当处于不具备现场分析条件,或为了缩短测量时间的场合,可选用磁带记录器把被测噪声记录下来,需要分析时重放磁带,再用适当的有关仪器进行频谱分析。

8.2.1 声级计

声级计是噪声测量中最主要也是最简单的测量系统。它不仅可以单独使用进行噪声级的测量,而且还可以和相应的仪器配套进行频谱分析、振动测量等。如果把声级计中的电容传声器换成加速度传感器,就可以用来测量振动加速度。声级计按测量精度一般分为普通声级计和精密声级计两类。

声级计由传声器、衰减器、放大器、计权网络、检波电路及指示表头等组成。它的工作原理是：被测的声波通过传声器转换为电压信号，根据信号大小选择衰减或放大，放大后的信号送入计权网络作处理，最后经过检波并在以分贝标度的表头上指示出噪声数值。图8－4所示为声级计的外形图，图8－5为声级计的原理方框图。

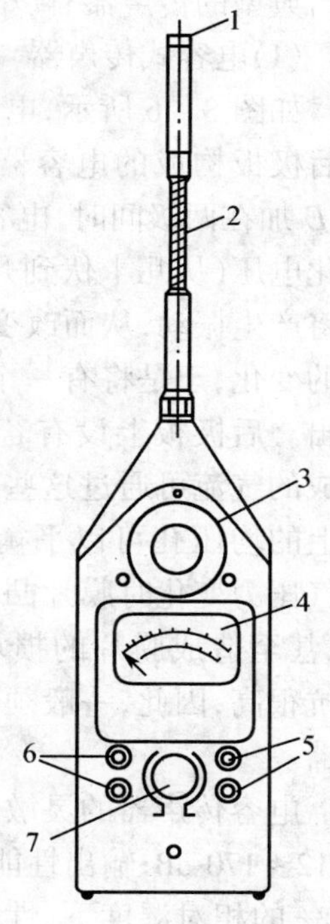

图8－4　声级计外形图

1—传声器；
2—传声器伸长杆；
3—衰减选择；
4—表头；
5—输出插孔；
6—外接滤波器插孔；
7—计权网络选择

1.传声器

传声器又称微音器或话筒，它是将声波信号转换为电信号的声电转换器件。传声器安装在声级计的端部，根据现场的需要，也可通过伸长杆或电缆将传声器延长使用。传声器一般有电动式、压电式和电容式等几类。其中前二者一般用于普通声级计，后者常用于精密声级计。

作为测量用的理想传声器应具有以下特点：

(1)在可闻声范围内，有良好的频率响应特性，即应具有平坦的幅频特性和没有相位畸变。

(2)在整个动态范围内具有可预见的、可重复的灵敏度。

(3)在测量最低声级时，输出信号也应比本身固有的电噪声大数倍。

(4)与声波的波长相比，传声器的尺寸应很小，以便忽略它在声场中引起的声反射与绕射的影响。

(5)它的输出不受湿度、温度、磁场、大气压和风速等影响，并能长期保持稳定。

(6)作为工程上噪声源识别，希望指向性好；作为室内混响测量，希望无方向性。

实际运用中，很难有一种传声器能满足上述全部要求，必须根据测量的目的，选择适当形式的传声器。

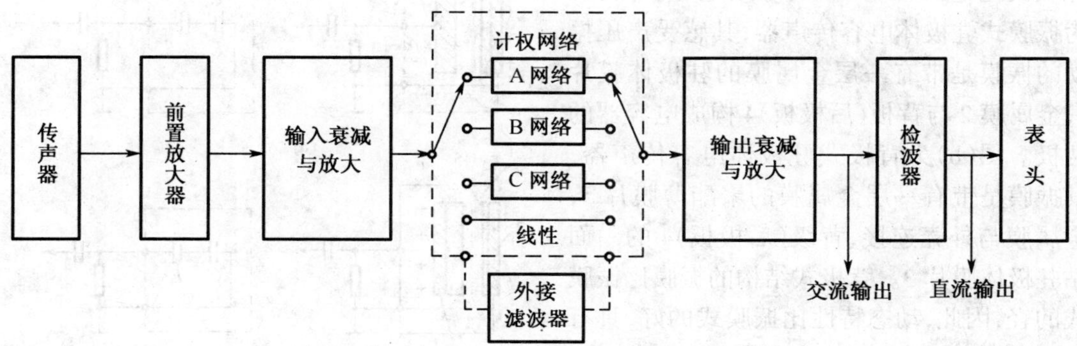

图8－5　声级计原理方框图

典型的传声器有以下几种。

(1)电容式传声器

如图 8－6 所示，电容传声器是由很薄的振膜和后极板构成的电容器的两个极，当一个直流电压 E 加在两级间时，电容器就充电，所加电压称为极化电压(从几十伏到几百伏)。在声压作用下膜片将产生振动，从而改变极板间的距离，引起电容量的变化，于是将有一个对应声压的交变电压 Δu 输出。后极板上设有若干个阻尼孔，振膜振动所形成的气流可通过这些小孔产生阻尼效应。在壳体上的均压孔可以平衡膜片两侧的静压力，避免大气压力变化时膜片凸起或凹下造成灵敏度的变化，甚至造成膜片的损坏。电容式传声器的输出阻抗很高，因此，一般须配以高输入阻抗的前置放大器。

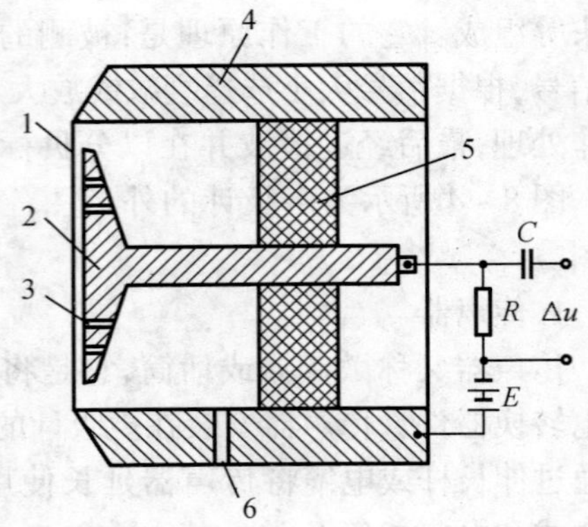

图 8－6 电容传声器简图

1—振膜；2—背板；3—阻尼孔；4—壳体；5—绝缘体；6—均压孔

电容传声器的灵敏度较高，可达 20 mV/Pa；在可闻声范围内响应平直；测量动态范围宽为 12～170 dB；输出性能稳定，对周围环境的适应性强，在 －15 ℃～150 ℃温度范围和 0～100% 的相对湿度下，性能变化很小；外形尺寸可以做得较小；对机械振动敏感性小。因此，电容传声器适用于精密测量。但它对材料和加工要求较为严格，制造仪器的成本高，使用时还必须配高稳定的直流极化电压和高阻抗输入的前置放大器。

(2)驻极体电容传声器

某些塑料介电体在制造时进行了永久性的极化，表面呈带电状态，这种介电体称为驻极体。驻极体电容传声器的结构和工作原理与一般电容传声器大致相同，不同之处在于驻极体电容传声器不需外加极化电压。

图 8－7 所示即为驻极体电容传声器的两种构成方式及其等效电路图。其中，E 为等效极化电压，C 为极头等效电容。图(a)为振膜式驻极体电容传声器，其感受声压振动的振膜是带有一层金属膜的驻极体膜片 3，金属膜 2 与背板(后极板)4 构成电容器的两极。图(b)为背极式驻极体电容传声器，其振膜是带有一层金属膜的聚酯薄膜片 5，金属膜与外壳连接，背级(后极板)4 的一面贴驻极体膜片 3。背极式结构的振膜比振膜式的轻，因此，动态特性比振膜式的好，具有金属膜屏蔽，其稳定性、抗温性、抗湿性和使用寿命等都比振膜式的好。

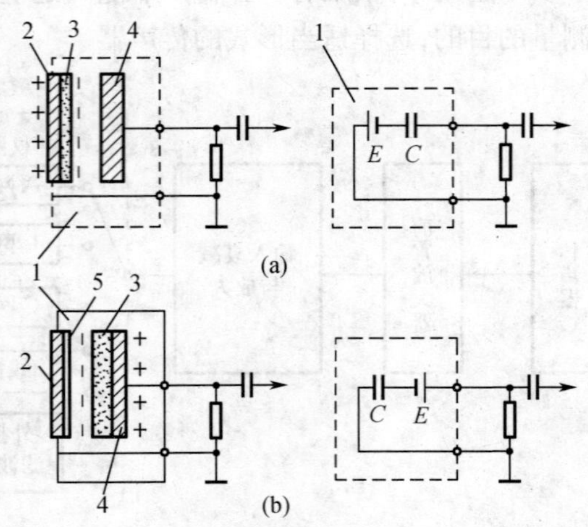

图 8－7 驻极体电容传声器原理图

(a)振膜式驻体传声器；(b)背极式驻极体传声器

1—极头；2—金属膜；3—驻极体膜片；4—背板；5—聚酯薄膜片

驻极体电容传声器极头输出阻抗很高，约为 300 MΩ 以上，实际的传声器一般将极头与起阻抗变换作用的场效应管制作在一起,其电路及外形如图8-8所示。这样,使用时不用另加阻抗变换器,就可将传声器直接连音频放大器。

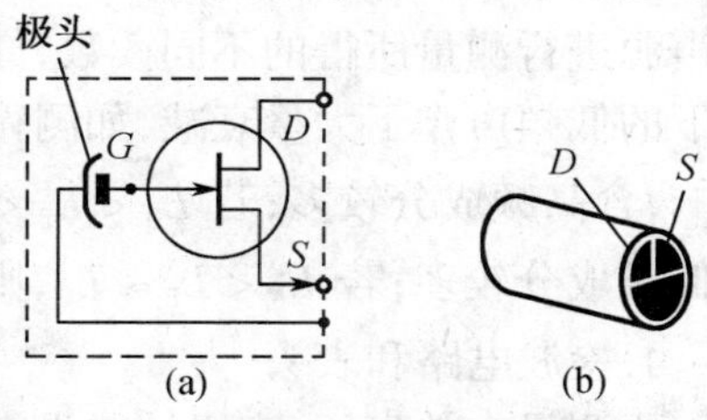

图8-8 低输出阻抗驻极体电容传声器示意图

(a)电路图;(b)外形

驻极体电容传声器结构简单坚固。使用时不需极化电压(场效应管仍需外部供电,但电压低得多),电容量大,制造成本较低。它在高频时,频率响应没有普通电容式传声器的平直,使用温度一般不超过50 ℃。

(3)压电式传声器

压电式传声器又称为晶体话筒,它是利用压电晶体的压电效应,使声压信号转换为电信号,其结构如图8-9所示。感受声压振动的膜片2与压电晶体组成的弯曲梁3机械连接。膜片在声压作用下向下移动,使压电晶体梁3产生弯曲变形,由压电效应的作用而输出电压信号。

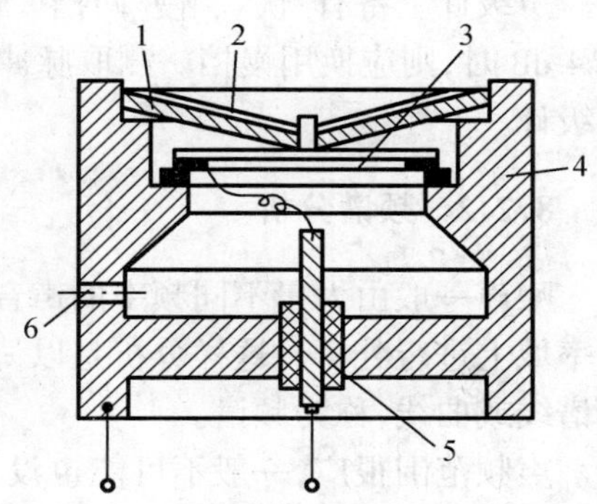

图8-9 压电式传声器原理图

1—背板;2—振膜;3—压电晶体;4—壳体;5—绝缘体;6—均压孔

压电式传声器结构简单,结实可靠,量程宽广(最高可达250 dB),频率响应较平直,价格较便宜,不需极化电压,可气密封装。它的缺点是灵敏度较低,能测的最小声压级比电容传声器约高出10 dB;受温度影响较大;对机械振动也较为敏感;输出阻抗高,也须接高阻抗输入的前置放大器。所以,压电式传声器多用于普通声级计。

(4)动圈式传声器

又称电动式传声器,它的作用原理是在振膜下附有一线圈,线圈放在永久磁铁的气隙中,在声压作用下,线圈随振膜一起振动,切割磁力线后,产生感生电动势,电动势的大小与振动速度成正比。这种传声器结构较简单,制造方便,造价低,容易保养维护,可靠性好,寿命长,对使用环境的适应性强,对温度、湿度不敏感,输出阻抗小,可以接长电缆而不降低灵敏度,固有噪声低。但它的体积大,灵敏度低,频率特性不均匀度较大,易产生电磁感应噪声,对机械振动较敏感。目前多用于电声扩音,作为测量传声器,仅用于普通声级计。

2.衰减器和放大器

衰减器和放大器的作用是在测量微弱信号或强信号时,使表头指针都能获得适当的偏转。

声级计的测量放大器部分要求在声频范围内有平直的放大特性,同时具有较低的固有噪声和良好的稳定性。

声级计上的衰减选择旋钮一般分上下两层,下层控制输入衰减器,上层控制输出衰减器,每一挡的衰减量为10 dB。为提高信噪比,使用时,应尽量将上层输出衰减器旋钮沿顺时针旋到底,使输出衰减最大。只有当信号微弱时,下层输入衰减调至最小时表头指针仍偏转很小,这种情形下,才可减小输出衰减量。

声级计测得的噪声级分贝数,等于衰减器旋钮指示值与表头指示值之和。

3.计权网络

国际标准计权网络已在第一节中讲述,这里就不再阐述了。

在精密声级中,装有三种标准的计权网络,对所测噪声进行听感修正。由于各计权网络对不同频率的声音衰减情况不同,因此,不采用频率分析仪,仅利用声级计 A,B,C 三挡对同一声源进行测量所得的不同读数,亦可大体了解所测噪声的性质。因 A 计权网络对 500 Hz 以下的低频声作了大量衰减,如测得的声级 $L_A \approx L_B \approx L_C$ 时,表明所测噪声未受低频衰减的影响,含高频成分较多;若 $L_A < L_B < L_C$,则说明使用 A 和 B 网络时噪声都受到衰减,噪声中含低频成分较多;若 $L_A < L_B \approx L_C$,则说明此噪声含有中频成分较多。

4.检波电路和表头

为测量有效声压,声级计中设有均方根值检波器,将输出放大器放大后的信号变成直流有效值,由表头指示。确定均方根值的实际时间,即仪器对噪声的平均时间,按国际电工委员会(IEC)规定分为“快”和“慢”两挡。“快”挡的平均时间为 0.27 s,接近人耳听觉生理平均时间,所以“快”挡声级变化与人的感觉协调。“慢”挡的平均时间为 1.05 s。

声级计上备有“快”、“慢”两挡。快挡用于测量随时间波动不大的噪声。当指针摆动大于 4 dB 时,则应换用慢挡。测取脉冲噪声应该采取反应更快的“脉冲”挡或专门设计的脉冲声级计。

8.2.2 频谱分析

噪声一般由大量不同频率的声音复合而成。为了分析噪声产生的原因,需要对噪声在频率域上进行分析。这样分析是以傅里叶变换为基础的。分析的结果是以频率为横向坐标的谱线或曲线,称为频谱。

声频范围很广,一般不可能也没有必要对每个频率逐一测量,在噪声测量中,让噪声通过一组带通滤波器把声频范围分割成若干个较小的频段,称之为频段或频程。带通滤波器让通频带范围的声音通过,而将通频带以外的声音进行衰减。参见图 8-10。

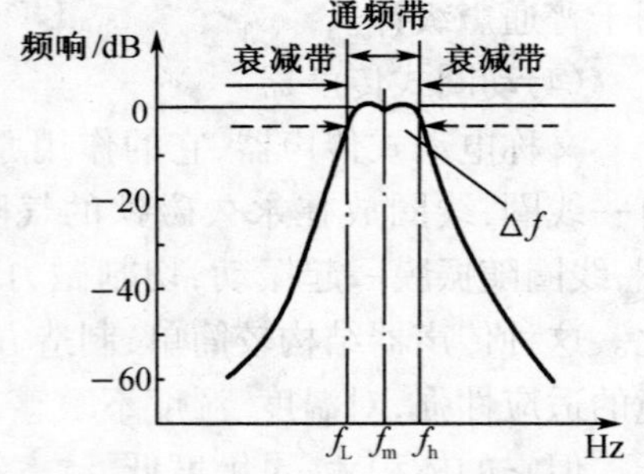

图 8-10 带通滤波器响应曲线

带通滤波器的上限截止频率 f_h 与下限截止频率 f_L 之差,称为频带宽度,简称带宽,以 Δf 表示。

$$\Delta f = f_h - f_L \tag{8-14}$$

频带的划分有两种方式。

(1)恒定带宽法

各频带的宽度是相同的。带宽常用 5,20,50,200 Hz 不等,显然带宽越窄,其频率分析就越细。恒定带宽滤波器的最大优点是选择性强,因此特别适合对高频范围的分析。

(2)恒定比带宽法

各频带的宽度与其中心频率 f_0 的比值为一恒量,当 $\Delta f/f_0$ = 常数时,随着中心频率的增加,其带宽按一定比例增加。

在噪声评价中,使用最广泛的是将频程按下列关系划分

$$\frac{f_h}{f_L} = 2^n \tag{8-15}$$

式中 n——倍频带数或称倍频程数。

n 可以是任意正实数,n 越小,分的越细,频程越短,测量所需的时间也越多。在噪声测量中,常用的有 $n = 1$ 时的 1/1 倍频带(简称倍频带),$n = 1/3$ 时的 1/3 倍频带。

每个频带的中心频率 f_m 为各自频带上下限的几何平均值，即

$$f_m = \sqrt{f_h \cdot f_L} \tag{8-16}$$

于是频带的宽度 Δf 可表示为

$$\Delta f = \left(\sqrt{2^n} - \sqrt{\frac{1}{2^n}}\right) f_m \tag{8-17}$$

对于倍频程，$\Delta f / f_m = 0.707$；对于 1/3 倍频程，$\Delta f / f_m = 0.231$。图 8－11 为倍频程与 1/3 倍频程的比较。

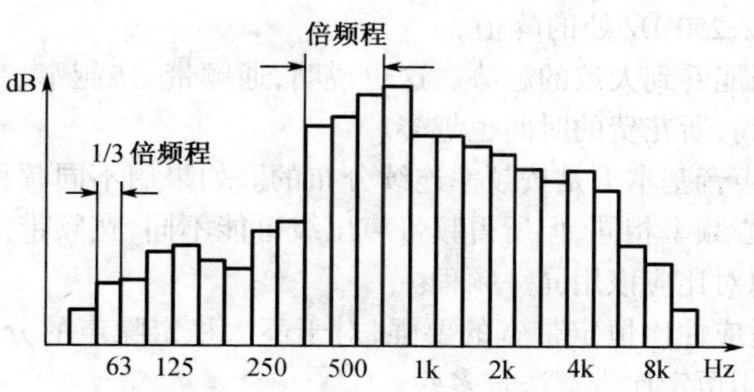

图 8－11　倍频程和 1/3 倍频程的比较

表 8－3 和表 8－4 是倍频程和 1/3 倍频程的中心频率与频率范围。

表 8－3　倍频程的中心频率与频率范围

中心频率/Hz	31.5	63	125	250	500	1 000	2 000	4 000	8 000
频率范围/Hz	22～45	45～90	90～180	180～355	355～710	710～1 400	1 400～2 800	2 800～5 600	5 600～11 200

表 8－4　1/3 倍频程中心频率与频率范围

中心频率/Hz	频率范围/Hz	中心频率/Hz	频率范围/Hz	中心频率/Hz	频率范围/Hz	中心频率/Hz	频率范围/Hz
50	45～56	250	224～280	1 000	900～1 120	5 000	4 500～5 600
63	56～71	310	280～355	1 250	1 120～1 400	6 300	5 600～7 100
80	71～90	400	355～450	1 600	1 400～1 800	8 000	7 100～9 000
100	90～112	500	450～560	2 000	1 800～2 240	10 000	9 000～11 200
125	112～140	630	560～710	2 500	2 240～2 800	12 500	11 200～14 000
160	140～180	800	710～900	3 150	2 800～3 550		
200	180～224			4 000	3 550～4 500		

表中所列的频率范围即为各带通滤波器通频带范围。通过带通滤波器所测出的该频带所含噪声成分的总声压级，以 BL_p 表示。通常以所选用频程的中心频率为横坐标，以对应

的频带声压级为纵坐标,绘出噪声频谱图。利用频谱图,了解声压级在一定范围内的分布情况,考察噪声的成分和性质,这就是频谱。根据频谱分析,可以了解声源的特性,寻找主要噪声源,从而采取控制噪声的措施。图 8-12 所示为两种倍频程对某四冲程汽油机排气噪声测量的结果。用 1/3 倍频程分析可以清楚地反映 63 Hz,125 Hz,250 Hz 处的峰值,而用倍频程分析却只能看到大致的趋势。这也说明,通频带 Δf 越窄,待分析信号的频率分解得越细,分辨率越高,所花费的时间也越多。

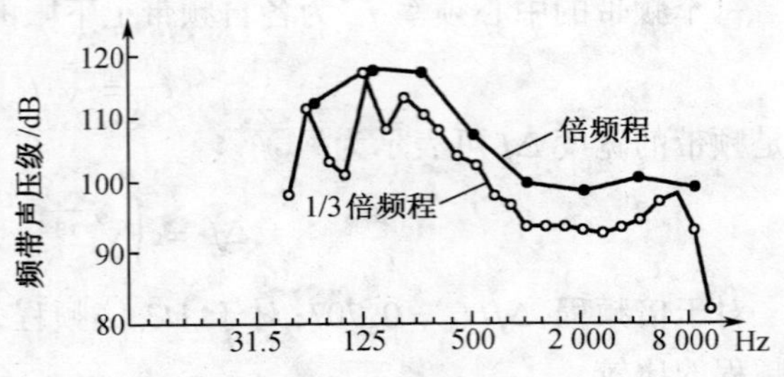

图 8-12 排气噪声频谱分析曲线

在一定频带中,声音基本上是按频率连续分布的。如果用不同频程的滤波器对同一声源进行测量,虽然中心频率相同,但所得频带声压级可能不同,宽频带的声压级比窄频带的声压级大。故两声源对比应该用同一频程。

恒定比带宽法适应性比恒定带宽的要强,对于不太稳定噪声的分析,后者产生误差较大。因此,实际中应用恒定比带宽法较多些。

8.2.3 频谱分析仪

1.模拟方式频谱分析仪

模拟方式以模拟滤波器为基础,实际应用有以下几种。

(1)并列顺序检波法

工作原理如图 8-13 所示,输入信号经输入放大器放大后,送入一组中心频率分别为 $f_{01},f_{02},\cdots,f_{0n}$ 的并列带通滤波器,滤波器的输出信号通过开关 K 顺序地接入输出放大器,再经检波器送至表头指示或示波器显示。

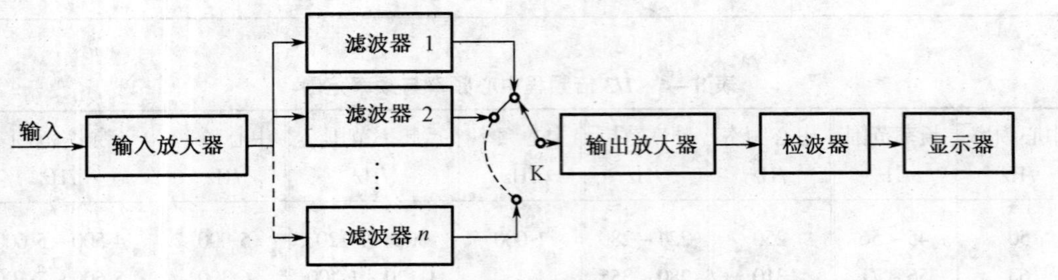

图 8.13 并列顺序检波法频谱分析原理框图

通常声级计都采用这种方法配有倍频程或 1/3 倍频程滤波,组成便携式频谱分析仪。需要进行频谱分析时,只须将滤波器接入声级计上相应的插孔,声级计的计权网络钮置于“外接滤波器”位置,即可进行噪声频谱测量。

(2)并列滤波器实时分析法

工作原理如图 8-14 所示,与上一方法不同的是每个滤波器都紧接着一个检波器,并用电子扫描开关进行高速切换,从而实现“实时”频谱分析。

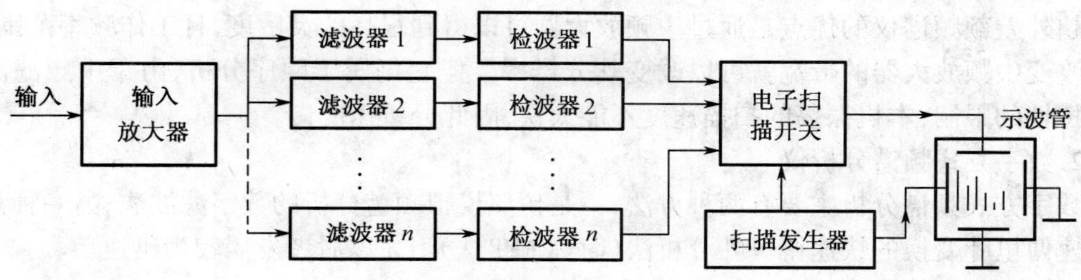

图 8-14 并列滤波器实时频谱分析仪原理框图

(3)扫描调谐法

扫描调谐法采用调谐滤波器(或称谐振放大器),其中心频率可在所需频率范围内连续调节,其原理如图 8-15 所示。这种方式结构较简单,但滤波器的中心频率的调节速度不能太快,以免由于过滤特性产生严重失真,因此分析速度较慢。

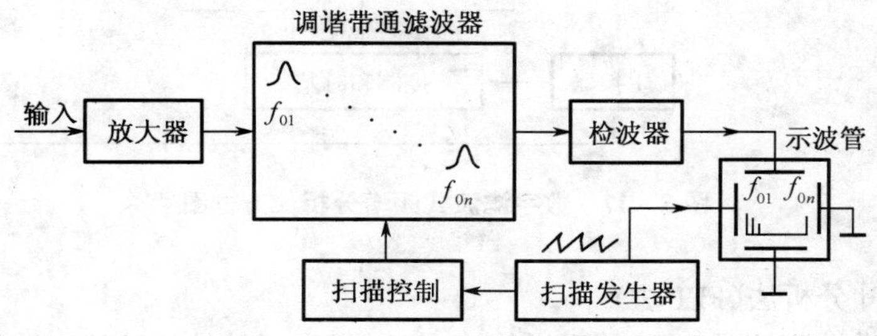

图 8-15 扫描调谐式频谱仪原理框图

(4)超外差法

工作原理如图 8-16 所示。频率为 f_x 的输入信号在混频器中与频率为 f_L 的本机振荡信号进行差频,只有当差频信号的频率落入中频放大器的带宽范围内时,中频放大器才有输出,且输出信号大小正比于频率为 f_x 的输入信号幅度。中频放大器的中心频率 f_m 是固定的,而本机振荡频率 f_L 通过扫描电路实现连续调谐,因而输入信号中的各个频率分量将依次一段段地落入中频放大器的带宽内。中频放大器的输出信号经检波放大后,加至示波管的垂直通道,同时扫描信号加至水平通道,就可得到输入信号的幅度频谱图,在一次分析中,

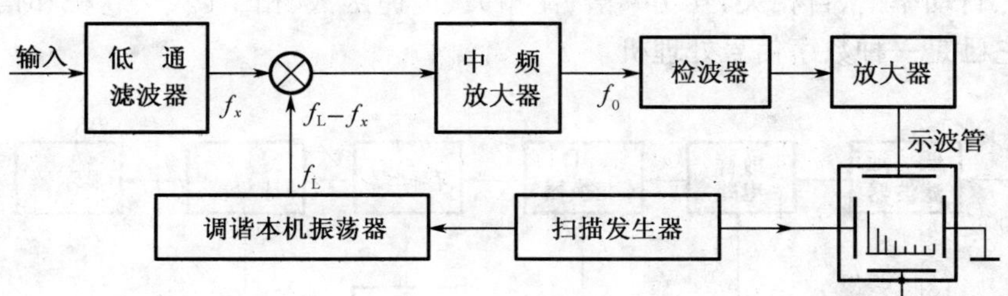

图 8-16 扫描超外差频谱分析仪原理框图

中频放大器的带宽是不变的，因此所得为恒定带宽频谱图。

超外差额频谱仪的优点是通过中频放大器可以得到很高的灵敏度，且工作频率范围宽，通过改变中频放大器的带宽就可以改变其分辨率。但它仍属于顺序分析，由于中频滤波器过渡特性的限制，本机振荡的扫描速度不能太快，因此分析速度慢。

2.数字方式频谱分析仪

数字方式频谱分析主要有两种方法，一是仿照模拟频谱分析的数字滤波法；另一种是基于快速傅里叶变换的快速傅里叶分析法(简称 FFT 法)。尤以后者发展较为迅速。

(1)数字滤波法

如图 8－17 所示为数字滤波式频谱仪的方框图。和模拟频谱仪相比，它用数字滤波器代替了模拟滤波器，在数字滤波器前加入取样保持电路和 A/D 变换器。数字滤波器的中心频率由控制和时基电路使之顺序改变。

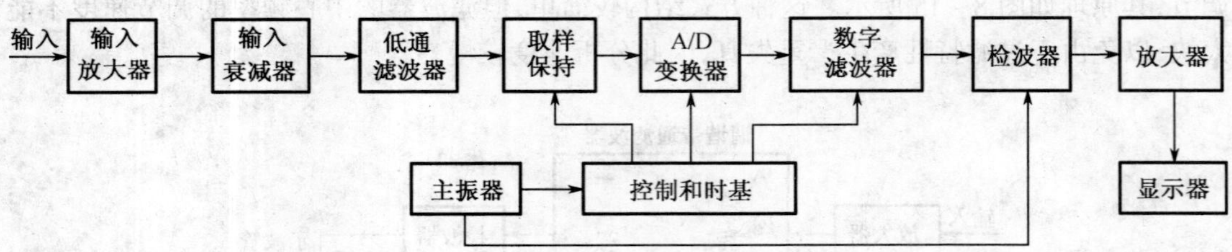

图 8－17 数字滤波式频谱分析仪方框图

2.快速傅里叶分析法(FFT 法)

如果已经知道被测信号 $f(x)$ 的取样值 f_K，则可用电子计算机按快速傅里叶变换的计算方法求 $f(x)$ 的频谱。

信号的频域分析实际上就是用模拟或数字方法完成信号从时域到频域的傅氏变换。FFT 法大大减少了进行傅氏变换所需要的运算次数，可以在通用计算机上利用相应的软件来实现 FFT。由于信号处理过程是按照数字形式进行的，因此能够对信号进行更多方面的分析，具有更加广泛的功能。

图 8－18 所示为 FFT 分析仪方框图，其中低通滤波器、取样电路、A/D 变换器和存储器等组成数据收集系统，它将被测信号转换为数字量。这些数据在 FFT 计算器中按快速傅氏计算法算出被测信号的频谱，并显示在显示器上。而且，FFT 分析仪常做成多通道的，这样可同时分析多个信号的频谱，且可以测量各信号之间的关系。它可以实现多种函数的计算，如傅氏变换、自动率谱、自相关、互功率谱、互相关、传递函数、相干函数、卷积和信号平均等等，实际上它已是一种数字信号处理机。

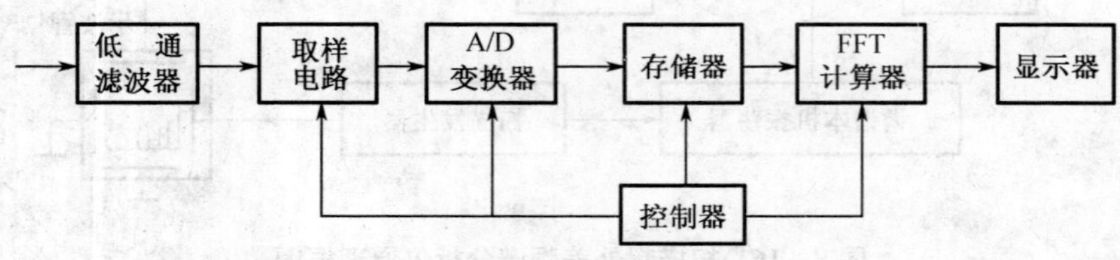

图 8－18 FFT 分析仪方框图

8.3 内燃机噪声的来源及测试方式

8.3.1 内燃机噪声的来源

内燃机的噪声由各部件或来自各部件的多种声源组合而成。按噪声来源可分为三大类。

(1)气体动力性噪声

主要包括进、排气噪声和风扇噪声。进排气噪声主要来源于气流在进、排气管中的压力脉动,以及高速气流经过进、排气门时所产生的高频涡流扰动。风扇噪声随转速提高而显著增加,故高速运转时常成为附件的主要噪声源。

(2)燃烧噪声

它的来源是气缸内气体压力剧烈变化所产生冲击波而引起的高频振动,通过缸套、机体等结构件而传播到外界。由于这些构件刚性强,故燃烧噪声主要是中、高频。

(3)机械噪声

它包括活塞敲击声、配气机构噪声、齿轮噪声等。活塞与缸套间隙过大所引起的敲击往往是最强的机械噪声源。

在转速相同的情况下,大型直喷式柴油机的噪声最强,分隔式柴油机次之,汽油机较弱。但汽油机因标定转速一般比柴油机高,如在标定转速下相比,两者的噪声是相近的。

8.3.2 整机噪声的测量

一般地,往复式内燃机的噪声,是指内燃机装有规定附件时的整机噪声,但对多缸不包括排气噪声在内。在测定时需用管道把排气引到室外或远处,其噪声作为背景噪声处理。

1.测量场所

为了精确和研究噪声情况,最好在如下专门的声学实验室中进行。

(1)全消声室

如图8-19所示,房间有内外两重墙壁,内壁的六面均铺有用吸声材料制成的尖劈,内层房间整个支撑在许多弹簧上。这样,室内声音不仅全无反射,而且能良好隔绝来自外界的噪声及振动,它是理想的声学实验室。在室内所形成的自由声场,其噪声级衰减与距离成逆平方律的对数关系,即距离每增加一倍,声压级衰减6 dB。这也是检验是否存在自由声场的办法。

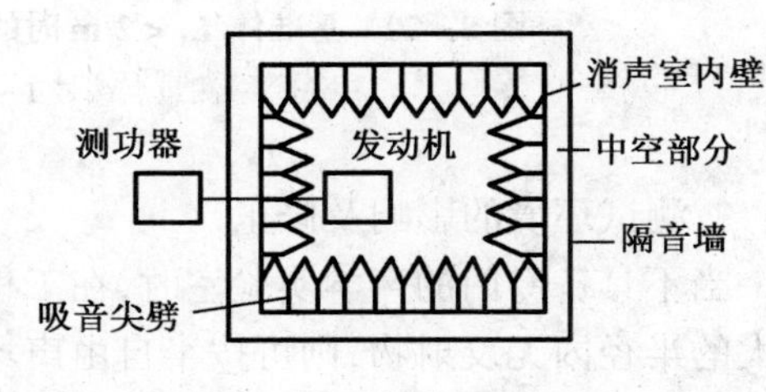

图8-19 消声室示意图

(2)半消声室

除地面是全反射以外,其余五个面均由吸声材料构成,与全消声室相同。半消声室造价较低,使用也方便。

(3)全反射室(也称混响室)

房间所有壁面都是坚硬光滑的反射面,而且将室内做成不规则形状,目的是取得更好的声反射效果,使声场中各点的声能密度相同。

但要建造上述的专门声学实验室需要相当大的费用。因此,一般企业和单位也可在具有平坦地面的室外开阔场地或符合规定条件的普通内燃机台架试验室内进行噪声测量。

2.测量表面和测点的布置

在确定测量表面和测量点位置时，一般将机器本体形状简化为矩形体作为基准体，以距此基准体为 d 距离的假想五面体的各面（不计底面）作为测量表面（见图 8－20），测量表面积 S 按下列公式计算

$$S = 4(ab + bc + ca) \quad (\mathrm{m}^2) \tag{8-18}$$

$$a = L_1/2 + d, b = L_2/2 + d, c = L_3 + d$$

式中 L_1, L_2, L_3——基准的长、宽、高，单位 m；

d——测量点与基准体间的距离，单位 m。

测量点与基准体的距离 d 一般为 1.0 m，测量点均匀布置在测量表面上。当背景噪声较高、房间混响较大时，可适当减小测距 d，但不要小于 0.5 m。

测点数量和位置根据内燃机外形尺寸（或基准体的大小）和噪声辐射的空间均匀性而定，测点布置在机器四周和顶部。例如，当基准体长度 $L_1 < 2$ m 时，按工程法要求布置 9 个测点，若按简易法要求可布置 5 个测点，如图 8－20 所示。

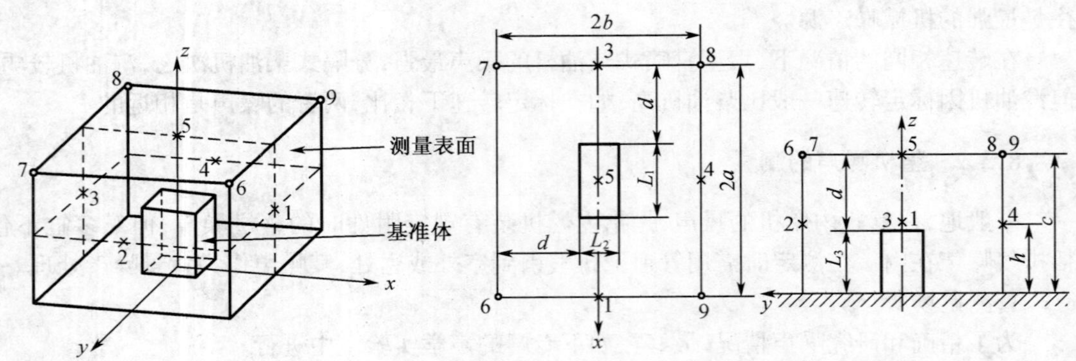

图 8－20 基准体 $L_1 < 2$ m 时的测量点位置 $h = (1/2) \cdot c$ 工程法示意图

注：测量点编号 1～9，简易法测量点编号 1～5。

3.测试环境的影响及修正

当不具备专门的声学实验室时，在工程上往往将机器放在室外坚硬的地面上，只要在足够大的半径内无反射物，则可按半自由声场条件来计算其噪声功率级。

若在普通内燃机台架试验室内进行噪声现场测量，这种房间条件既非全吸收，又非全反射，介于自由场和混响场之间，称为半混响场。由于存在房间混响的影响，因此须对测量结果进行环境修正。为求得环境修正值 K_2，可采取如下两种方法。

(1)标准声源替代法

将被测内燃机从试验台架上移开，把标准声源安置在原内燃机位置的几何中心上，测量标准声源在现场环境及原测点下的声压级，并依此计算出标准声源声功率级 L_ω。于是环境修正值 K_2 按下式计算

$$K_2 = L_\omega - L_{\omega r} \quad (\mathrm{dB}) \tag{8-19}$$

式中 L_ω——在现场测量到的标准声源功率级，单位 dB(基准值为 1 pW)；

L_{wr}——标准声源标定的声功率级，单位 dB(基准值为 1 pW)。

(2)混响时间测试法

适用于墙面未经吸声处理的工业用房间。环境修正值 K_2 按下式计算

$$K_2 = 10\lg\left(1 + \frac{4}{A/S}\right) \quad (\mathrm{dB}) \tag{8-20}$$

式中　S——测量表面的面积，单位 m^2；

A——房间的吸声量，单位 m^2。

房间吸声量 A 用测量频带混响时间的方法确定，吸声量 A 由下式计算

$$A = 0.16\left(\frac{V}{T}\right) \quad (\mathrm{m^2}) \tag{8-21}$$

式中　V——房间体积，单位 m^3；

T——频带混响时间，单位 s。

K_2 值也可以从图 8-21 中查得。

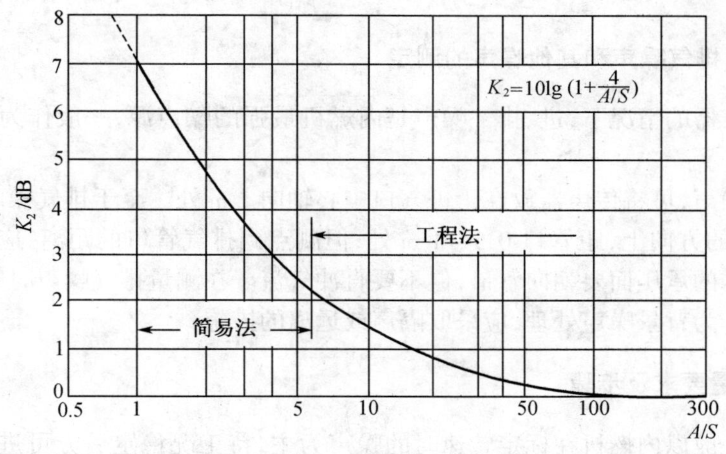

图 8-21　环境修正与 A/S 的关系曲线

按工程法要求，A/S 比值要大于 6，环境修正值 $K_2 < 2.2$ dB，超过此值则认为测试环境不符合要求，按简易法则要求可放宽一些，A/S 大于 1 即可，环境修正值 $K_2 < 7$ dB；但简易法所测得的 A 声功率级，只允许用作同类型内燃机噪声性能的比较。

4. 背景噪声的影响及修正

所谓背景噪声是当被测声源停止发声时，环境噪声和其他干扰噪声的总和，也称为本底噪声。由于背景噪声的影响，发动机运转时声级计所测得的是总噪声，求发动机噪声应从总噪声减去背景噪声的修正值 K_1 后得到。内燃机台架试验需用的变速箱和测功设备所产生的噪声可作为附加噪声，允许作隔声处理。

测量应尽可能在较低的背景噪声下进行，背景噪声 L_0 可以事先测定，再在同一位置测量被测噪声与背景噪声的合成噪声级 L_1，然后利用 L_1 与 L_0 求得被测噪声级 L。L 可用下式计算

$$L = L_1 - 10\lg\left[1 + \frac{1}{10^{(L_1 - L_0)/10} - 1}\right] = L_1 - \Delta L \tag{8-22}$$

式中 ΔL——背景噪声修正值,单位 dB。

具体修正方法如下:

(1)当合成噪声级 L_1 与背景噪声级 L_0 满足 $L_1 - L_0 \geq 10$ dB 时,可不计背景噪声影响;

(2)当 3 dB$\leq L_1 - L_0 < 10$ dB 时,可按式(8-22)进行修正,也可按表 8-5 进行噪声修正;

(3)当 $L_1 - L_0 < 3$ dB 时,测量结果无效,应进一步采取降低背景噪声的措施才能保证测量结果的正确性。

表 8-5 背景噪声的修正

$L_1 - L_0$		<3	3	4	5	6	7	8	9	10	>10
修正值(K_1)	工程法	测量无效				1.0	1.0	1.0	0.5	0.5	0
	简易法	测量无效	3	2	2	1.0	1.0	1.0	0.5	0.5	0

8.3.3 进、排气噪声和其他噪声的测定

在不带消声器的情况下,进、排气噪声是内燃机最强的噪声源,一般作为单独项目进行测量。

对于进气噪声,可将传声器放在距进气口中心轴向 1 m 处。至于排气噪声,其测点可选在与管口成 45°的方向上,距管口 0.5~1 m 处;但测点到排气管口的距离,应大于 3 倍的管口直径。传声器的承压面要朝向管口,但不要直冲气流。在测量排气噪声时,发动机噪声和进气噪声等均作为背景噪声处理,应采取隔声或远离的措施。

8.3.4 测量要求及步骤

噪声测量一般以内燃机在标定转速时的噪声为主,待工况稳定后方可进行。非标定工况的测量要加以说明。

对于通常的现场噪声测量,主要是用声级计按要求测量每个测点位置上的 A 声级,1/1 倍频带或 1/3 倍频带声压级,并从各测点所得平均级计算 A 声功率级和频带声功率级。它可用于与不同类型内燃机噪声性能的比较和对噪声辐射能量的评价。简易法可只测定 A 声功率级。

在通常的现场测量中,声源多、房间大小又有一定限度,进行测量时应将传声器正对内燃机噪声源方向,并尽量接近内燃机的辐射面,使所测噪声源的直达声场足够强,其他声源和反射声的干扰较小。但亦不可离发动机表面太近,以免因声场不稳定而测不准。测量时,应尽量避免仪器受气流、电磁场、温度、振动等影响。在室外测量时如风速较高,应在传声器上加装风罩。手握声级计测量时应尽量将手臂伸直,如采用三脚架可减少因测量者身体引起反射的影响。

测量的一般步骤如下:

(1)首先检查测量场所是否符合条件,根据机器尺寸及测量目的,定出测量表面并布置测点,预测在测点处的背景噪声并估计是否符合要求。

(2)对所使用的声级计及其他仪器进行通电校验。然后装上传声器,用声级校准器按规

定对测量系统进行校准,记下仪表修正值。

(3)测读噪声级时,开始应使输出衰减器处于最大衰减位置,当声级计表头指针偏转很小时才逐步减小输出衰减量。首先使用"快"挡读数,若指针摆动超过 ± 3 dB,即内燃机辐射非稳态噪声时,改用"慢"挡或具体较长时间常数的模拟仪器进行测量。每次测量的观察时间一般不少于 4 s。

(4)记录所测发动机的型号、进、排气及各主机附件的位置、测点的数目及位置、所使用仪器的型号和校正值、测读时仪表所采用的挡位及测量场所情况等,以便对测量结果进行比较分析。

8.3.5 声级计的校准

如上所述,为保证噪声测量的精度,每次测量开始和结束时,均须对声级计进行校准,两次差值不得大于 1 dB,否则所得结果无效。并且,声级计和声级校准器应定期送计量单位校准。常用的校准声源有以下两种。

1.活塞发声器

活塞发声器是一种恒定声源,其结构如图 8-22 所示。电动机由电池供电旋转,通过凸轮驱动两个对称布置的活塞。活塞位移为正弦规律。当活塞运动时,就引起耦合空腔的容积和腔内空气压力也呈正弦规律变化。用这一按正弦规律变化的压力变化量作为校准声级计的标准声源。声音的频率是电机转速的 4 倍,电机转速为 3 750 r/min,并带有使转速恒定的离心开关,因此校准频率为 250 Hz ± 1% 。凸轮形状严格按正弦规律精密加工,并保持凸轮与活塞的良好接触与润滑,使校准准确度高。其产生的声压级为 124 ± 0.2 dB。

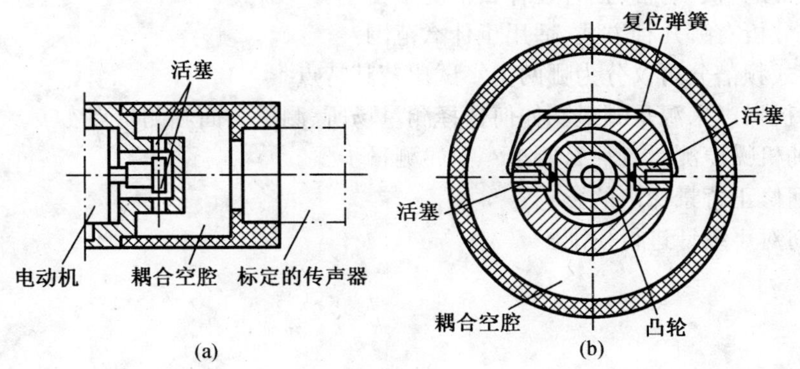

图 8-22 活塞发声器示意图

2.声级校准器

声级校准器的工作原理如图 8-23 所示。它主要由振荡器和换能器两部分组成。晶体管振荡电路中还包括稳幅和延时电路,它为换能器部分提供一定幅度和固定频率的驱动信号。延时电路可使开放电源按键关后,振荡器维持工作 35 s 以上。在这段时间内,声级校准器输出信号的大小和频率将保持不变,这就便于操作者进行仪器的调整工作。换能器部分由压电陶瓷片和与之相连的锥形振膜组成。当振荡器提供驱动信号时,压电片由于逆压电效应而产生振动,带动振膜发出声音。调节与压电片串联的电位器,就能在校准器耦合腔中得到所需的声压。一般调节为 94 dB,所发出的声音频率为 100 Hz。

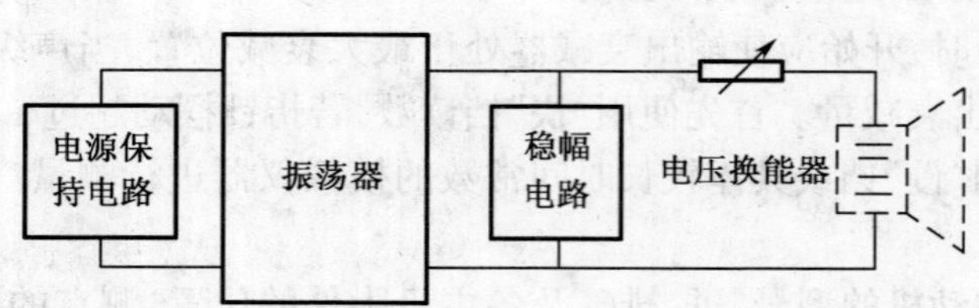

图 8-23 声级校准器原理图

声级校准器校准准确度略低于活塞发声器，一般为 ± 0.3 dB。但声级校准器校准声压级(94 dB)比活塞发声器(124 dB)更接近于一般环境噪声水平，并且工作在声级各计权网络衰减均为零的公共频率点(1 000 Hz)，所以用声级校准器来校准测量仪器更为有益。此外，它的体积小，质量轻，价格便宜，使用方便，所以更适用于声级计的声学校准。

思考题

1. 什么是声压 p、声压级 L_p，单位各是什么？
2. 什么是声强 I，声强与声压之间关系如何？
3. 什么是计权网络，A，B，C 网络各有何特点？
4. 什么是计权声级和噪声级？
5. 声级计由哪几部分组成？简述其工作原理。
6. 声级计的"快"、"慢"挡各在什么情况下使用？
7. 频谱分析有哪几种方式，适用于什么范围？
8. 数字式频谱分析仪分为哪两类？试比较其特点。
9. 柴油机噪声来源是哪里？如何选择测量场所、测量表面和测量点？
10. 柴油机噪声测量有什么要求？简述测量步骤。
11. 如何修正背景噪声的影响？
12. 如何对声级计进行校准？

第9章 废气分析

能力目标：能正确操作使用各类废气分析仪器。

知识目标：了解内燃机废气中的有害成分；掌握废气分析所采用的标准方法；掌握各种废气分析仪器的结构、工作原理、特性等基本知识。

9.1 废气中的有害成分

内燃机废气污染物的主要成分有：一氧化碳（CO）、未燃和裂解的碳氢化合物（C_mH_n）、醛（C_mH_nO）、氮氧化合物（NO_x）、二氧化硫（SO_2）、碳烟、铅化物（仅存于汽油机废气中）。

CO是空气不足或其他原因造成不完全燃烧时，所产生的一种无色、无味的气体。CO吸入人体后，非常容易和血液中的血红蛋白结合，它的亲和力是氧的300倍。因此，肺里的血红蛋白不与氧结合而与CO结合，致使人体缺氧，引起头痛、头晕、呕吐等中毒症状，严重的造成死亡。

C_mH_n是指内燃机废气中的未燃部分，是产生光化学烟雾的重要成分。C_mH_n及C_mH_nO包含苯吡（Benzpyren），苯吡能刺激眼鼻黏膜，伤害嗅觉，形成烟雾的化合物，且具有强烈致癌作用。

NO_x是发动机大负荷工作时大量产生的一种褐色的有臭味的废气。NO_x进入肺泡后能形成亚硝酸和硝酸，对肺组织产生剧烈的刺激作用，可在一定程度上导致组织缺氧。NO_x与C_mH_n受阳光中紫外线照射后发生化学反应，形成光化学烟雾。当光化学烟雾中的光化学氧化剂超过一定浓度时，能刺激眼结膜，引起流泪并导致红眼症，同时对鼻、咽、喉等器官均有刺激作用，能引起急性喘息症。光化学烟雾还具有损害植物、降低大气能见度、损坏橡胶制品等危害。

内燃机尾气中硫氧化物的主要成分为二氧化硫（SO_2）。当汽车使用催化净化装置时，就算很少量的SO_2也会逐渐在催化剂表面堆积，造成所谓催化剂中毒，不但危害催化剂的使用寿命，还危害身体健康，而且可形成含硫的酸及硫酸，毒性很大。

碳烟是柴油发动机燃料燃烧不完全的产物，主要出现在柴油机废气中，其内含有大量的黑色炭颗粒。碳烟能影响道路上的能见度，并因含有少量的带有特殊臭味的乙醛，引起人恶心和头晕。

铅化合物是为了改善汽油的抗暴性而加入的，它们以颗粒状排入大气中，是污染大气的有害物质。当人们吸入含有铅微粒的空气，铅在人体内积累量达到一定程度时，将阻碍血液中红血球的生长，使心、肺等器官发生病变；侵入大脑时则引起头痛，出现一种精神病的症状。

内燃机废气是使人赖以呼吸的空气被污染的主要来源之一，特别是随着汽车拥有量的增加，汽车排气污染物造成的环境污染情况日趋严重。所以，对内燃机排气污染物的监控与防治已处于刻不容缓的地步。许多国家（包括我国）制定了限制有害物排放量的法规，同时对测量仪器和测量方法等也有规定。

内燃机废气分析是研究内燃机燃烧过程的一个重要手段,也是研究和防治内燃机废气造成的环境污染必不可少的重要内容。通过废气分析,可以得出内燃机燃烧产物中一些气体成分的含量,从而判断燃烧的好坏和排气中有害成分对大气的污染程度。目前,主要用废气分析仪和烟度计测定排气污染物的浓度,目的是控制排气污染物的扩散,使其限定在被允许的范围内,以达到保护生态环境和自然界生态平衡的目的。进行废气分析所采用的标准方法大多是红外线吸收法测定 CO,火焰电离法测定碳氢化合物总量,气相色谱法测定碳氢化合物分量,化学发光法测定 NO_x,光吸收法测定烟度。

9.2 红外线吸收分析仪

红外线吸收分析仪的测量原理是建立在一种气体只能吸收其独特波长的红外线特性基础上的,即是基于大多数非对称分子对红外线波段中一定波长具有吸收功能,而且其吸收程度与被测气体的浓度有关。分子是由不同原子构成的气体,如一氧化碳、二氧化碳、一氧化氮、碳氢化合物等,只吸收红外线(波长为 0.78~340 μm)。如将红外线穿过上述某一气体,再进行光谱分解,则可得知,一个特定的波长范围被衰减了。此范围称为该气体的吸收带。光谱中吸收带的位置,亦即波长范围,就表明了气体的种类(如 CO 为 4.5~5 μm,CO_2 为 4~4.5 μm,HC 在 3.5 μm 左右,NO 在 5.3 μm 左右)。气体浓度越高,吸收红外线能力越强,对应吸收带衰减量越大。

红外线吸收分析仪具有分析对象广泛、灵敏度高、精度高、选择性好和反应速度快等特点。

目前,非色散型红外线吸收分析仪目前是世界上评价发动机排气中广泛使用的一种仪器,该分析仪通过测定对象成分对红外光的吸收能力,来测定它的成分浓度,通常是用来测定 CO 和 CO_2 以及各种碳氢化合物的浓度。

9.2.1 非色散型红外线吸收分析仪的结构与原理

非色散型红外线吸收分析仪主要由废气采集部分、废气分析部分、废气指示部分和校正装置等构成。

1.废气采集部分

如图 9-1 所示,由探测头、过滤器、导管、水分离器和泵等构成。用探头、导管、泵从排气管采集废气。排气中的粉尘和碳粒用过滤器滤除,水分用水分离器分离出去。最后,将气体成分输送到分析部分。

2.废气污染物的分析部分

该分析仪由红外线光源、测量室(测定室、比较室)、回转扇和检测器构成。从采收部分输送来的多种气体共存在尾气中,通过非分散型红外线分析部分分析测定气体(CO,HC)的浓度,用电信号将其输送到浓度指示部分。工作原理如图 9-2 所示,它由两个红外线光源发出两组分开的射线,这些射线被两旋转扇片同相地遮断,从而形成射线脉冲,射线脉冲经滤清室、测量室进入检测室。测量室由两个腔室组成,一个是比较室,另一个是测定室。比较室中充有不吸收红外线的氮气,使射线能顺利通过。测定室中连续填充被测试的尾气,尾气中 CO 含量越高,被吸收的红外线就越多。检测室由容积相等的左右两个腔室组成,其间用一金属膜片隔开,两室中充有同摩尔数的 CO。由于射到检测室左室的红外线在通过测定

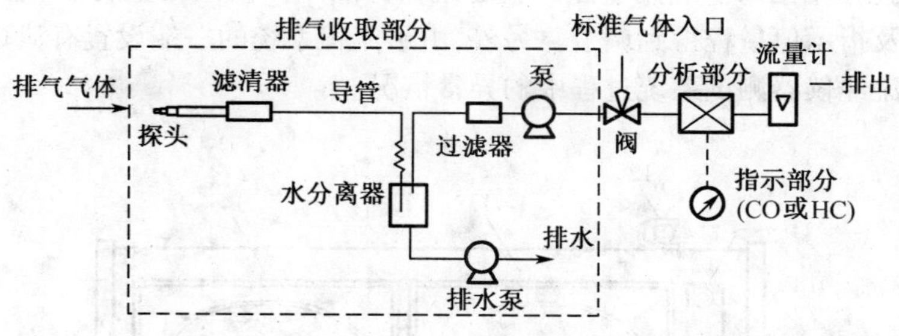

图9-1 非色散红外线吸收分析仪废气采集原理

室时一部分射线已被排气中的CO吸收,而通过比较室到达检测室右室的红外线并未减少,这样检测室左右两室吸收的红外线能量不同,从而产生了温差,温度的差异导致了压力差的存在,使作为电容器一个表面的金属膜片弯曲。弯曲振动的频率与旋转扇片的旋转频率相符。排气中的CO浓度越大,振幅就越大。膜片振动使电容改变,电容的改变引起电压的变化,从而产生交变电压。交变电压经放大,整流成直流信号,变为被测成分浓度的函数,因此可用仪表测量。而HC由于受到其他共存气体的影响,所以使用固体滤光片,巧妙地利用了正己烷(HC)红外线吸收光谱。因此,样品室内共存的CO,CO_2,H_2O等HC以外的气体所产生的红外线被吸收,再经检测器窗口的选择和除去,仅让具有3.5 μm左右波长的HC到达检测室内。HC被封入检测器,样品室中的HC吸收量便能被检测器检测出来。

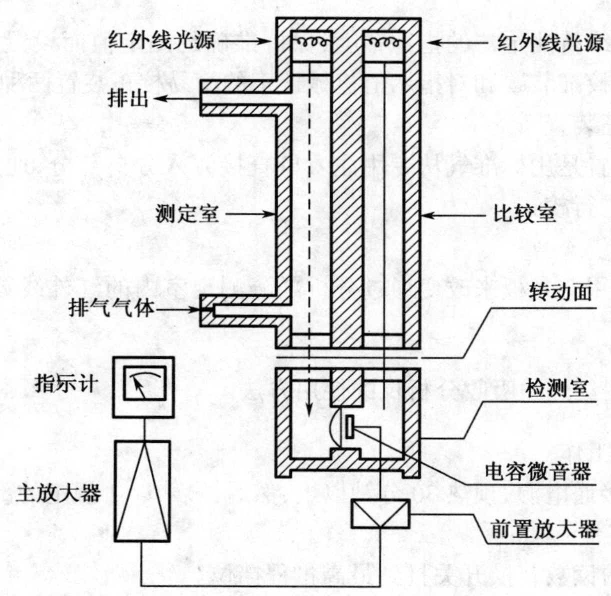

图9-2 非色散型红外线吸收分析仪工作原理

3.浓度指示部分

尾气的浓度指示部分根据分析部分传来的电信号(如图9-3),在CO指示表上CO浓度以容积百分数(%)为单位,在HC指示表上HC浓度以正己烷当量容积百万分数($\times 10^{-6}$或

ppm)为单位直接指示出来。利用零点调整旋钮和标准气体校正调整旋钮量程转换开关,使仪表指示零位及指示值量程得到调节。另外,由于流程系统的一端设置有流量计,因此能够了解到尾气在流经仪器测试系统过程中的异常情况。

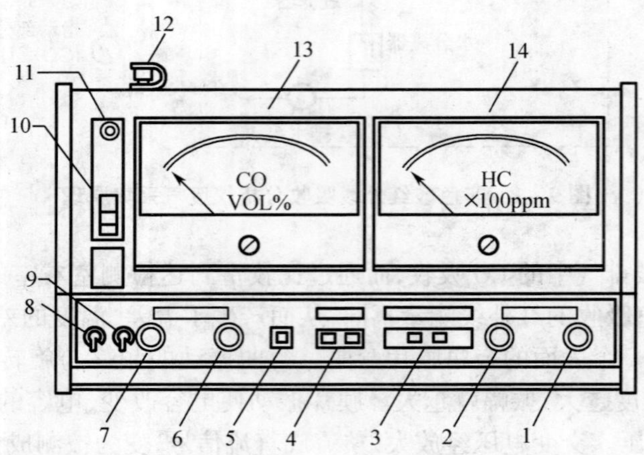

图 9-3 非色散型红外线气体分析仪浓度指示表盘

1—HC 标准调整旋钮;2—HC 零点调整旋钮;3—HC 量程转换开关;4—CO 量程转换开关;5—简易校正开关;6—CO 标准调整旋钮;7—CO 零点调整旋钮;8—电源开关;9—泵开关 10—流量计;11—电源指示计;12—标准气样注入口;13—CO 指示表;14—HC 指示表

4.校正装置

校正装置是为了维持测定器的指示精度,保持准确的测定值而设置的。校正装置有用标准气体进行校准的校准装置和对指示值机械校正的简易校正装置两种。

(1)标准气体校正装置

标准气体校正装置是用标准气从专用注入口直接注入分析部分,通过标准气体浓度和仪表指示值的比较,进行校正。

(2)简易校正装置

简易校正装置是用遮光板来改变通过分析部分测定室内的红外线数量,来进行指示针的简易校正。

9.2.2 非色散型红外线吸收分析仪的使用方法

1.测定前的准备工作

仪器使用前,先接通电源,预热 30 分钟以上,然后按表 9-1 规定的部位进行检查。

2.检测方法

(1)把指示仪表的读数转换开关打到最高量程挡位。

(2)将取样探头插入内燃机排气管中,深度不小于 300 mm。

(3)一边观看指示仪表,一边用读数转换开关选择适于废气浓度的量程挡位,待指针稳定后,读数取最大值。若为多排气管时,则取各管测量值的算术平均值。

(4)检测工作结束后,把取样探头从排气管里取出来,吸入新鲜空气工作 5 分钟,待仪器指针回到零点后再关掉电源。

表9-1 内燃机废气检测前的仪器检查

时间	检查部位	检查要领	备注
使用前	指示计	在不输入电源的状态下,检查指针的机械零点	偏离时,调节零点校准螺钉,直至合格
	流量计	从气体入口取下导管,右手遮住进气口,检查动作状态	当发现不能正常动作时,应由专业厂家修理
	探测器和导管	检查有否压扁、割坏、堵塞、污染等情况	当发现已压扁、割坏时应更换新件,如有污染和堵塞时,用布和压缩空气清扫
	滤清器	检查脏污程度	脏时应更换
	水分离器	检查存水量	发现有存水时取下排尽清扫
	校正装置: 1.标准气体校正装置 2.简易校正装置	①接通电源进行必要的预热,吸进清净空气,检查零点调整能否进行;②关闭泵开关(校正,测定转换开关,放在校正侧)注入标准气体,检查能否进行标注(调整频率根据制造厂的规定)打开简易校正开关;③检查动作状态和指示针的指针位置,即刻度板的调整位置。	不能调整时,应有专业厂家修理。HC测定器的标准气体是丙烷,所以应通过下式校正:校正的基准值=标准气体浓度×换算系数。当发现不能调整时,应送专业厂家修理
	接线	检查有无损伤和接触不良的地方	如发现有接触不良和断线处,应更换新线

3.测试注意事项

(1)取样探头、导管分为低浓度用和高浓度用两种,两者要分别使用。

(2)检测时导管不要发生弯折现象。

(3)不要在有油或有有机溶剂的地方进行检测。

(4)检测结束后,要立即把取样探头从排气管里抽出来。

(5)取样探头不用时要垂直吊挂,不要平放,以防管内的积水腐蚀取样探头。

(6)分析仪不要放置在湿度大、温度变化大、震动大或倾斜的地方。

(7)分析仪表定时保养,以确保使用精度。

非色散型红外线吸收分析仪用作测定CO和HC的标准仪器。它也可测定CO_2和NO的浓度,但测量精度远不及对CO和HC的测定。测定不同气体时封入检测器的气体必须与待测气体相同,并且红外线光源也应与之相适应。

非色散型红外线吸收分析仪的特点是能对试样进行非破坏性测定,并且是一种不受流量影响的测定方式。为使试样气室适应于测量范围和测量灵敏度,把它做成不同的长度。测量范围大时,采用短的试样气室,否则,红外线吸收与被测气体体积浓度之间就不存在线性关系。为得到高的测量灵敏度,穿过的废气层必须较厚,因而采用长的试样气室。

9.3 奥氏气体分析仪

9.3.1 结构及工作原理

奥氏气体分析仪是利用不同配方的液体化学试剂有选择地直接吸收一定成分的气体的原理制成的。具体讲,是通过某些化学试剂(吸收剂)分别与废气中的 CO_2,O_2 和 CO 发生化学反应的性质,使一定量的废气分别与相应的吸收剂接触,然后测定废气体积的减少量,来分别确定出各种气体成分的体积含量。

如图 9-4 所示,该分析仪主要由过滤器、梳形管、吸收容器、量筒和压力瓶等组成。

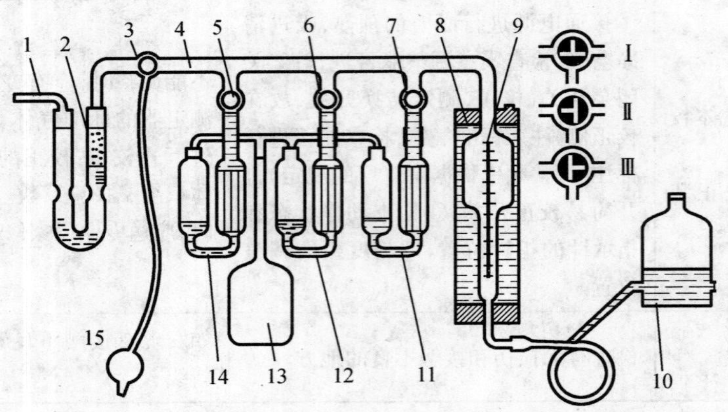

图 9-4 奥氏气体分析仪简图

1—连接管;2—过滤器;3—三通阀门;4—梳形管;5,6,7—阀门;8—玻璃圆筒;
9—量筒;10—压力瓶;13—橡皮囊;11,12,14—吸收容器;15—橡皮球

过滤器 2 为一根 U 型玻璃管,里面装有无水氯化钙或氯化钡及玻璃纤维等,以吸收废气中的水分及过滤碳烟微粒。

吸收容器 11,12,14 各由相互连通的两个玻璃瓶组成,其中装有许多细玻璃管的为吸收瓶,可装入不同的化学试剂供吸收废气之用,装细玻璃管的目的是为了增加吸收剂与废气的接触面积,加速吸收过程;另一个为缓冲瓶,与橡皮囊 13 相通,当吸收瓶工作时,可使吸收剂在其中上、下波动,起到缓冲作用。

量筒 9 的容积为 100 mL,上面有 0.1 或 0.2 mL 的刻度,可以度量被分析的各种气体容积,其外部罩有玻璃圆筒 8,圆筒和量筒间装有冷却水,使量筒中的气体温度少受外界的影响。

在压力瓶 10 中装有不与废气起化学反应的封闭液,通过压力瓶上下移动(人为的)使封闭液进入或退出量筒 9,从而驱使废气进入或流出吸收瓶。

橡皮球 15 是用来抽取废气和排出系统内的气体的。

9.3.2 化学试剂和封闭液的配制

1.二氧化碳(CO_2)的吸收剂配制

吸收 CO_2 用苛性钠(NaOH)或苛性钾(KOH)溶液。配制方法是在 100 mL 蒸馏水中,加入 50 g 苛性钾或苛性钠,溶解后即成苛性钾或苛性钠溶液。其吸收能力为 1:40,即每毫升这种溶液能吸收 40 mL CO_2。

2.氧(O_2)的吸收剂配制

吸收氧是用焦性没食子酸 $C_6H_3(OH)_3$ 的碱性溶液。配制方法是在 100 mL 相对密度为 1.55 的苛性钾溶液中,加入 15 g 焦性没食子酸而成。其吸收能力为 1:25。吸收能力随苛性钾浓度增加而增加,要求实验室温度不低于 15 ℃,室温过低吸收能力减弱或根本不吸收。

3.一氧化碳(CO)的吸收剂配制

吸收 CO 用氯化亚铜氨水溶液 $Cu(NH_3)_2Cl$。在 750 mL 热水中溶解 250 g 氯化氨,再加入 200 g 氯化亚铜(Cu_2Cl_2),然后在混合液中再加入其容积的 1/3、相对密度为 0.91 的氨水(NH_3OH)的水溶液。待混合均匀后,用滤纸将沉渣过滤,注入吸收瓶,并加入铜丝,以保持溶液的吸收能力和加速吸收作用。其吸收能力为 1:16,即每毫升该溶液能吸收 16 mL 的 CO。

如果吸收剂用量不大,则可按比例减少。

4.封闭液的配制

将 300 g 食盐溶解于 1 000 mL 蒸馏水中,过滤后,加入 10 mL 浓硫酸,再滴入几滴甲基液使溶液显红色。这样,当吸收瓶中的碱性溶液不慎进入量筒时,会使封闭液变色而便于察觉。试验前,还要用废气饱和封闭液,以保证试验过程中不吸收废气。

5.在配制试剂时注意事项

(1)焦性没食子酸有剧毒,并有腐蚀性,应注意安全。试验结束后,一定要洗手。

(2)苛性钾溶于水时,要放出大量的热,也有腐蚀性,配制时不要操之过急,以免发生事故。

(3)试剂配制完毕后,应立即与大气隔绝,以免吸收空气中的 O_2 和 CO_2 等气体而降低吸收作用,影响测量精度。

9.3.3 反应方程式

各吸收反应方程式如下

$$2KOH + CO_2 \longrightarrow K_2CO_3 + H_2O$$

$$4C_6H_3(OK)_3 + O_2 \longrightarrow 2(OK)_3C_6H_2—2C_6H_2(OK)_3 + 2H_2O$$

(焦性没食子酸钾)　　(六氧基联苯钾)

$$Cu_2Cl_2 + CO \longrightarrow Cu_2Cl_2 \cdot 2CO \quad \text{(不稳定)}$$

$$Cu_2Cl_2 \cdot 2CO + 4NH_3 + 2H_2O \longrightarrow 2NH_4Cl + 2Cu + (NH_4)_2C_2O_4$$

9.3.4 使用方法

(1)首先将已配好的几种吸收剂苛性钾溶液、焦性没食子酸的碱性溶液、氯化亚铜氨水溶液分别注入容器 11,12,14 中,然后检查吸收瓶的密封性是否良好。

检查密封性方法:关闭阀门 5,6,7,将三通阀门 3 转动至位置Ⅲ,使梳形管与大气相通,提高压力瓶10,使量筒9中的液面升高至上部刻线处,再将三通阀转至位置Ⅱ,降低压力瓶观察量筒内的液面,如果液面随压力瓶的降低稍有下降后就保持不变,说明不漏气;如果液面随压力瓶的降低一直下降,则表示漏气。也可在三通阀处于位置Ⅱ时将压力瓶升高,观察吸收瓶的液面,如果某一吸收瓶的液面下降,则表示漏气,应在漏气处涂凡士林油密封。

(2)将各吸收瓶中的液面提高到上部刻度标线位置。具体方法是:先将三通阀置于位置Ⅲ,使量筒9与大气相通,升高压力瓶,排出量筒中的空气。再将三通阀置于位置Ⅱ,打开吸收瓶11的阀门7,缓慢放低压力瓶,当吸收瓶11中液面上升到刻度标线位置时,立即关闭阀门7,瓶中液面即可维持在这一高度。以同样方法,将吸收瓶12,14的液面也升高到刻度标线处。

(3)吸入被分析的废气,具体方法是:将三通阀门置于位置Ⅲ,提高压力瓶,使量筒中的封闭液升高到标有100 mL的刻线位置(注意不要使封闭液流入梳形管中)。将废气气样与连接管1相通,置三通阀门于位置Ⅰ,降低压力瓶,使量筒中的封闭液面与标有0 mL的刻线对齐,此时,即可吸入100 mL的废气。为了减少管路中的空气对废气的影响,可以将第一次吸入的废气经三通阀门排出,再重复一次该项操作,重新吸入100 mL废气,利用三通阀门将压力瓶与量筒中的液面调节到一致的高度,以保证量筒中废气试样的压力与大气压力一致,即可开始进行分析操作。

(4)吸收二氧化碳:将三通阀门置于位置Ⅱ,打开阀门7,提高压力瓶,使废气进入装有苛性钾溶液的吸收瓶11,当封闭液与量筒标有100 mL的刻线对齐后,降低压力瓶,使废气退回量筒中,直到吸收瓶中的液面重新上升到原来位置为止(不要使吸收瓶中的溶液越过细管进入量筒)。如此重复操作4~5次,直到二氧化碳被吸收完为止。最后当吸收瓶11中的液面上升到原来位置时,关闭阀门7,将压力瓶中的液面与量筒中液面对齐。此时,量筒中液面高度所指示的容积值,即为100 mL废气所含二氧化碳的数量(前后两次操作中,当压力瓶与量筒中液面对齐时,两次读数一致,即可认为二氧化碳已经完全被吸收了)。

(5)吸收氧气:打开阀门6,使剩余的废气进入装有焦性没食子酸的碱溶液的吸收瓶12,操作方法同上,使废气在溶液中通过7~8次直到氧被吸收完为止,当使吸收瓶12中的液面升至原来的高度后,关闭阀门6,对齐压力瓶与量筒中的液面。此时,量筒中液面高度所指示的容积值减去二氧化碳的数值,即为100 mL废气中所含氧的容积。

(6)最后吸收一氧化碳:依照相同的方法将剩余的废气压入装有氯化亚铜氨水溶液的吸收瓶14,重复7~10次,得出100 mL废气中的一氧化碳含量。

经过上述依次吸收,分析计算完成。在100 mL的废气中所含氮气就可由下式求得

$$N_2 = 100 - (CO_2 + O_2 + CO) \quad (\text{mL})$$

9.3.5　注意事项

(1)取样应该在标定工况下进行,取样管安装在排气总管上,并带有阀门。取样时,通常采取排水取样的方法,就是预先在容器中充满水,然后通入废气,再将容器中的水抽出,以使废气吸入容器。

(2)举起压力液瓶时量筒内液面不得超过刻度100 mL处,否则蒸馏水会流入梳形管,甚至流到橡皮球管内,不但影响测定的准确性,还会冲淡吸收剂而造成误差。液面也不能过低。

(3)举起调节液瓶时动作不宜太快,以免气样因受压力过大冲击吸收剂成气泡状自管中漏出,一旦发生这种现象,要重新测定。

(4)先测二氧化碳然后测氧气。因为焦性没食子酸的碱性溶液除能吸收氧气外,也能吸收二氧化碳,氧化亚铜的氨水溶液除能吸收一氧化碳之外,也能吸收氧气和二氧化碳,这样会引起误差。

(5)焦性没食子酸的碱性溶液在15~20 ℃吸收氧气效能最大,吸收效果随温度下降而减弱,0 ℃时几乎完全丧失吸收能力。

9.4 火焰电离测定仪

废气中的碳氢化合物由许多不同的化合物组成,如要测定单种化合物,可用气相色谱法,但在绝大多数情况下,确定碳氢化合物的总浓度就够了,这种测量通常采用火焰电离法。

火焰电离测定仪对碳氢化合物灵敏度高,线性好,对无机成分几乎无响应。因此,广泛用于碳氢化合物总浓度的连续分析。它有好几个易于用电方法变换的测量范围。总的测量范围从净化空气0.1 ppmC以下至大量未燃成分的10 000 ppmC以上(ppm为百万分之一,ppmC是以碳原子数作基准的体积浓度)。

火焰电离测定法不受水蒸气影响,故废气进入仪器前不需要进行除湿处理。但废气需要经过一个加热到180 ℃的管路送到火焰电离测定仪,以防止特别在测量柴油机废气时管路中沉积较难挥发的碳氢化合物,造成测量失真。该仪器对废气成分变化的时间短于0.5 s,故此仪器也很适用于对加速和减速等不稳定的内燃机工况进行测量。

火焰电离测定仪的构造简图如图9-5。在燃烧器内,氢在纯净空气中燃烧,此空气取自于压缩空气瓶或其他压缩空气供应装置。火焰周围设置有电极板,极板间加以约300 V电压。

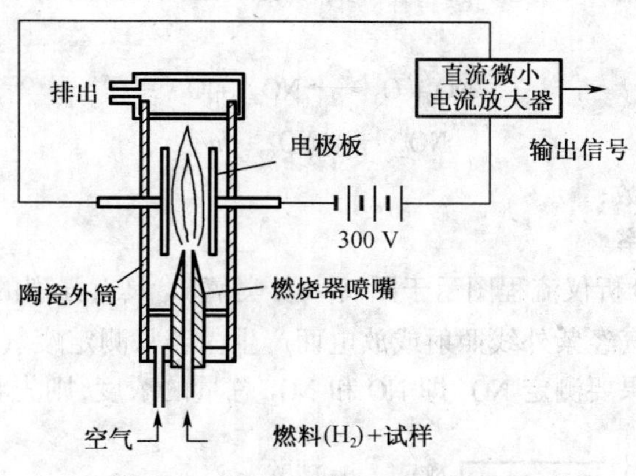

图9-5 火焰电离测定仪构造简图

只要燃烧的是纯氢气,就几乎不产生电离子,电极板间则无电流,仪器输出信号为零。当废气送进火焰后,由于碳氢化合物的存在,马上电离,产生一个与废气中碳氢化合物总体积浓度成比例的离子电流。此电流的大小与分子中的碳原子数有关。用高阻抗的放大器将此微小电流信号放大后,输出进行指示或记录。

与红外线吸收分析仪一样,火焰电离测定仪只用于对比测量,也就是说,它必须事先用一种已知成分的气体(多数用甲烷或丙烷)进行校正。因此,测定仪指示的浓度是根据校正气体来指示的。

火焰电离测定仪的灵敏度直接受试样流量的影响,因此要特别注意燃料、空气及试样的流量控制,保持火焰的条件不变。

9.5 化学发光法 NO_x 分析仪

内燃机燃烧过程生成的 NO_x 主要是 NO,在低温的排气管和周围空气中,有一部分变成了 NO_2,NO 和 NO_2 合称为 NO_x。NO_x 在废气中的浓度可用红外线吸收分析仪来测定,但这种测定更多采用的是灵敏度高的化学发光法气体分析仪。

化学发光气体分析仪简称 CLD(Chemi Luminescent Detector),此法是目前测定 NO_x 的最好方法。其特点是灵敏度高(约 0.1 ppm),反应速度快(1 s 左右),在 0 ~ 10 000 ppm 的宽广范围内输出特性呈线性关系,适于连续分析,对高低浓度的 NO_x 气样均可测定。

9.5.1 化学发光法 NO_x 分析仪的工作原理

某些化合物分子吸收化学能后,被激发到激发态,再由激发态返回基态时,以光量子的形式释放出能量,这种化学反应称为化学发光反应。利用测量化学发光强度对物质进行分析测定的方法,称为化学发光分析法。

化学发光法 NO_x 分析仪的工作原理是通过一种化学反应,激起光辐射,用光电管来测定这种光辐射。具体过程是:用臭氧(O_3)和 NO 反应生成 NO_2,其中约有 10% 的电子是处于激励状态的分子 NO_2^*,这些处于较高能态的分子在发射出 0.6 ~ 3 μm 的近红外光子的情况下立即变为正常状态的 NO_2。光子流与 NO 的浓度成正比,经放大后送往指示或记录仪器。此过程的反应方程为

$$
\begin{aligned}
NO + O_3 &\longrightarrow NO_2^* + O_2 \\
NO_2^* &\longrightarrow NO_2 + h\nu
\end{aligned}
\tag{9-1}
$$

式中 h——普朗克常数;

ν——发射光频率。

化学发光法 NO_x 分析仪流程图示于图 9-6。臭氧 O_3 具有强烈的氧化作用,毒性很大,在仪器中,它由氧或空气经紫外线照射或放电而产生。若只测定废气中 NO 的含量,可直接将废气引入反应室;如果要测定 NO_x 即 NO 和 NO_2 总量的浓度,则先将废气引入转化器,在

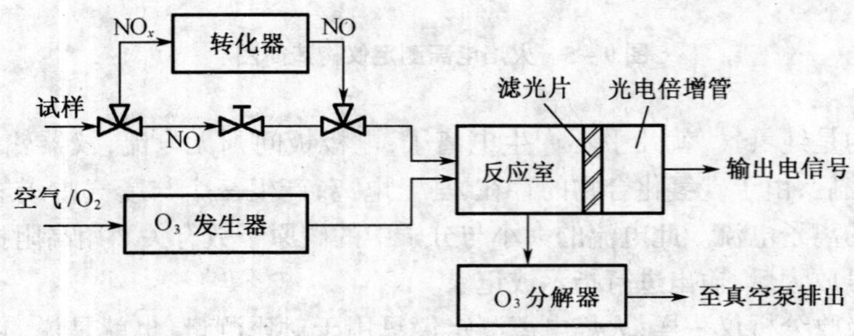

图 9-6 化学发光法 NO_x 分析仪流程图

650 ℃左右的温度下，将其中的 NO_2 还原为 NO，再引入反应室。NO 和 O_3 在反应室中反应发出的光，经滤光片后进入光电倍增管，转换为电信号输出，滤光片可以滤除因 O_3 与 C_2H_4 反应所发出的光的干扰，与红外线吸收分析仪和火焰电离测定仪一样，在使用前须用校正气体对化学发光法分析仪进行校正。

9.5.2　2108 型化学发光法 NO_x 分析仪实例

1. 2108 型化学发光法 NO_x 分析仪组成和功能

该分析仪由气路系统、光学系统、电子系统和计算机系统 4 个系统组成。气路系统如图 9－7 所示。

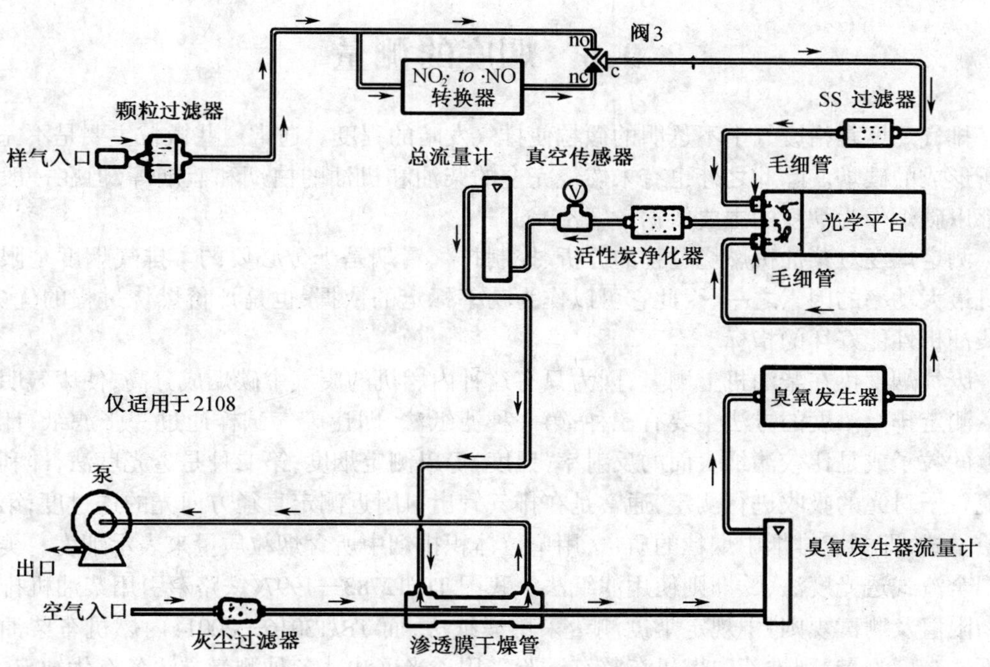

图 9－7　2108 型化学发光法 NO_x 分析仪气路系统原理图

2108 型化学发光法 NO_x 分析仪把测得的所有数据通过信号线传送到数据采集器，在 2108 型化学发光法 NO_x 分析仪上可以直接读出 NO 和 NO_x 浓度的瞬时值，从数据采集器上可读出 NO，NO_2 和 NO_x 浓度的分钟、小时、日、月和年的平均值，实现了氮氧化物的自动采样和自动分析。

2. 2108 型化学发光法 NO_x 分析仪测试简介

该分析仪是利用 O_3 和 NO 的气相反应所发出的光强的大小，来测定废气中 NO 浓度的。在这个反应中生成物 NO_2 的外层电子处于激发态，它将立刻回到基态，同时释放 600～2 400 nm 的光波，其峰值波长为 1 200 nm。反应中产生的光强大小和 NO 的浓度成比例，所以用这种方法可以直接测出大气中的 NO 浓度。

测定 NO_2 的方法与此类似，它是一种间接的方法。首先将 NO_2 还原为 NO，再将还原得到的 NO 和 O_3 反应，测得这个反应中的发光强度的大小，就可以得出 NO_2 浓度的大小。在实际的仪器中,样气首先经过转化炉,样气中的 NO_2 还原为 NO,而样气中的 NO 不发生变化,可测得的 NO_x 的浓度等于 $NO+NO_2$ 的浓度。一部分样气不经过反应器,与 O_3 发生反应,可测得 NO 的浓度,测得的 NO_x 的浓度减去 NO 的浓度即为 NO_2 浓度。

O_3 是在该仪器内部的 O_3 发生器产生的。由于仅在 NO 和 O_3 之间发生发光反应,所以 NO 的浓度可以直接测得,而 NO_2 的浓度是通过比较分别测得 NO_x 和 NO 之差后得到的,这种比较方法是将样气分别通过两个气路,交替流经反应室实现的。NO,NO_2 和 NO_x 浓度值在每次循环后将会更新,正常的循环时间大约 24 s。

化学发光法 NO_x 分析仪具有灵敏度高、反应速度快、连续分析等优点,使过去难以测定的 NO_x 的浓度得到了基本解决。

9.6 烟度的测量

排气烟度是指废气中不透明的微粒使排气发暗的程度。通常这些微粒主要是不完全燃烧所形成的碳烟。除此之外也有未燃烧完全的柴油和机油的白烟和蓝烟等,但在一般情况下都以碳烟作为烟度的主要依据。

测定烟度对柴油机燃烧过程的分析、控制排气冒烟是十分必要的。排气烟度是限制柴油机最大功率的因素之一,因此它可以作为功率标定的依据;也是评价燃烧过程的优劣,判断柴油机性能好坏的指标。

废气烟度仅在柴油机上测量,因为只有这种内燃机的废气中碳烟成分高,使废气明显混浊。测定排烟浓度的方法主要有三种;第一种滤纸法,即让废气试样通过一张滤纸,计量滤纸上的粒子或是比较滤纸表面的反射率(黑度)等以测定烟度;第二种是透光度法,即利用废气流粒子对光的吸收进行测定,通常是在排气管出口附近测定直径方向光的透过度;第三种是质量式,即测定排烟中烟粒的质量,用单位体积排烟中所含烟粒质量来表示烟度。美国规定用全流式透光度法,欧洲则使用滤纸法。我国 TB/T2783—1997《铁路牵引用柴油机排放污染物限值及测试规则》中规定烟度测量采用滤纸法,而 TB/T3016—2001《内燃机车柴油机排气不透光度测量》则推荐内燃机车整车试验采用透光度法。各种测量方法各有优缺点,应根据用途不同加以选择。目前,透光度式烟度计由于准确度高、稳定性好、量值溯源正确可靠、人为影响因素少、操作简便、具有兼容性等特点,因此,透光度法正逐渐取代滤纸法。

9.6.1 滤纸式烟度计

1.滤纸式烟度计的结构与原理

滤纸式烟度计又称波许(Bosch)烟度计或反射式烟度计。滤纸式烟度计主要是测量柴油机排烟的仪器,我国内燃机行业规定,滤纸式烟度计为测量柴油机排烟的标准仪器。滤纸式烟度计其结构如图 9-8 所示,由采样器和检测器两部分组成。采样器为一个弹簧泵,前端带有采样探头,插入排气管中央吸取一定容积的尾气,使其通过一张一定面积的洁白滤纸,排气中的碳烟积聚在滤纸表面,使滤纸污染。用检测器测定滤纸的污染度。该污染度即定义为滤纸烟度,单位 FSN,由式(9-2)表示

$$S_F = 10\left(1 - \frac{R_b}{R_0}\right) \tag{9-2}$$

式中　R_b，R_0——分别为污染滤纸和洁白滤纸的反射因数。

R_b/R_0 的值由 0% 到 100%，分别对应于零反射和洁白滤纸的反射；规定全白滤纸的滤纸烟度值为 0，全黑滤纸的滤纸烟度值为 10，并从 0～10 均匀分度。

滤纸式烟度计结构简单、调整方便、测定值可靠性高、价格低廉；滤纸试样直观性好，便于保存，适宜于稳态工况的测定；但缺点是只能测排气中黑色的碳烟，当柴油机在怠速及低负荷运转时，因排温低及其他原因排出的油雾及水蒸气形成的蓝烟和白烟却不能测出。

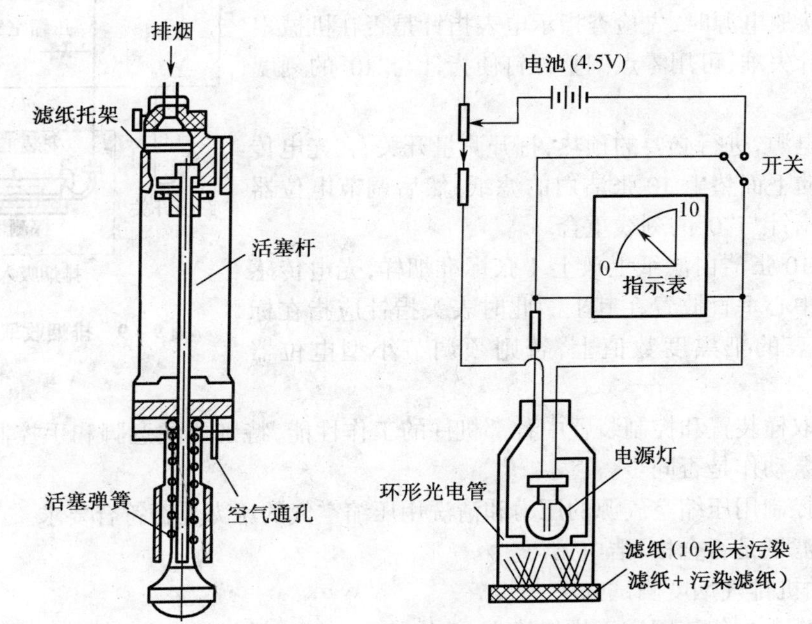

图 9-8　滤纸式烟度计结构图

(a)采样器；(b)检测器

(1)排烟收取部分

排烟收取部分由探头、导管、吸入泵等构成，由于采用脚踏开关，因此排烟的收取和内燃机加速动相同步。将探头插入排气管内，在加速踏板上安装脚踏开关，踩下踏板使内燃机作急加速运转，同时使吸入泵动作，在固定的 1.4 s 时间内，吸进定量为 300 mL 的排烟，由于滤纸设置于排烟吸入通路中，所以排烟中的碳粒子就被吸附到滤纸上。如图 9-9 所示为排烟的吸入路径，图中所示的清扫机构采用压缩空气，目的是在收取排烟前先清除探测头和导管内所残留的烟气，以确保其检测精度。

(2)检测指示部分

检测指示部分由光电传感器、指示仪表等组成。光电传感器由光源(白炽灯泡)、光电元件(环形硒光电池)和电位器等组成。

这部分将已经收取到黑烟的滤纸对着检测部分的光电传感器，从灯泡发出的光被滤纸反射，用环状的光电元件接受其反射光，产生电流并使指示针动作，当滤纸的污染较重时，反射的光量就少，指针向满刻度“10”偏移，滤纸的污染度较低时，指针就向“0”偏移。

(3)校正装置

滤纸式烟度计还具有校正染黑度(满刻度一半，为 5 左右)用的标准纸，当将校正用标准纸正对着检测部分，再用指示调整旋钮根据校正用标准纸的染黑度调节指示值，就能方便地实施指示部分的校正，从而维持测定的精密度，使测定值保持正确。

2.滤纸式烟度计的使用方法

(1)测定前的准备工作

认真阅读烟度计的使用说明书，在仪器使用前做好以下准备工作：

①在未接通电源时，先检查指示电表指针是否在机械零点上。若指针失准，可用零点调整螺钉使指针与“10”的刻度重合。

②接通电源，进行必要的预热，打开测量开关，在光电传感器垂直方向下面垫上10张洁白的滤纸，然后调节电位器旋钮使表头指针与“0”的刻线重合。

③再在10张洁白滤纸上放上1张标准烟样，光电传感器对准烟样中心垂直放置在其上。此时表头指针应指在标准烟样所代表的染黑度数值上，否则须调节小型电位器旋钮。

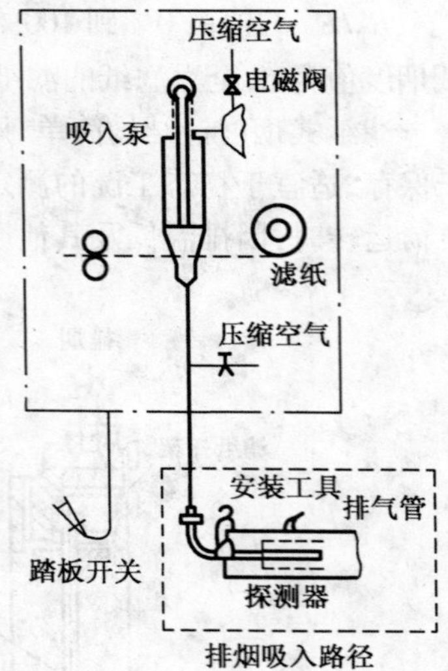

图9-9 排烟收取示意图

④检查取样装置和控制装置中各部机件的工作性能，特别要注意脚和手控制的抽气泵开关与抽气泵动作是否同步。

⑤检查控制用压缩空气源的压力和清洗用压缩空气的压力是否符合要求。

⑥检查滤纸是否合格，洁白无污。

(2)柴油机排气烟度测试方法

①取样探头逆气流固定于排气管内，并使其中心线与排气管轴线平行。

②将踏板开关引入汽车驾驶室或将手动橡皮球通过远控软管引入汽车驾驶室。

③把抽气泵活塞推到最前端锁止，并装入滤纸。

④按图9-10所示的测量规程进行检测。先由怠速工况将加速踏板踩到底，约4 s迅即松开，如此重复三次以便把排气管内的炭渣吹掉。

⑤然后待速运转约11 s。在此期间内要用压缩空气清洗机构对取样软管和取样探头吹洗3~4 s再把踏板开关固定在加速踏板上或将手动橡皮球拿在手中，按下述方法开始检测。

⑥将加速踏板与踏板开关一并迅速踩到底，或在踩下加速踏板的同时急速捏压手动橡皮球，至4 s时迅即松开加速踏板，松开橡皮球。

⑦维持11 s。在此期间，用压缩空气清洗机构对取样软管和取样探头吹洗3~4 s，并把抽气泵的活塞压至吸气开始位置。

⑧下一次重新踩下加速踏板与踏板开关时，距前一次的时间间隔为15 s，如此重复三次。

⑨用圆片式滤纸的烟度计，要把已染黑的三张滤纸分别放在10张为一叠的白色滤纸上，把光电传感器对准其中心垂直放置，打开指示装置的指示开关，读取表头指针的指示值。三次读数的算术平均值，即为该工况下的排气烟度值。

⑩检测中被染黑的滤纸，最好能在其边缘上计下试验序号、试验工况和试验日期，以便保存。

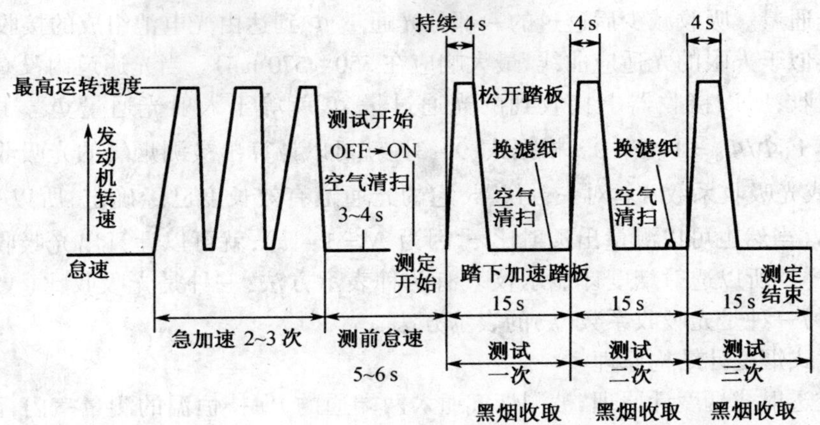

图 9-10　柴油机排气烟度测量规程示意图

(3)测试注意事项

①从取样探头至抽气泵的取样软管,最好能逐渐向上倾斜,以防止冷凝水流入抽气泵弄湿滤纸。

②取样软管的内径和长度有规定,不能随意更换管子替代。

③测取滤纸染黑度时,要注意光电传感器与滤纸贴紧。

④为保护硒光电池的光敏层,光电传感器不用时应该套上测头盖或避开强光放置。

⑤指示装置不用时,应把测量开关打倒"关"的位置,以免在移动或运输时损坏电表表头。

⑥指示装置应避开在有振动和湿度大的地方放置。

⑦滤纸和校准用标准烟样,不要放置在灰尘多或日光下曝晒的地方。

⑧标准烟样要定期更换。

9.6.2　透射式烟度计

1.透射式烟度计烟度测量原理

透射式烟度计(又称不透光度仪)用可见光来透射部分或全部废气流。利用透过光的衰减程度来表示废气烟度。其检测原理为

$$\tau = 1 - N = \frac{\Phi}{\Phi_0} = e^{-kL} \tag{9-3}$$

式中　τ——光透射比,透过烟气后的光通量与入射光通量之比值,Φ/Φ_0 它是一个无量纲值;

N——光吸收比(又称不透光度),是入射光通量透过汽车排放烟气后被吸收减少的部分与入射光通量之比值,也是无量纲值;

Φ——透过汽车排放烟气后的光通量,单位 lm(流明);

Φ_0——入射光通量,单位 lm(流明);

k——光吸收系数(又称吸光度),表示光束被排放烟气衰减的系数。它是单位容积的颗粒数 n,颗粒在光束方向的法向投影面积 a,及其颗粒的消光系数 Q 三者的乘积,即 $k = naQ$;

L——光通道有效长度,单位 m。

透射式烟度计的光源发出的可见光通过一定有效长度、充满被测烟气的光通道，被烟气吸收部分光通量。吸收减少后透过的一部分光通量 Φ 到达由光电池组成的接收器（其光谱响应曲线类似于人眼的光适应曲线，最大响应在 550～570 nm）。当光通道内没有烟气时，因为没有被吸收，所以接收器上接收到的光通过量 Φ 就等于入射光通量 Φ_0。即这时候的 $\Phi=\Phi_0, \tau=1; \Phi/\Phi_0=1, N=0$。根据式(9－3)，就可以计算出被测烟气的光吸收比 $N(N=1-\Phi/\Phi_0)$ 或光吸收系数 k。对一台仪器，它的光通道有效长度已经确定，所以只要测量出不透光度 N（当然也可以测量出透射比 τ，因为 $N=1-\tau$），就可以计算出光吸收系数 k；反之，也是一样。所以透射烟度计显示仪表有两种表示方法：一种是光吸收比（N 不透光）的表示方法；另一种是光吸收系数（k）的表示方法。

2.透射式烟度计结构原理

直射式透射式烟度计原理、被测烟气通入两端通的、保持恒温的测量室内，两端有保护风帘，使烟气保持固定的暗通道长度。光源发出的一定光量 Φ_0 的光通过保持固定的暗通道长度的烟气，被烟气吸收了部分光通量，透过的部分光通量 Φ 照射在光接收器上。

反射式透射式烟度计原理：光源发出的一定光通量 Φ_0 的光照射在半透膜反射镜上，所以有一半的光通量通过保持固定的暗通道长度的烟气，被烟气吸收了部分光通量。透射出后又经过反射镜反射，再次通过保持固定的暗通道长度的烟气，又被烟气吸收了部分光通量。经过二次透过固定的暗通道长度的烟气的部分光通量 Φ 照射在光接收器上。

3.哈特里季式烟度计

哈特里季（Hartridge）式烟度计是透光式烟度计中的典型代表，它利用透光衰减率来测定排气烟度，它的构造如图 9－11 所示。废气的一部分不断地流向仪器，并经旁通管流向废气装置或流入大气。测量时，用一个阀瓣盖住旁通管，废气从测量管中部流入，在管两端流出。一只卤素灯发出的光束，穿过测量管。一部分光被废气——主要是被碳烟微粒吸收，从而使到达光电池的光的能量被衰减。吸收率的大小取决于不透明微粒的浓度，因此，光电池产生的光电流与被测废气所含不透明微粒浓度相对应。光电流由微安表指示，指示仪的刻度直接分为 0～100 个哈特里季烟度单位（HSU），不过不是按线性分度的。新鲜空气被电风扇不断地抽入仪器，流经空气管，经冷却后，吹拂灯和光电池，然后与测量管流出的废气混合，经排气管而流出机外。为了调整和校正表头指示的零点，可用转换手柄将灯和光电池转到空气管的两侧。

光被吸收的数量也与废气中细粒冷凝物（碳氢化合物）有关。因此，在某些情况下，还要确定温度对测量值的影响。通过将测量管加热到一个恒定的温度来消除这种影响。

透光式烟度计响应快，不仅可进行抽检，也可作连续测量，可以测定内燃机加速和减速等不稳定工况的烟度变化。它不仅用于碳粒子的测定，也能用于白烟和蓝烟的测定。它主要是测定可见光区域的吸光度，不能测 0.3 μm 以下的微粒子。

4.透射式烟度计的正确使用和维护

(1)正确使用透射式烟度计

①烟度计位置安装要正确，稳固，不倾斜，不直接照射阳光，不放在污染严重（包括油污腐蚀性气源等）之处。

②探头不要随手放在地上以免尘沙进入管道，不能弯曲探头。

③在国际标准 ISO11614—1999《往复压燃式内燃机——测量光吸收比和测定排气光吸

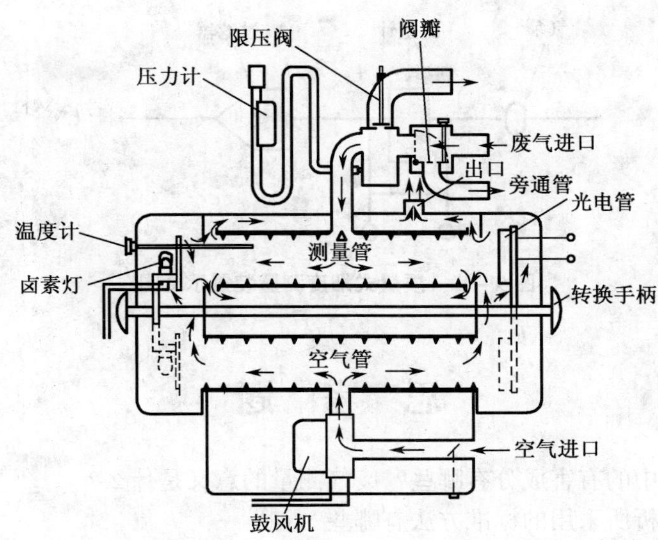

图 9-11 哈特里季式烟度计简图

收系统数的仪器》规定探头插入排气管最短的距离为 500 mm。

④透射式烟度计应在仪器说明书规定的使用温度下工作,应严格按照仪器说明书规定的程序使用。保证有一定的预热时间,有利于仪器的热平衡和仪器的稳定性。

⑤确保仪器电源插座中没有其他高启动电流的电器插头(如焊接机、钻孔机、压缩机、抽气扇),并且电源有良好的接地。

⑥在国际标准 ISO11614—1999 中还规定,测量时可以将探头装在偏离排气管尾部轴线的位置,但是探头到尾部管壁的间距至少不小于 5 mm 或相当于排气管的直径的 10%,取其较大值。

(2)经常的检查和维护保养

①应经常检查探头有没有堵塞、破裂或弯曲变扁,取样管是否正常,有没有老化龟裂等现象,取样管和探头的连接有否漏气的现象。

②应经常用随机校准滤光片进行校准,发现烟度计有异常时应及时维修。

③仪器的经常性标定应由专门经过培训的人员负责。

(3)及时的校准

①为保证仪器的准确度,应根据使用说明规定期限及时的进行校准。

②应保持仪器随机校准滤光片的干燥、清洁,确保其准确性。必要时应送鉴定单位鉴定其透射比的正确性。

9.6.3 质量式烟度计

质量式烟度计的结构如图 9-12 所示。

测量时,通过真空泵的作用,全部排烟都通过由玻璃纤维、石棉、滤纸等材料制成的过滤式收集器,测出收集器质量的增大值,同时用流量计测出排气的容积流量,然后计算出单位容积排气中所含碳烟颗粒的质量,并以它来表示排烟的质量浓度。

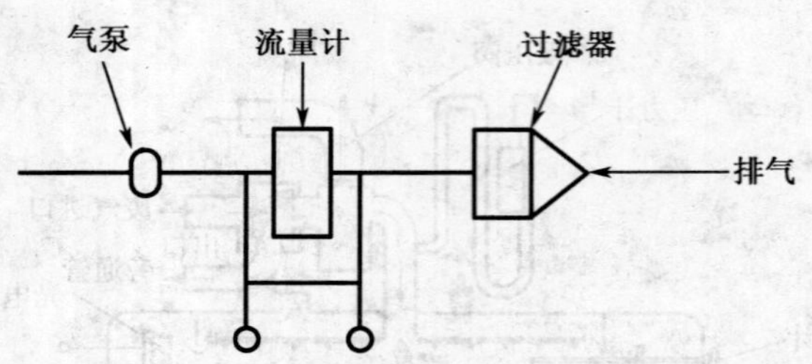

图 9－12 质量式烟度测量装置示意图

思 考 题

1.内燃机废气中的有害成分有哪些？废气测量的意义是什么？
2.进行废气分析所采用的标准方法有哪些？
3.简述红外线吸收分析仪的结构和原理。
4.简述奥氏气体分析仪结构、工作原理以及使用中的注意事项。
5.火焰电离测定仪有什么特点，操作过程应注意哪些事项？
6.什么是化学发光分析法？简述化学发光法 NO_x 分析仪的工作原理。
7.排烟中的烟度怎样测量？试举几种烟度的测量方法。
8.透光式烟度计的工作原理和特点是什么？

第10章　轮机其他测量

能力目标：能正确安装使用各类防爆检测仪器；能正确选用安装火警检测仪器；能正确选用安装油水分离浓度测量仪器；正确使用燃油黏度测量仪器；能正确选用安装液位测量仪器。

知识目标：掌握各类防爆检测、火警检测、油水分离浓度测量、燃油黏度测量、液位测量等仪器的工作原理、结构、特性等基本知识。

10.1　防爆检测

防爆是有关船舶安全航行的一项重要的工作。在轮机管理中，存在爆炸隐患的主要有两处：曲柄箱和油舱。在曲柄箱中，机油油雾浓度和温度达到一定程度时，会发生自燃。机械零件的过热会加速爆炸性油雾的形成。另外，随着油雾的裂化和氧化会形成更危险的气体和蒸汽，并且这些混合气可能被过热零件点燃导致爆炸。世界上曲柄箱爆炸事件时有发生。为防止爆炸事件发生，一方面在柴油机设计上采取一些措施；一方面利用测试手段监测曲柄箱内油雾浓度，一旦过高，立即报警。

在油舱内也同样存在油雾爆炸危险。为防止油舱爆炸，采用油舱密封并充入惰性气体，使油舱内氧含量降低至一定限度内的办法，并且随时监测舱内气体中的氧含量。

10.1.1　油雾浓度检测器

1.比色计法

比色计法油雾检测器测量原理如图10-1(a)所示。旋转阀自动将测量管轮流接通柴油机各缸曲柄箱，抽风机从该缸曲柄箱抽取气样进入测量管，同时将其余各缸曲柄箱气样混合抽入参照管内。用同一光源发出的光束分两路分别通过测量管和参照管，照射到两管另一端的光电管上，两光电管的输出电压则分别代表被测缸曲柄箱油雾浓度及其余各缸曲柄箱油雾平均浓度。两电压信号送到浓度差指示及控制电路。若电压差超过一定数值，则发出声光报警，同时旋转阀停止在发出警报的位置指示出曲柄箱油雾浓度过高的缸，并且控制电路使柴油机降速或停车。

2.水平评定法

水平评定法测量原理如图10-1(b)所示，它与比色计法很相似，所不同的是参照管内是密封的清洁空气，曲柄箱浓度是相对空气而测量的。比色计法多用于十字头式、油雾少且曲柄箱分隔为小室的二冲程发动机。水平评定法多用于油雾较多、曲柄箱不分室的中速和高速筒形活塞发动机。

关于油雾检测取样点，对于大型低速柴油机，气样一般从完全隔开的小室上部抽取，此部位是油雾聚积较多的地方。对于中速和高速柴油机，取样点选在气缸套下部和主轴承之间的部位。从取样点出来的管子应尽量短，避免有使油积累的急弯，取气样速度应调整到与发动机曲柄箱容量和预计的油雾量相适应。

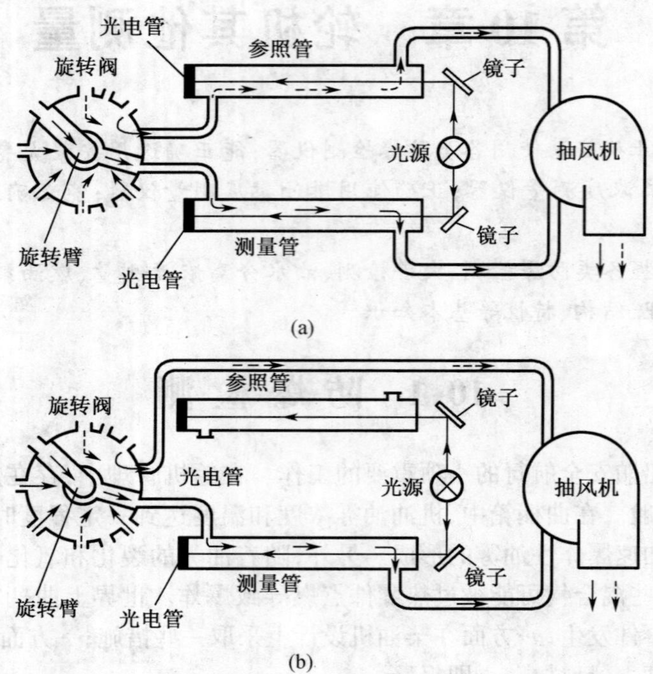

图 10-1 油雾浓度检测器示意图

(a)比色计法;(b)水平评定法

10.1.2 热磁式氧量计

船舶油舱中气体的氧含量多用热磁式氧量计检测。热磁式氧量计是利用氧的磁化特性制成的。

1.气体的磁化特性

由物理学基本原理可知,任何物质在磁场的作用下都会被磁化而显磁性,换句话说,即介质在磁场中受到磁场力的作用,其分子磁矩就沿一个方向顺序排列,就显出有磁性。磁化的程度用磁化强度 M 表示。它是一个矢量,其方向和大小取决于外加磁场和物质本身的性质,即

$$M = KH \tag{10-1}$$

式中 H——外磁场强度,单位 A/m;

K——介质的磁化率。

当介质置于磁场中时,由于介质本身被磁化而产生附加磁场,原来的磁感应强度将发生变化,其关系式为

$$B = \mu_0(H + M) = \mu_0(1 + K)H = \mu_0\mu_r H = \mu H \tag{10-2}$$

式中 B——加入介质后的磁感应强度;

μ_0——真空中的磁导率;

μ_r——介质的相对磁导率,$\mu_r = 1 + K$;

μ——介质的磁导率,$\mu = \mu_0\mu_r$。

介质的磁导率 $\mu > \mu_0 (K > 0)$ 叫顺磁性物质，它在外磁场中表现为被拉向磁场较强的部位。$\mu < \mu_0 (K < 0)$ 的介质叫逆磁性物质，它在外磁场中表现为被迫移向磁场较弱的部位。

部分气体对氧气的相对磁化率（以氧的磁化率为 100%）如表 10－1 所示。

表 10－1　部分气体的容积磁化率(20 ℃以下)

气体名称	N_2	CO_2	CO	H_2	H_2O	CH_4	O_2
容积磁化率($K \times 10^9$)	−0.58	−0.84	−0.44	−0.164	−0.58	+1	+142
相对磁化率/%	−0.4	−0.57	−0.31	−0.11	−0.4	+0.68	+100

顺磁性气体的磁化率受温度影响很大，温度升高，其磁化率急剧减小。

直接测量磁化率来判断氧含量是很困难的，因此常用氧的磁化特性将氧含量转换成电阻量，再进行间接测量。

2. 热磁式氧量计的工作原理

热磁式氧量计是利用氧的磁化率特别高，且其磁化率受温度影响很大的特性制成的。热磁式氧含量传感器的工作原理如图 10－2 所示，它由检测通道、电桥和放大器组成。检测通道由环形管与水平管组成。水平管上绕有两组铂丝作为加热电阻 R_1 和 R_2，它们与固定电阻 R_3，R_4 构成一个电桥，R_0 是调零电阻。在水平管的左侧放置一磁场。R_1，R_2 被电桥电源加热，使水平通道内的温度高于两侧通道内的温度。

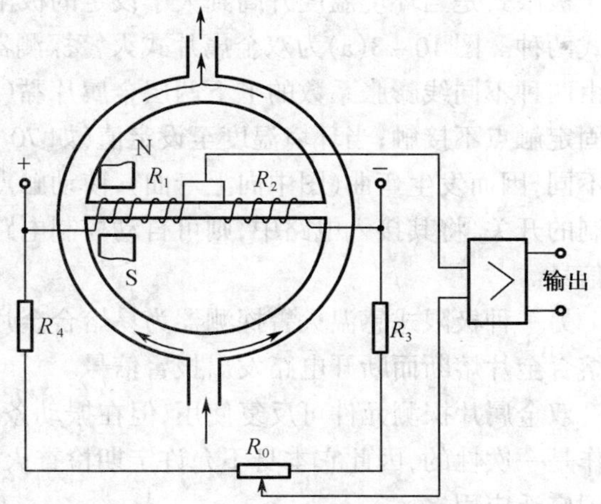

图 10－2　热磁式氧含量传感器示意图

由于氧气是磁化率很高的顺磁性气体，当含有氧的待测气体进入检测通道后，在水平管道左侧受到磁场吸引而进入水平管道。在水平管道内被加热、温度升高，其磁化率减小，所受吸引力也随之减小，于是便受到后面较冷气体的推力，流向水平通道右侧，这样，就形成所谓热磁对流或称磁风。

当气样中不含氧时，水平通道中无磁风，R_1 和 R_2 温度相等，电阻也相同，电桥平衡，输出为零。

当含氧气样通过时，在水平通道中产生磁风。由于磁风先流经 R_1，被加热后流经 R_2，所以磁风对 R_1 的冷却作用比对 R_2 的冷却作用大，使 R_1 和 R_2 的温度不等，电阻不等，电桥失去平衡。不平衡程度与磁风大小有关，即与氧含量有关。在仪表环境温度、入口气样温度、压力和电源电压稳定的情况下，电桥输出的不平衡电压信号可代表气样中氧的含量。

使用热磁式氧量计时，环境温度变化、电源电压波动及传感器水平管倾斜等均可能引起较大测量误差，使用时须采取相应补偿措施。

热磁式氧量计的缺点是测量精度不高，响应时间慢。因此，发动机过量空气系数测量中一般不用它，但适用于油舱内封舱惰性气体氧含量的监测。

10.2 火警探测

防止火灾事故发生对于船舶安全是十分重要的。1974年国际海上人命安全公约要求，在装载36名以上旅客的所有新建造的客船上必须安装自动探火报警系统。另外，在自动化船舶没有规定常设值班的机舱内，也必须要有自动探火报警系统，并且要在安装感温火警探测器的同时，还要求安装以其他原理工作的火警探测器，以代替值班人员根据温升、气味、烟或火焰等发现失火的能力。

火警探测器根据失火时产生的热、烟、光等现象制成，一般有感温火警探测器、感烟火警探测器和感光火警探测器3种。

10.2.1 感温火警探测器

感温火警探测器是利用失火时温度升高现象制成的，分极限式与微分式两种。

极限式是当环境温度升高到大于设定的极限值时开始动作，有双金属片式与易熔合金片式两种。图10-3(a)为双金属片式火警探测器。动触点与一双金属片为一体，双金属片是由两种不同线膨胀系数的上下两层金属片黏(或焊)结在一起，当环境温度正常时，动触点与固定触点不接触；当环境温度至设定值(如70 ℃)以上时，由于双金属片上下层线膨胀系数不同，因而发生弯曲(图中向上弯曲)，使动触点与固定触点接触。如此则构成受环境温度控制的开关，将其接入电路中，则可自动控制电路通断，当电路接通时使继电器动作，发出报警信号。

另一种极限式感温火警探测器为易熔合金片式，当环境温度升高到易熔合金片熔点时，易熔合金片熔断而断开电路发出报警信号。

双金属片探测元件可反复使用，但在振动条件下会出现误动作。易熔合金片敏感元件动作是一次性的，因此它本身不允许定期检查火警探测系统的可靠性；但其结构简单，故也得到广泛应用。

微分式感温火警探测器是利用环境温度升高的速度报警的。微分式感温火警探测器的工作原理如图10-3(b)所示。当环境温度上升速度很慢时，膜片上下空气室压力无明显差异，膜片不会产生动作，两触点处于常开状态。当失火时，环境温升速度较快(每分钟温升超

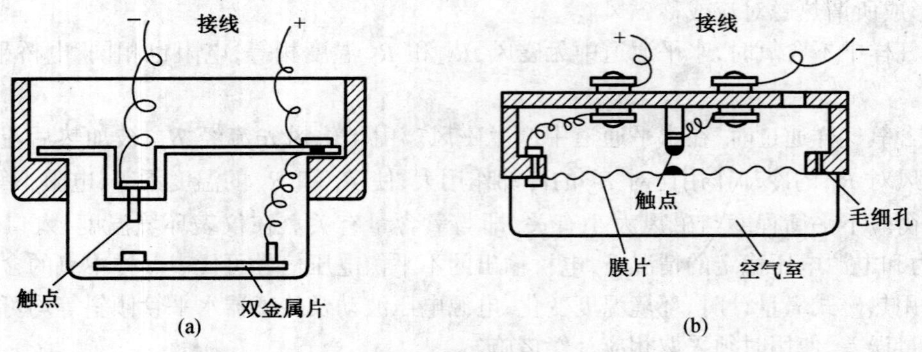

图10-3 感温火警探测器示意图

(a)双金属片式火警探测器；(b)微分式感温火警探测器

过 5.5 ℃),膜片下面气室温升较快,由于毛细孔的节流作用,上下气室压力将产生显著差异,使膜片向上鼓起,两触点接触而使报警电路接通。

10.2.2　感烟火警探测器

感烟火警探测器是利用失火时产生的烟雾报警的,它有光电式与离子式两种。

1.光电式

光电式感烟火警探测器原理如图 10-4 所示。抽风机将所监测的舱室气样经风道 7 抽出。光源 1 发出的光经聚光透镜 2 变成平行光,经分光镜 3 后,一部分光照射在光电池 4 上,另一部分光经气样风道上透光口及气样风道照射在光电池 5 上。光电池 4 所产生的电压值不变,而光电池 5 所产生的电压值随风道中气样烟雾浓度的增大而减小,将这两路电压信号送至运算放大器 6 的两输入端,当两电压差超过设定值时,运算放大器 6 则输出报警信号。

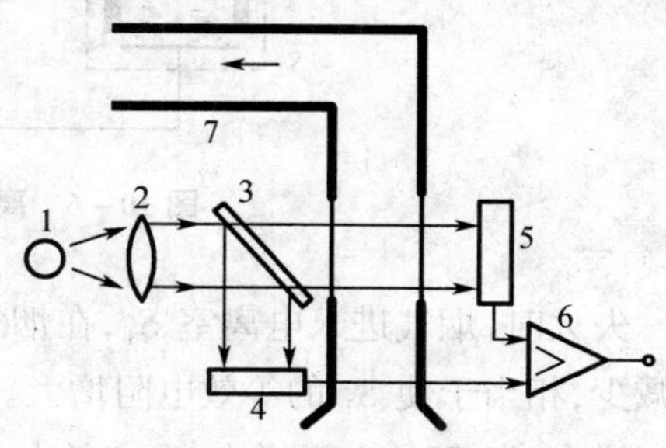

图 10-4　光电式感烟火警探测器原理图

1—光源;2—聚光透镜;3—分光镜;4,5—光电池;6—运算放大器;7—风道

另一种光电式感烟火警传感器结构如图 10-5 所示。正常情况下,来自发光二极管的光不聚焦在受光元件上。当烟雾进入传感器后,由于光散射使部分光照射到受光元件而发出信号。这种传感器使用时,应注意不让昆虫等物质进入。

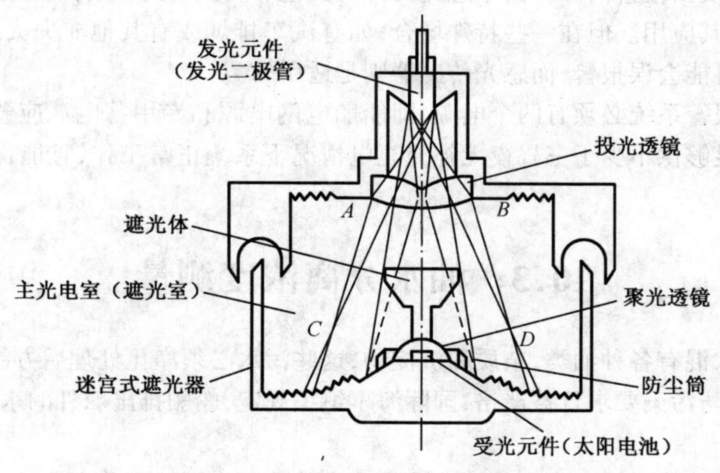

图 10-5　光电式感烟火警传感器示意图

2.离子式

离子式感烟火警探测器原理如图 10-6 所示。它有两个电离室 S_1 和 S_2,每个电离室内有一个装有放射性同位素镅的环形薄片。在镅放射的 α 射线作用下,室内空气不断电离,离子在外电场作用下分别跑向正负极,因此能产生很小电流,S_1 与 S_2 的等效电阻则构成一个电压分压器。电离室 S_1 具有供外部空气流通的良好通路,S_2 则与外界空气几乎没有自由通路。

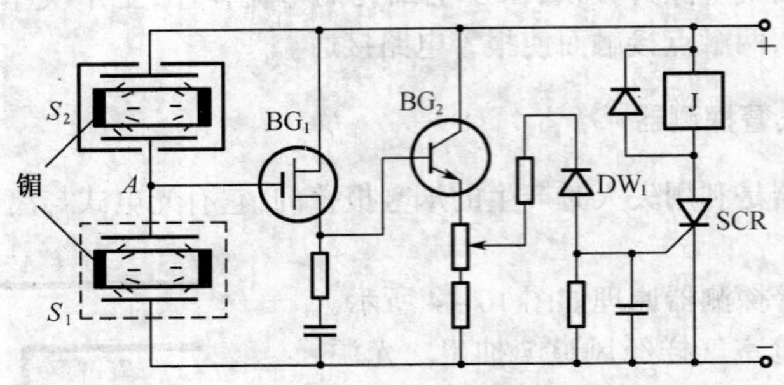

图 10-6 离子式感烟火警探测器原理图

失火时,烟气进入电离室 S_1,在烟气作用下,室内的电离强度减小,使到达电极的离子数减少,相当于使 S_1 的等效电阻增大。而 S_2 中烟气不能进入,其等效电阻不变。随着烟气浓度增大,S_1 等效电阻增大,A 点的电位随之提高,经场效应管 BG_1 耦合到晶体管 BG_2 放大输出。当烟雾浓度达到一定程度时,BG_1 输出电压提高到某一动作电压,通过起门槛作用的稳压管 DW_1,去触发可控硅 SCR 使之导通,继电器 J 则通电发出火灾报警信号。

10.2.3 感光火警探测器

感光火警探测器是利用失火时火焰的光辐射,通过只能透过红外线的聚光镜投射到光电元件上,从而发出报警信号。由于感光元件对其他非失火的光辐射同样敏感,使其可能误报警,因而影响其应用。但在一些特殊场合,如有汽车排烟或有其他非失火烟雾的场所,感烟火警探测器可能会误报警,而感光传感器则是适用的。

火警探测报警系统必须有两个电源,即船舶电网电源和专用蓄电池应急电源。蓄电池的容量一般应足够供不少于三昼夜无补充充电情况下系统正常工作,且能保证发送声光报警信号。

10.3 油水分离浓度测量

船舶舱底水混有各种油类、杂质和沉淀物,这些污水必须净化处理后方能排出舷外。近年来,国际上对防污染要求日益严格,国际海事组织规定,船舶排出舷外的水中,含油量不得超过 15 mL/m^3。

油水分离器就是将舱底水中的污油分离出来的装置。经油水分离器处理过的水是否达到可以排出舷外的标准,需要经过水中含油浓度检测器测量确定并发出“是”或“否”的信号。

水中含油浓度检测通常采用光学方法。光学方法又有透射光方式、散射光方式、红外线吸收方式等。

10.3.1 透射光方式

透射光方式是利用透射光强度随悬浊液浓度的增加呈指数函数地减少的性质进行测量的。设悬浊液浓度为 A,液层厚度为 B,入射光的强度为 I_0,透射后的光强度为 I_D,则可将它们的关系表达为

$$\lg \frac{I_D}{I_0} = kAB \tag{10-3}$$

式中　k——比例常数，称为吸光系数；

$\frac{I_D}{I_0}$——吸光率，它反映液体吸光的强度。

这个关系式称为郎伯特－比尔定律。根据这个关系式测得吸光率，即可求得悬浊液的浓度。

透光式水中含油浓度传感器的结构原理如图 10－7(a)所示。从油水分离器净化的水中取样品水，由滤器 4 进一步滤去其他杂质后，经超声波振子 5 进入液槽 6。光源 1 发出的光经滤光片 3 进行波长选择后穿过被测液，照射到光电元件 7 上，光电元件则输出与所感受到的光强相对应的电信号。超声波振子的作用是将被测液乳化，被乳化后的液体所透过光的强度 I_D 是经乳化液吸收衰减了的，它与被测液中含油浓度相对应。式(10－3)中 I_0 可用对纯净水取样测量的值，或直接用油水分离器来的样品水未经乳化时的测量值。后者测量时，可将超声波振子按一定周期开动和停止(图 10－7(b))，交替输入乳化和非乳化的样品水，分别测得光强 I_D 和 I_0 值存入电路的相应存储器单元，再经运算电路作对数、减法等运算后，即可输出与水中含油浓度相对应的电信号。

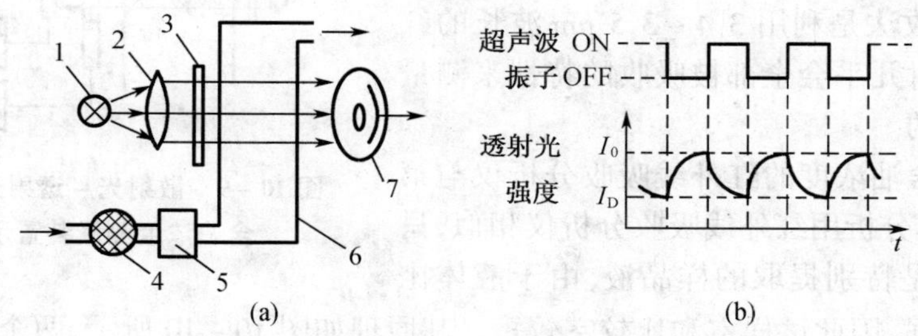

图 10－7　透光式水中含油浓度传感器原理图

1—光源；2—聚光透镜；3—滤光片；4—滤器；5—超声波振子；6—液槽；7—光电元件

10.3.2　散射光－透射光方式

如图 10－8 所示，当水中没有油滴微粒时，入射光 I_0 穿过检测液后的透射光强 I_D 最强，而散射光强 I_S 为零。当水中含有油滴微粒时，透射光强 I_D 减小而散射光强 I_S 增加，它们随水中含油浓度的变化曲线如图 10－8(b)所示。其中 I_D 的变化呈指数曲线规律，I_S 随含油浓度的增大而增大，但出现最大值后会随油分浓度增大而减小。这是因为油分浓度太高时，过多的油滴微粒反而会阻碍散射光的透过。由图可知，I_D 和 I_S 随含油浓度的变化是非线性的，而且含油浓度的检测范围也不大。为解决这个问题，可将两个信号相除，得到 I_S/I_D 的变化曲线。从图上可见，I_S/I_D 随含油浓度的变化规律在较宽测量范围内保持线性关系。

根据上述原理构成的散射光－透射光方式水中含油浓度测量装置如图 10－9 所示。与透射方式不同的是，在透射光路周围布置了一环形光电池，接收散射光信号，而光电池接收透射光信号。两组光电池输出的电信号分别放大后送除法器电路相除，即得到与水中含油

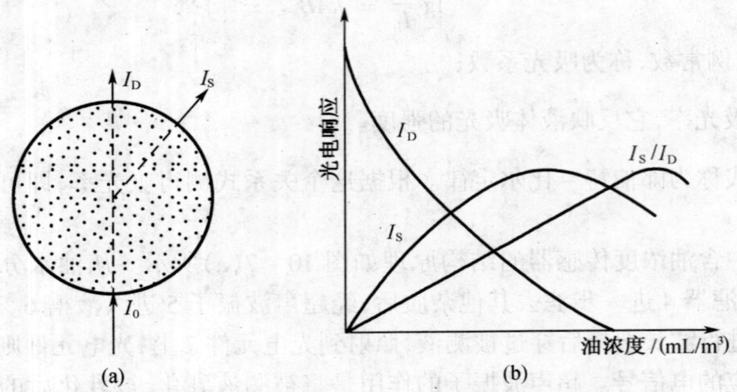

图 10-8 油滴微粒对光的透射与散射示意图

浓度相对应的电信号输出，用以指示、记录、控制或报警。

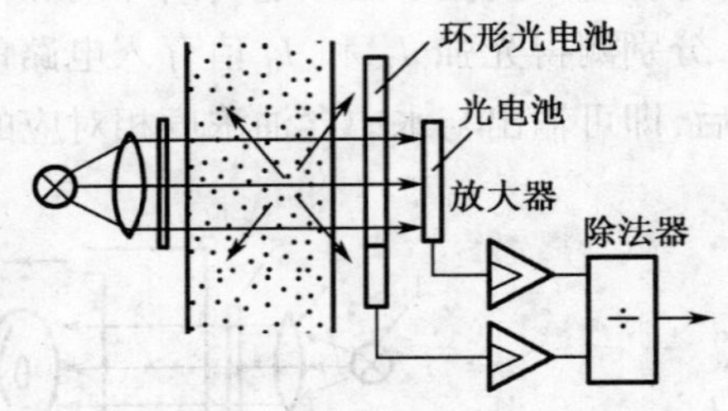

图 10-9 散射光-透射光方式水中含油浓度测量装置示意图

10.3.3 红外线吸收法

红外线吸收法是利用 3.4~3.5 μm 波长的红外线穿过油分时几乎会全部被吸收的特性来测量水中含油浓度的。

测量水中含油浓度的红外线吸收分析仪与第 9 章介绍的气体分析用红外线吸收分析仪相似，只是被分析对象是特别提取的样品液，由于液体比气体吸光能力强，因此试样室和比较室较短。其原理如图 10-10 所示，两个完全相同的红外线辐射器 3 发出特定波长（含油浓度分析为 3.4~3.5 μm）的红外线，被旋转扇形板 2 变成同相的周期光脉冲，分别经试样室 5 和比较室 4 进入检测室 6 和 11。经比较室的红外线不会被吸收，全部送到检测室 11。而经试样室的红外线被样品水中的油分吸收去一部分，其

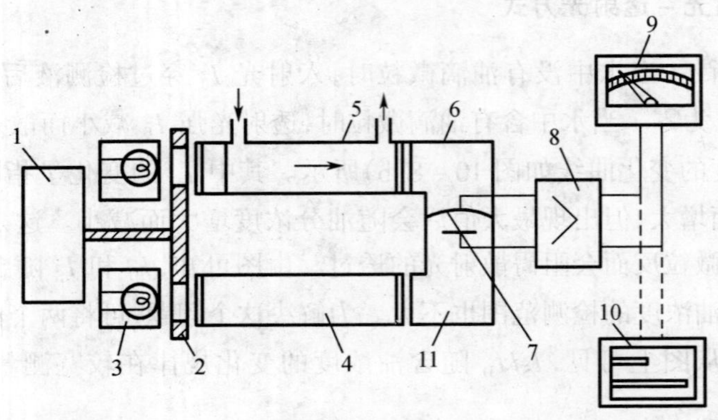

图 10-10 红外线吸收法水中含油浓度分析仪简图

1—电动机；2—旋转扇形板；3—红外线辐射器；4—比较室；5—试样室；6,11—检测室；7—金属膜；8—放大器；9—指示器；10—记录器

吸收多少与样品水中含油浓度有关。6与11室所接收红外线强度不同,因此两室气体受热温升也不同,由此引起两室压力差随被检测水中含油浓度的变化而变化。压力差使金属膜7变形,从而改变金属膜与另一固定极板间的电容量。将此电容量变化转换放大后,即可得到与水中含油浓度相对应的电信号输出。

为了避免水中其他成分的影响,只提取水中的油分进行分析,通常采用高纯度四氯化碳提取检测样品。因为高纯度四氯化碳对波长6 μm以下的红外线几乎完全不吸收。具体方法是:取一定量的四氯化碳和一定量的样品水在取样器中混合并强烈振动取样器,然后将取样器口朝下静置,待液体分离后,只将沉淀分离的提取了油分的四氯化碳作为试样液注入试样室。

10.4 燃油黏度测量

现代船用柴油机和锅炉为提高经济性,大都烧重油。这些油在常温下黏度很高,无法使用。为此,需预先将其加热,使其黏度降到合适的值。黏度过大将使过滤、流动困难,雾化不良,燃烧效率降低,严重积炭,使柴油机运动部件磨损加剧,甚至导致燃油系统某些部件损坏;黏度过小,由于温度过高,易造成油泵吸入过程汽化。要保持燃油在合适的黏度范围工作,须对黏度加以监测和控制。

黏度计种类很多,适合于燃油黏度连续测量的黏度计有细管式、旋转式、落体式和振动式4种。

10.4.1 细管式黏度计

用于连续测量的细管式黏度计结构原理如图10-11所示。定量泵使一定流量的流体在细管中流动,如果忽略动能修正,则流体的黏度 η 可表示为

$$\eta = \frac{\pi r^2}{8(l + ar)q}\Delta p = K\Delta p \tag{10-4}$$

式中 K——装置常数,$K=\dfrac{\pi r^2}{8(l+ar)q}$;

l, r——细管的长度和半径;

a——修正系数;

q——流量;

Δp——细管两端的压力差。

当装置确定后,黏度与压差成正比。利用此原理,将黏度测量转化为对压力差的测量。

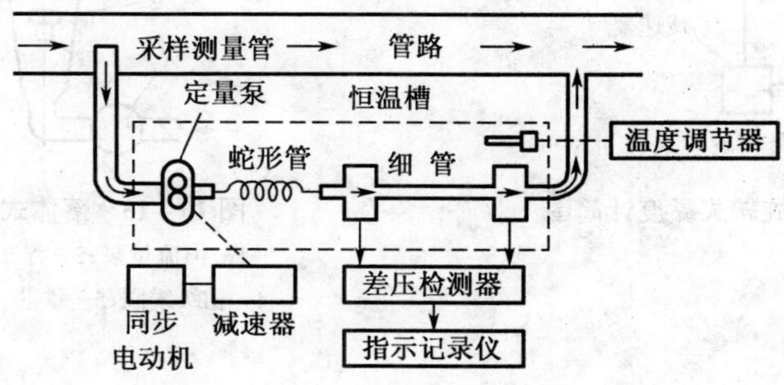

图10-11 细管式连续黏度计原理图

考虑到经过油泵后温度会降低，且会有压力脉动，设置了恒温槽和蛇形管。恒温槽的温度保持与实际使用燃油温度一致。

10.4.2 旋转式黏度计

旋转式黏度计原理与水力测功器测量转矩的原理相同。如图 10－12 所示，液体充满同中心轴的内、外筒之间，当外筒（或内筒）以一定转速旋转时，其与液体的摩擦力带动液体旋转；也由于与液体的摩擦力，静止的内筒（或外筒）受到一定力矩 M，该力矩大小与液体黏度 η 和筒转速 n 有关，可表示为

$$M = K\eta n \tag{10-5}$$

式中 K——结构常数。

因此，保持 K，n 一定，测量出 M，则可确定 η。

图 10－12 所示为外筒旋转式黏度计。内筒感受扭矩使抗扭管产生一定扭转角位移变形，并由此产生弹性反力矩，两力矩平衡时的扭转角位移即与所测力矩 M 对应。用差动变压器、电感式、电涡流式、霍尔式、电位器式等位移变换器均可将此位移信号转换为电信号输出。

10.4.3 落体式黏度计

落体式黏度计原理如图 10－13 所示。被测液体以一定流量由下向上流动，流体与浮子相对运动产生流体阻力，克服浮子所受重力使浮子向上运动。流体流速、密度、黏度越大，流体阻力越大。锥形管越往上部，断面积越大，因而流速越小。当流体密度黏度一定时，随着往锥形管上部流速减小，流体阻力减少，至流动阻力、浮力与浮子所受重力平衡时，则浮子稳定在锥形管内一定高度上。黏度变化时，浮子高度也产生相应变化。测量出浮子高度的变化，则可得流体的黏度。

图 10－13 所示用差动变压器将流体黏度所对应的浮子高度转换为电信号输出。

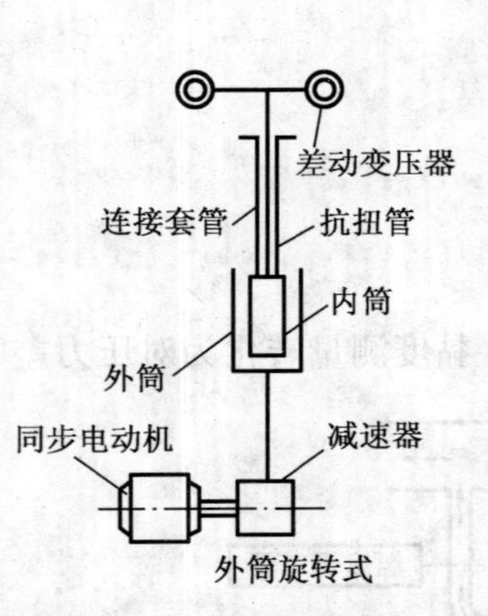

图 10－12 旋转式黏度计简图

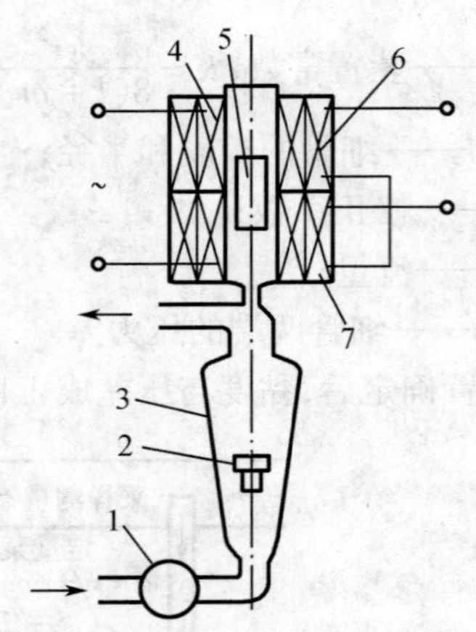

图 10－13 落体式黏度计简图

1—恒流量泵；2—浮子；3—浮子筒；4—初级线圈；5—铁芯；6，7—次级线圈

10.4.4 振动式黏度计

用于黏度连续测量的振动式黏度计多用振动片式。振动片式黏度计可利用磁致伸缩效应制成。

铁磁材料被磁化时,由于其分子磁体的方向变化,会导致其外形尺寸的变化,也即伴随着磁化强度的变化会产生应变,这种现象称为磁致伸缩效应(压磁效应为其逆效应)。将铁磁体沿其长度方向磁化饱和时,其相对长度变化 $\Delta l/l$ 的数量级为 $10^{-6} \sim 10^{-5}$。

图 10 - 14 为利用磁致伸缩效应构成的振动片式黏度计的原理图。振动片为磁致伸缩合金制成。给绕在振动片上的励磁线圈通以脉冲电流时,在电流的磁场作用下,由于磁致伸缩效应,振动片将被驱动按其固有频率(几万赫兹)产生纵向振动。由于流体的黏性阻力,振动将随时间衰减。磁通伴随振动而变化,在线圈中感应出相应电压信号输出,由此便测出这种衰减振动。图 10 - 15 所示为所测得一次脉冲电流激励后的衰减波形,初始振幅为 A_0,振幅随时间按指数规律衰减,衰减的程度与流体的黏度 η 和密度 ρ 有关。当振动片与样品容器之间距离足够大时,黏度 η 可由下式求得

$$\eta \cdot \rho = \left(\frac{\delta}{K}\right)^2 = \left(\frac{1}{K}\right)^2 \frac{1}{S^2} \tag{10-6}$$

式中 δ——衰减常数;

S——包络线所包围的面积;

K——仪器常数。

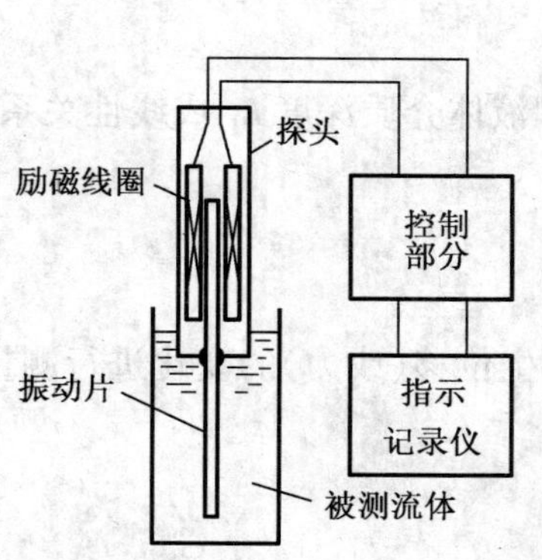

图 10 - 14 磁致伸缩振动片式黏度计原理图

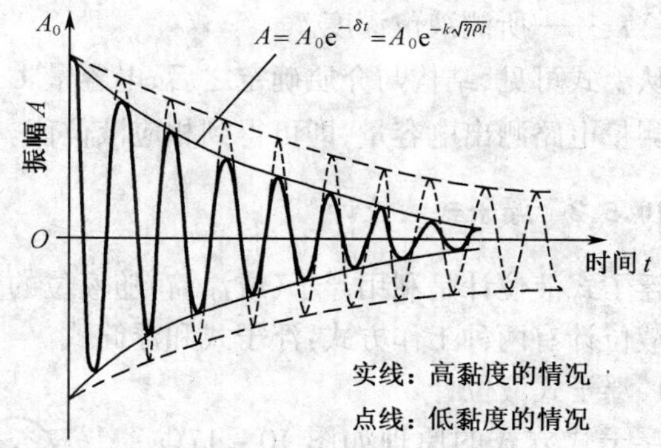

图 10 - 15 振动片的衰减振动曲线

在实际的黏度计中,直接测定相当于面积 S 的量代替测定衰减常数 δ 而求 $\eta \cdot \rho$ 值,即向振动片励磁线圈上反复通以脉冲电流维持其振动,将衰减波信号放大、整流、积分得出平均电压值;或改变脉冲频率来维持恒定的平均电压值,而指示记录相当于脉冲频率的电输出信号。

磁致伸缩振动片式黏度计的特点是响应快,操作简单,样品用量少,振动片小型化。使用时注意仪器的稳定性。其测量的数值通常是 η 与 ρ 的乘积。

10.5 液位测量

船舶液位测量的场合除了锅炉水位之外，还有油舱、油柜、水舱、水柜、舱底水及所运输的液体舱室等。许多液位须保持在一定高度范围内才能保证船舶的安全正常运行，因此，须随时监测。测量方法主要有电容式、浮子式、气泡式、超声波式等。

10.5.1 电容式液位传感器

电容式液位传感器的原理如图 10－16 所示，它是由半径分别为 R 和 r 的两个同心金属圆筒构成的电容器，将其插入被测介质中，则上部是相对介电常数为 ε_2 的空气介质，下面是相对介电常数为 ε_1 的被测液体介质。假定容器中液体是非导电的(如果导电，电极板须绝缘)，两极板间的电容量则为液体介质部分的电容量与气体介质部分电容量之和，即

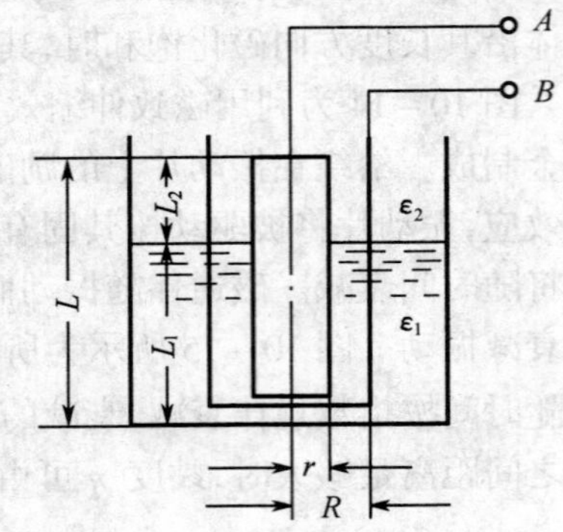

图 10－16 电容式液位传感器原理图

$$C = \frac{\varepsilon_1 L_1}{1.8\ln\frac{R}{r}} + \frac{\varepsilon_2 (L - L_1)}{1.8\ln\frac{R}{r}} = \frac{1}{1.8\ln\frac{R}{r}}[(\varepsilon_1 - \varepsilon_2)L_1 + \varepsilon_2 L] \tag{10-7}$$

式中 L——极板总长度；

L_1——所测液位深度。

从上式可见，结构与介质确定之后，电容量 C 与所测液体介质深度 L_1 成线性关系。用电容测量电路测出电容量，即可得到相应液位值。

10.5.2 浮子式液位计

浮子式液位计是利用浮子(或浮筒)随液位的变化产生位移(或力)的变化进行测量的。这种液位计有两种工作方式：浮子式和浮筒式。

1.浮子式液位计

浮子式方式的原理如图 10－17(a)所示。其浮子所受浮力不变，只是浮子在液面上随液面高低变化而上下位移，通过钢丝绳(或杠杆、齿轮等)将位移传递出来。可将位移直接指示，或将滑轮旋转角转换成电信号远传。为传送旋转角度，可使用同步发送器接收器电机(自整角机)。

2.浮筒式液位计

浮筒式方式的原理如图 10－17(b)所示。液位变化，浮筒所受浮力也随之变化。若浮筒横截面积均匀为 A，吃水

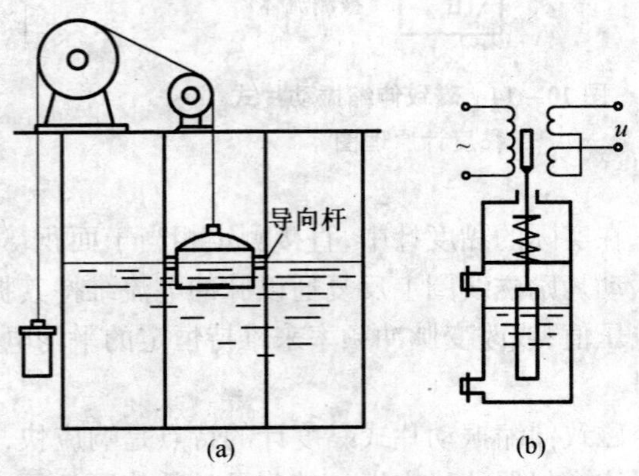

图 10－17 浮子式液位计原理图

(a)浮子式；(b)浮筒式

深度为 h,则其所受浮力为

$$F = \rho gAh \tag{10-8}$$

式中　ρ——液体密度。

浮筒所受浮力、重力和弹簧的弹力构成一平衡力系。当液面上升时,浮力增大,弹簧所受力减小,使浮筒上移,通过接杆移动铁芯,使差动变压器输出与液位成正比的电信号,由测量仪表指示出液位值或将电信号远传。

3.气泡式液位计

气泡式液位计原理如图 10-18 所示,将一根导气管插入储液槽中,管端接近液槽底部。在管路中的定流量装置起过滤、节流、调节流量恒定的作用。限制进入储液槽的空气流量,使得管口有少量气泡逸出,这时管内压力与管子前端的液体静压力几乎相等,可以表示为

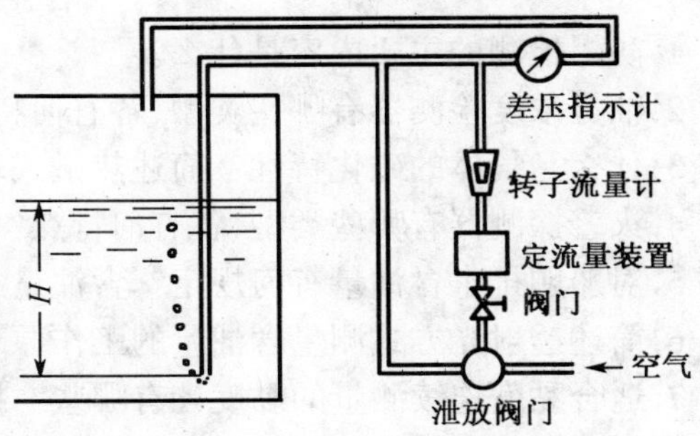

图 10-18　气泡式液位计原理图

$$p = p' + \rho gH$$

或

$$H = \frac{p - p'}{\rho g} \tag{10-9}$$

式中　p'——储液槽上部气体压力;

ρ——液体密度;

H——液位。

因此,对于密闭的储液槽,可用压力差传感器测量此压差,即可求得液位高度。对于上部开放的储液槽,p'为大气压,可取消上面一根气管,用静压力仪表测得静压力值 p,即可求得液位

$$H = \frac{p}{\rho g} \tag{10-10}$$

气泡式液位计容易制成耐腐蚀结构,适于测量腐蚀性液体、储油舱等液位。在放入空气有危险的场合(如储油舱),使用惰性气体氮等。要保证测量精度,须保持气体流量恒定。

4.超声波式液位计

超声波式测量方法利用的是超声波在气体、液体中的穿过能力、衰减程度各不相同的性质,以及其穿过不同介质分界面处会发生反射的性质。因此,利用超声波从发射至接收到反射波的时间间隔 Δt,可确定所测液位高度 H,其关系式为

$$H = L - h = L - \frac{c\Delta t}{2} \tag{10-11}$$

式中　L——声换能器(超声波发送接收器)与被测液体容器底部距离(图 10-19);

c——声速;

Δt——测得的时间间隔。

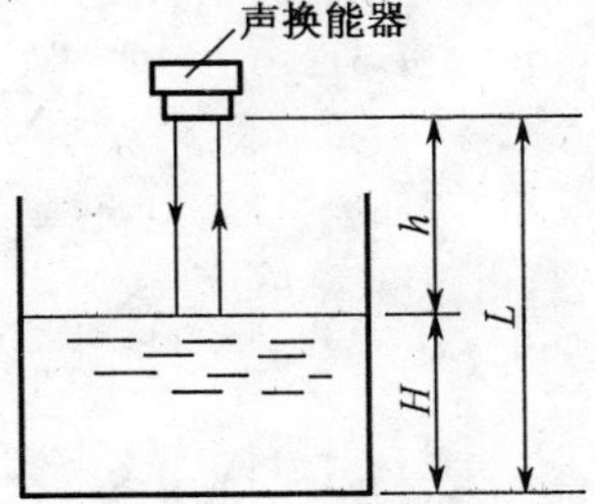

图 10-19　超声波式液位计原理图

超声波式为非接触方式,可测量腐蚀性液体、食品、矿石和各种物质的储藏槽的位面。超声波频率不同,没有本质上

的差别,频率高则指向性尖锐,频率低则受噪声的影响。声速与温度和介质有较大关系,应予以注意。此外,对声波反射率小的泡面、粉面的界面难以测量。

思 考 题

1.防爆检测的主要内容是什么?
2.油雾浓度检测器有哪些类型,各有何特点?
3.什么是气体的磁化特性?简述热磁式氧量计的工作原理。
4.火警探测器有哪些类型,各有何特点?
5.对船舶排水含油量有何规定?含油量有哪些检测方式?
6.简述透射光方式测量含油量的工作原理。
7.适合黏度连续测量的黏度计有哪些?振动式黏度计的原理是怎样的?
8.气泡式液位计如何工作,有何特点?
9.你能设计出一些其他液位测量方法吗?说说其特点。

第 11 章　测量误差及实验数据处理

能力目标：能够正确运用误差理论，防止和减少误差的产生；能对测量数据进行科学筛选，提高它的精度和可靠性；能够正确应用数据处理的方法，将测得的数据转化成一定的函数式或其他形式，使测量结果更符合科学性。

知识目标：了解误差的定义和分类；了解随机误差的表示方法和分布规律；掌握统计判别法的基本思想和方法；掌握系统误差的判别和消除方法；掌握测量数据的处理和表达方法。

11.1　概　　述

测试技术的发展与“误差及数据处理”的理论紧密相关。因为在测试过程中，获得大量测量参数一般都具有参差不齐及形式上彼此孤立的特点，同时存在着不可避免的误差。因此，要对测量参数进行严格的精选以确定它们的可信程度，通过运用数学方法进行处理分析，从而找出被测对象的变化规律及正确的结论。运用“误差理论”，能够分析和判别测量结果的可靠性和有效性，而“数据处理”则是运用数学方法对大量的测量数据加以整理、分析和研究，从而引导出反映事物之间联系的普遍规律，更具体地说，在测试过程中，充分运用误差理论及数据处理的方法，可以：

(1)合理地设计和选用测试方法和测试系统，以最经济的方式，完成预定的测试任务；

(2)采取某种特定的措施，以在一定程度上防止和减少误差的产生，并且对测量数据进行科学筛选，从而提高它的精度和可靠性；

(3)将测得的数据群或测量列转化成为一定的函数式或其他形式，使测量结果更符合科学性。

11.2　测 量 误 差

11.2.1　误差的定义

被测物理量所具有的客观存在的量值，称为真值 x_0。由测量仪表测得的结果称为测量值 x。测量值与真值之差称为误差 Δx。

误差的表达形式一般有两种。

1. 绝对误差 Δx

测量值 x 和真值 x_0 之差，称为绝对误差，它表示测量误差绝对量的大小。

$$\Delta x = x - x_0 \tag{11-1}$$

测量的结果记作

$$x \pm \Delta x \tag{11-2}$$

2.相对误差

绝对误差 Δx 与测量值 x 之比称为相对误差 δ,它表示测量值偏离真值的程度。用百分率表示为

$$\delta = \frac{\Delta x}{x} \cdot 100\% \tag{11-3}$$

测量结果记作

$$(1 \pm \delta)x \tag{11-4}$$

绝对误差只能表示误量值的大小,而不能表示出测量结果的精度。例如有两个温度测量值 15±1 ℃和 50±1 ℃,尽管它们的绝对误差均为 ±1 ℃,但显然后者的测量精度明显高于前者。

11.2.2 误差存在的绝对性

在测量中,误差是始终存在的,这是因为:

(1)由于一切物质都是运动着的,所以体现物质属性的真值 x_0 并不是永恒不变的,而是具有时间和空间的含义。

(2)用以比较的计量单位,包括基本单位本身也只是一个有限位数的量值,也只具有相对的确定性。随着科学技术的发展,计量单位也在不断地发展。

(3)用以测量的器具、方法、程序以及观察能力和测量环境,也远非始终不变和完美无缺。

随着科学技术水平的不断提高,误差有可能控制得越来越小,人们的目标是获得尽可能接近于真值 x_0 的测量值 x,或者使测量误差控制在可以被接受的合理范围之内。

由于误差存在的普遍性和必然性,所以对于测量结果,应当标明其误差的范围,否则该测量值的精度是难以被信赖的。

11.2.3 误差的分类

1.按误差的特性分类

按误差的特性分类,误差可分为系统误差、随机误差及过失误差三类。

(1)系统误差

在相同条件下,对某一个量进行多次测量时,误差的绝对值和符号均保持恒定;或在条件改变时,按一定的规律变化的误差,称为系统误差。

例如,用应变仪测量应变,一旦应变仪调试不当的条件固定时,则应变仪的误差就获得了一个确定的数值,即使采用多次测量的平均值,也不能减弱它的影响。

系统误差的大小决定了测量值的准确度,无论使用的仪器如何精密,若系统误差超过允许的范围,所测得的值都是无价值的,因此,对于系统误差一定要尽力消除。由于它是由某些固定的因素所造成的,所以在测定时通过仔细的检查、校验,系统误差有可能被发现、修正或消除。

(2)随机误差(或称偶然误差)

在消除了系统误差之后,在相同条件下,对同一个量进行多次测量时,由于某些不可知的原因,测量误差有时大时小的变化,这种误差称为随机误差。

随机误差的出现,既有不可测的随机性但又有其一定的统计规律性,因此可以通过数理统计的方法加以处理。例如,用千分尺测量某铁球的直径,在相同条件下测量多次,所测量

的数据都不尽相同,测量误差时大时小,但进行多次重复测量,所得的测量数据是在围绕某一个中间值上下波动。测量次数足够多,可以从中发现随机误差的统计规律。

(3)过失误差

凡是在测量中完全由于人为过失而造成的误差称为过失误差。如测量时对错了标记、读错了数据、记错了数据以及在测量时因操作失误所引起的误差。

过失误差无一定规律可循,但却是完全可以通过主观努力加以克服的。

2.按误差产生的来源分类

按误差产生的来源分类,误差可分为仪表误差、人为误差、环境误差和方法误差。

(1)仪表误差(或称装置误差)

它是由测量仪表或装置本身的误差所引起的,其值与仪表装置的制造精度、结构、安装以及技术状况的优劣有关。

(2)人为误差(也称操作误差)

它也是由于测量者主观原因所造成的误差。但是它与过失误差有所区别,人为误差主要是由于人们的分辨能力、感觉器官的生理变化,反应速度的快慢,某些固有习惯以及操作熟练程度的不同等原因引起的误差。

(3)环境误差

环境误差是由于测量环境(如温度、气压、湿度、光线、电场、磁场等)不符合测量要求而产生的附加误差。

(4)方法误差(理论误差)

它是由于测量方法的不完善,或者由于测量所依据的理论不完善而形成的误差。

11.2.4　测量的准确度、精密度和精确度

1.准确度

准确度是指测量值 x 与真值 x_0 的符合程度。一般可由系统误差的大小来表征。系统误差大,意味着测量的准确度低;反之就高。

2.精密度

精密度是指在对同一物理量的测量中,在相同条件下用同一仪器所得到的测量值重复一致的程度。它由随机误差的大小来表征。随机误差越大,测量的精密度就越低。

3.精确度

精确度简称为精度。它是准确度和精密度的综合反映。精确度高意味着准确度和精密度都好。

表 11-1 以打靶为例表示上述三者之间的关系,其中心为真值,弹着点与靶心的距离作为误差,正负误差表示不同方位的误差。

基于表中分析可知,对于具体的测量,精密度高的准确度不一定高;但精确度高的,精密度和准确度都高。当测试数据中同时存在系统误差和随机误差时,精确度就代表精度。在消除系统误差的条件下,精密度与精确度是一致的,精密度即称为精度。

表 11-1 准确度、精密度、精度之间的关系

序号	a	b	c	d
数据分布				
概率分布				
	精密度、准确度都高，精度高	准确度差，精密度好，精度不高	准确度好，精密度差，精度不高	精密度、准确度都差，精度差

注：$p(x)$—概率分布；x_0—真值；"+"—真值中心。

11.3 直接测量的随机误差

为了方便起见，在讨论随机误差时，假定系统误差、过失误差已被消除。随机误差的分布规律可以在大量重复测量数据的基础上总结出来，它符合统计学上的规律性，具有以下几个特点：

(1)绝对值小的误差比绝对值大的误差出现的机会多；

(2)绝对值相等的正误差与负误差出现的机会相等；

(3)绝对值很大的误差出现的机会很小，可以认为在一定的测量条件下，随机误差的绝对值不会超过一定的界限；

(4)随着测量次数的无限增加，随机误差的算术平均值趋于零。

11.3.1 平均值、方差和标准差

在相同的条件下，对某被测量 X 进行无穷多次测量（这一系列测量可认为是等精密度测量），得到无穷多个测量值 $x_1, x_2, x_3, \cdots$。这无穷多个测量值构成了一个正态分布的总体（或称为母体），则总体的平均值（数学期望）视作被测量的真值 X

$$X = \frac{1}{N}\sum_{i=1}^{N} x_i,\ N \to \infty \tag{11-5}$$

它有这样的性质

$$\sum (x_i - X) = 0,\ \sum (x_i - X)^2 = \text{最小} \tag{11-6}$$

测定值 x 在其期望值 X 周围的离散程度用总体方差 σ^2 来表示

$$\sigma_x^2 = \frac{1}{N}\sum_{i=1}^{N} (x - X)^2,\ N \to \infty \tag{11-7}$$

方差越小，则随机误差越小，测量的精密度越高。总体方差的正平方根称为总体标准差 σ。

在实际测量中，不可能进行无穷多次测量，因此不可能按式(11-5)和式(11-7)得到真值和总体方差，但是可以用估计值来近似代替它们。以有限 n 次的重复测量所得测量值

$x_1, x_2, x_3, \cdots, x_n$ 作为样本(或称子样),样本平均值 $\bar{x}$ 则为真值的估计值(最可信赖值)$\hat{X}$

$$\hat{X} = \bar{x} = \frac{1}{n}\sum_{i=1}^{n} x_i \quad (n\text{ 为有限自然数}) \tag{11-8}$$

并可求得样本方差 S^2 及其正平方根——样本标准差 S

$$S^2 = \frac{1}{n}\sum_{i=1}^{n}(x - \bar{x})^2 \tag{11-9}$$

标准误差 σ 的估计值为 $\hat{\sigma}$

$$\hat{\sigma}_x = \sqrt{\frac{1}{n-1}\sum_{i=1}^{n}(x_i - \bar{x})^2} = \sqrt{\frac{n}{n-1}} \cdot S \tag{11-10}$$

测量列 $x_1, x_2, x_3, \cdots, x_n$ 仅是无穷多测量值总体的一部分,由它可得一个 $\bar{x}$。还可以进行许多个 n 次测量,得到不同的 $\bar{x}$。因此,平均值 $\bar{x}$ 也是一个随机变量,平均值的标准误差的估计值 $\hat{\sigma}_{\bar{x}}$ 与测量值的标准误差的估计值 $\hat{\sigma}_x$ 的关系为

$$\hat{\sigma}_{\bar{x}} = \frac{\hat{\sigma}_x}{\sqrt{n}} \tag{11-11}$$

式(11-11)表明,在等精度测量条件下,对某一被测量进行多次测量,用测量值的平均值估计被测量真值比用单次测量测定值估计具有更高的精确度。式(11-11)实际也提出了一个减小实验结果的随机误差的一个途径——多次测量取平均。但是测定次数增多时,就要增加工作量,即提高了成本,又推迟了时间。再者,其误差是按 $1/\sqrt{n}$ 规律减小的,当 $n > 10 \sim 20$ 时,减小得很慢,收效不显著,因此,单靠增加测量次数来减小误差就受到了限制。

11.3.2　小样本情况($n<50$)真值估计

用样本平均值 $\bar{x}$ 作为真值 X 的估计值时,到底存在多大误差,其可靠程度有多大,这些问题要用区间估计的方法解决。

总体为正态分布,在重复测量次数较少($n<50$)的小样本情况下,总体平均数(真值)X 用 t 分布律来估计。

$$t = \frac{\bar{x} - x}{\dfrac{S}{\sqrt{n-1}}} \tag{11-12}$$

是一个服从于自由度为 $k = n-1$ 的 t 分布的随机变量,即概率

$$\left.\begin{aligned} P(|t| > t_\alpha) &= \alpha \\ P(-t_\alpha \leqslant t \leqslant t_\alpha) &= 1-\alpha \end{aligned}\right\} \tag{11-13}$$

式中　t_α——t 分布的临界值;

α——显著性水平;

$1-\alpha$——置信概率(或称置信度)。

式(11-13)的意义如图 11-1 所示。

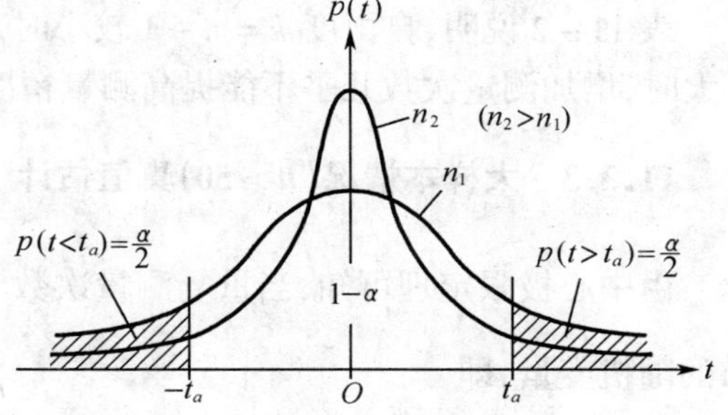

图 11-1　t 分布概率密度曲线

若给定置信概率($1-\alpha$),则可根据 α 和自由度 $k=n-1$,在表 11-2 中查出相应的 t 分布的临界值 t_α,使得

$$P\left[-t_\alpha(k)\leqslant\frac{\bar{x}-x}{\dfrac{S}{\sqrt{n-1}}}\leqslant t_\alpha(k)\right]=1-\alpha$$

即

$$P\left[\bar{x}-t_\alpha(k)\frac{S}{\sqrt{n-1}}\leqslant X\leqslant\bar{x}+t_\alpha(k)\frac{S}{\sqrt{n-1}}\right]=1-\alpha \qquad (11-14)$$

表 11-2　t 分布临界 t_α 值表[$P=(|t|>\alpha)=\alpha$]

k	t_α		k	t_α		k	t_α	
	$\alpha=0.05$	$\alpha=0.01$		$\alpha=0.05$	$\alpha=0.01$		$\alpha=0.05$	$\alpha=0.01$
1	12.71	63.66	12	2.18	3.05	23	2.07	2.81
2	4.30	9.92	13	2.16	3.01	24	2.06	2.80
3	3.18	4.84	14	2.14	2.98	25	2.06	2.76
4	2.78	4.60	15	2.13	2.95	26	2.06	2.78
5	2.57	4.03	16	2.12	2.92	27	2.05	2.77
6	2.45	3.71	17	2.11	2.90	28	2.05	2.76
7	2.36	3.50	18	2.10	2.88	29	2.05	2.76
8	2.31	3.36	19	2.09	2.86	30	2.04	2.75
9	2.26	3.25	20	2.09	2.85	40	2.02	2.70
10	2.23	3.17	21	2.08	2.83	50	2.01	2.68
11	2.20	3.11	22	2.07	2.82	∞	1.96	2.58

注：k 为自由度。

于是，测量结果可以表达为

$$X=\bar{x}\pm t_\alpha(k)\frac{S}{\sqrt{n-1}}\quad (P=1-\alpha) \qquad (11-15)$$

该式的含义是：被测参数的真值 X 在置信区间[$\bar{x}-t_\alpha(k)S/\sqrt{n-1}$；$\bar{x}+t_\alpha(k)S/\sqrt{n-1}$]内的置信概率为($1-\alpha$)。或者说，以置信概率 $1-\alpha$ 确信，用算术平均值 $\bar{x}$ 代替真值 X 时，其误差绝对值不超过 $t_\alpha(k)S/\sqrt{n-1}$。由于置信区间与置信概率相互联系，因此表达测量结果时，必须同时标明误差范围和相应的置信概率，两者缺一不可。

表 11-2 说明，自由度 $k=n-1$ 较小时，通过增加测量次数可以提高测量精度。反之，n 大时，增加测量次数几乎不能提高测量精度。

11.3.3　大样本情况($n\geqslant50$)真值估计

由中心极限定理可知，当重复测量次数 n 充分大时，$u=\dfrac{\bar{x}-X}{\sigma_{\bar{x}}}$是一个服从标准正态分布的随机变量，即

$$P\left(-1\leqslant\frac{\bar{x}-X}{\sigma_{\bar{x}}}\leqslant1\right)=68.3\%$$

整理后可得

并且
$$\left.\begin{aligned}&P(\bar{x}-\sigma_{\bar{x}}\leqslant X\leqslant\bar{x}+\sigma_{\bar{x}})=68.3\%\\&P(\bar{x}-2\sigma_{\bar{x}}\leqslant X\leqslant\bar{x}+2\sigma_{\bar{x}})=95.5\%\\&P(\bar{x}-3\sigma_{\bar{x}}\leqslant X\leqslant\bar{x}+3\sigma_{\bar{x}})=99.7\%\end{aligned}\right\}\tag{11-16}$$

这种关系如图 11-2 所示。于是测量结果可以表达为

或
$$\left.\begin{aligned}&X=\bar{x}\pm\sigma_{\bar{x}}\quad(P=68.3\%)\\&X=\bar{x}\pm2\sigma_{\bar{x}}\quad(P=95.5\%)\\&X=\bar{x}\pm3\sigma_{\bar{x}}\quad(P=99.7\%)\end{aligned}\right\}\tag{11-17}$$

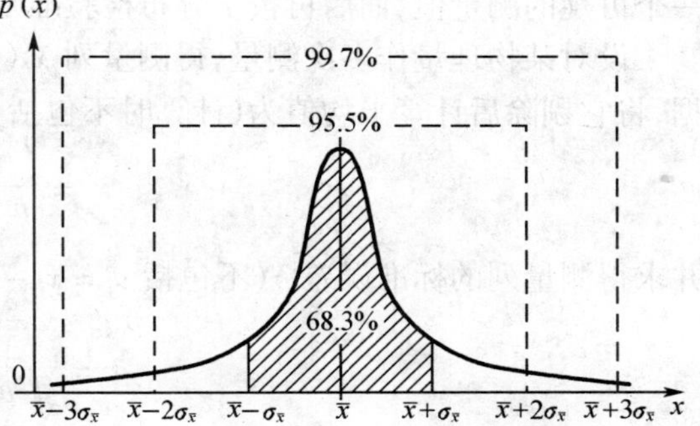

图 11-2　正态分布概率密度曲线

实际使用中,总体总标准差 σ 是不知道的,当 n 足够大时,可以用估计值 $\hat{\sigma}$ 近似代替它,即

$$\sigma_{\bar{x}}=\frac{\sigma_x}{\sqrt{n}}\approx\frac{\hat{\sigma}_x}{\sqrt{n}}=\frac{S}{\sqrt{n-1}}\tag{11-18}$$

11.4　测量数据检验及坏值的剔除

含有过失误差的测量值称为坏值,这种数据将会歪曲实验的结果,因而必须将其剔除。发现坏值的方法有物理判别法和统计判别法。在实验过程中读错、记错、仪器突然跳动、振动等现象发生时,可随时发现随时就剔除,这就是物理判别法。有时,整个实验做完后也不能确定哪一个是坏值,这时可用统计判别法去检验各测量数据。

统计判别法的基本思想是:给定一个置信概率和一个置信区间,凡超过该界限的误差就认为不属于随机误差范围,而是过失误差,应予以舍弃。常用的统计判别法有以下几种。

11.4.1　拉依达(Райта)准则(3σ 准则)

大多数测量的随机误差服从正态分布,而误差大于 3σ 的概率是极小的。反过来说,大于 3σ 的误差已不属于随机误差的范围,显然,这就是该剔除的粗大误差了。可以采用下述简单方法:测量值与算术平均值之差称残差或剩余误差 ν_i,$\nu_i=x_i-\bar{x}$。其残差落在 $\pm3\sigma$ 以外的概率为 0.27%,约为 1/370,也就是说,这是在 370 次测量中才可能出现一次的小概率事件,如果在一个容量 n 不大的测量列中,居然出现了某个测量值 x_k,使得其残差 $|\nu_i|=|x_k-\bar{x}|>3\sigma_k$,则认为此 x_k 为过失误差引起的坏值,应予舍弃。这就是拉依达准则。

在实际使用时,σ 可用 $\hat{\sigma}$ 估计。按拉依达准则剔除含有过失误差的坏值以后,重新计算其余子样的平均值,再次判断有无坏值(注意此时 n 及 $\hat{\sigma}$ 均变化了),这一过程一直进行到所有数据均在 3σ 之内为止。

根据拉依达准则剔除粗大误差固然简单方便,无须查表,测量次数较多时最常使用。由于一般工程实验的测量数据比较少,按正态分布理论为基础的拉依达准则不太准确,而且由于所取界限太宽,容易混入不该剔除的数据。特别是,测量次数 $n\leqslant10$ 时,拉依达准则失效,此时可放松为 2σ 准则,相应置信概率为 95%。

11.4.2 *t* 检验准则

由数学统计理论已证明,在测量次数较少时,随机变量服从 t 分布,即 t 分布不仅与测量值有关还与测量次数 n 有关,当 $n>10$,t 分布就很接近正态分布了。所以当测量次数较少时,依据 t 分布原理的 t 检验准则来判别粗大误差较为合理。t 检验准则的特点是先剔除一个可疑的测量值,而后再按 t 分布检验准则确定该测量值是否应该被删除。

设对某物理量作多次测量,得测量列 $x_i(i=1,2,\cdots,n)$,若认为其中测量值 x_j 为可疑数据,将它剔除后计算平均值为(计算时不包括 x_j)

$$\bar{x} = \frac{1}{n-1}\sum_{\substack{i=1\\i\neq j}}^{n} x_i \tag{11-19}$$

并求得测量列的标准误差 σ(不包括 $\nu_j = x_j - \bar{x}$)

$$\sigma = \sqrt{\frac{1}{n-2}\sum_{\substack{i=1\\i\neq j}}^{n} \nu_i^2} \tag{11-20}$$

根据测量次数 n 和选取的显著性水平 α,即可由表 11-3 中查得 t 检验系数 $K(n,\alpha)$,若

$$\left| x_j - \bar{x} \right| > K(n,\alpha) \times \sigma \tag{11-21}$$

则认为测量值 x_j 含有粗大误差,剔除 x_j 是正确的;否则,就认为不含有粗大误差,应当保留。

表 11-3 检验系数 $K(n,\alpha)$表

n	显著性水平 α 0.05	0.01	n	显著性水平 α 0.05	0.01
	$K(n,\alpha)$			$K(n,\alpha)$	
4	4.97	11.46	18	2.18	3.01
5	3.56	6.53	19	2.17	3.00
6	3.04	5.04	20	2.16	2.95
7	2.78	4.36	21	2.15	2.93
8	2.62	3.96	22	2.14	2.91
9	2.51	3.71	23	2.13	2.90
10	2.43	3.54	24	2.12	2.88
11	2.37	3.41	25	2.11	2.86
11	2.33	3.31	26	2.10	2.85
13	2.29	3.23	27	2.10	2.84
14	2.26	3.17	28	2.09	2.83
15	2.24	3.12	29	2.09	2.82
16	2.22	3.08	30	2.08	2.81
17	2.20	3.04			

11.4.3　格拉布斯(Grubbs)准则

格拉布斯按照数理统计理论计算出按显著性水平及子样容量求得的格拉布斯准则用表,若子样某个体的 G 函数超过标准表中的值,该数据该剔除,否则就该保留。

设对参数 X 进行 n 次重复测量,得出 $x_1, x_2, \cdots, x_n$,由此可计算出 $\bar{x}$, $\nu_i = x_i - \bar{x}$ 及 $\hat{\sigma}$

$$\hat{\sigma} = \sqrt{\frac{1}{n-1}\sum_{i=1}^{n}\nu_i^2} \tag{11-22}$$

表 11-4　常用格拉布斯临界值 $G_0(n,\alpha)$

n	显著性水平 α			n	显著性水平 α		
	0.05	0.025	0.01		0.05	0.025	0.01
	$G_0(n,\alpha)$				$G_0(n,\alpha)$		
3	1.15	1.15	1.15	20	2.56	2.71	2.88
4	1.46	1.48	1.49	21	2.58	2.73	2.91
5	1.67	1.71	1.75	22	2.60	2.76	2.94
6	1.82	1.89	1.94	23	2.62	2.78	2.96
7	1.94	2.02	2.10	24	2.64	2.80	2.99
8	2.03	2.13	2.22	25	2.66	2.82	3.01
9	2.11	2.21	2.32	30	2.75	2.91	3.10
10	2.18	2.29	2.41	35	2.82	2.98	3.18
11	2.23	2.36	2.48	40	2.87	3.04	3.24
12	2.29	2.41	2.55	45	2.92	3.09	3.29
13	2.33	2.46	2.61	50	2.96	3.13	3.34
14	2.37	2.51	2.66	60	3.03	3.20	3.39
15	2.41	2.55	2.71	70	3.09	3.26	3.44
16	2.44	2.59	2.75	80	3.14	3.31	3.49
17	2.47	2.62	2.79	90	3.18	3.35	3.54
18	2.50	2.65	2.82	100	3.21	3.38	3.59
19	2.53	2.68	2.85				

选定显著性水平 α,α 一般取 0.05,0.025 和 0.01。显著性水平 α 的含义是按格拉布斯准则判定为异常数据,而实际上并不是异常数据,这是一种犯错误(即误剔除)的概率。

根据测量次数 n 和显著性水平 α 在表 11-4 中查出相应的临界值 $G_0(n,\alpha)$。若某测量值 x_k 满足

$$|\nu_k| = |x_k - \bar{x}| \geqslant G_0(n,\alpha)\hat{\sigma} \tag{11-23}$$

则认为 x_k 为坏值,应予剔除。

应该注意的是,如果 x_k 是过失误差造成的数据,剔除该数据后再检查其他数据时,子样

的容量 n 变化了，子样的 $\bar{x}$ 和 $\hat{\sigma}$ 也要变化，$G_0(n,\alpha)$ 也有变动，应该重新进行检查，直至所有的数据达到均非坏值。

格拉布斯准则给出了较严格的结果，是一种比较准确的准则。

11.5 系统误差的判别和消除

测量结果的精确度不仅取决于随机误差，而更重要的取决于系统误差，有时系统误差比随机误差大一个数量级，而且不易被发现，因此系统误差比随机误差对测量精度的影响更大。通过测量取得测量值以后，首先需要检查测量值中是否包含有系统误差。只有在确定系统误差已被消除或修正后，方可进行随机误差分析。

11.5.1 系统误差的判别

1. 残差分析法

在测量条件不变的情况下，对某参数进行多次重复测量，如果仅有随机误差存在，则测量数据围绕其算术平均值上下变化。然而当存在系统误差，并且系统误差大于随机误差时，则测量数据的大小和符号变化趋势将取决于系统误差。根据这些变化，可以发现有规律变动的系统误差。具体做法如下：

(1)将测量数据按先后次序排列，若其残差 ν_i 的代数值有规律地递增或递减，且前后段符号相反，则该测量列含有线性系统误差，如图 11－3(a)所示(其中微小波动为随机误差影响)；若残差符号有规律地交替变化，如图 11－3(b)所示，则该测量列含有周期性系统误差；若残差有如图 11－3(c)所示的变化规律，则应怀疑同时存在线性和周期性系统误差；若残差大体上是正负相间，且无显著变化规律，如图 11－3(d)所示，用残差分析法则不能判定，此时可能不存在系统误差，也可能存在固定的系统误差，用 t 检验方法才能判别。

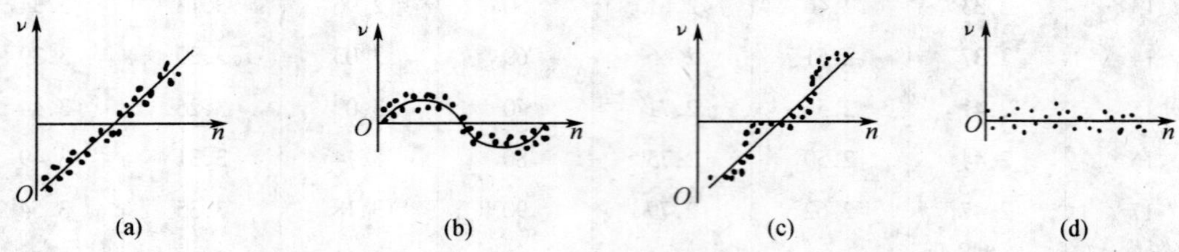

图 11－3 系统误差判别

(a)含线性系统误差；(b)含周期性系统误差；(c)含线性和周期性综合系统误差；(d)不能判定

(2)当系统误差数值不超过随机误差数值时，上述规律看不出来。这时，如果测量次数 n 足够多，可将前一半测量的残值之和与后一半测量值残值之和比较，两者差别显著，则该测量列含有线性系统误差。

2. 正态分布判定法

因为随机误差服从正态分布，所以只包含随机误差的测量值也服从正态分布。如果发现测量值不服从正态分布，则有理由怀疑测量值中含有变化的系统误差。

可用正态概率纸判别一个测量列是否服从正态分布。正态概率纸横坐标按等距分度，纵坐标则按正态分布的规律分度。将测量值按波动范围分成若干组,计算各组测量值出现的频数、相对频数和累积相对频数,并列成表格,然后以各数据组右端点的数值为横坐标,以该组的累积相对频数为纵坐标,在正态概率纸上画点。如果测量值服从正态分布,则这些点应在一条直线上。由于样本的随机波动,多少有些偏差是允许的,一般说来,中间的点离直线偏差不能太大,两端的点允许偏差稍大一点。如果偏差过大,则应怀疑测量数据中含有系统误差。例如,表 11-5 列出了对某参数进行 100 次测量所得数据分组计算的结果;描点在正态概率纸上(图 11-4)。由图可见,这些点基本上在一条直线上,因而可以判定该测量列服从正态分布,不包含系统误差。

表 11-5 测量值的分布

数据组限	频数 f_i	相对频数 f_i/n	累积相对频数
1.265~1.295	1	0.01	0.01
1.295~1.325	4	0.04	0.05
1.325~1.355	7	0.07	0.12
1.355~1.385	22	0.22	0.34
1.385~1.415	23	0.23	0.57
1.415~1.445	25	0.25	0.82
1.445~1.475	10	0.10	0.92
1.475~1.505	6	0.06	0.98
1.505~1.535	1	0.01	0.99
1.535~1.565	1	0.01	1.00
$\sum$	$n=100$	1.00	

显然,只有重复测量次数 n 足够多时,正态分布判定法才有意义。

3. t 检验法

上述方法只能发现变化的系统误差,而对固定的系统误差就不行,如图 11-5 所示,测量数据既含有随机误差,又含有固定的系统误差,使测量结果的 $\bar{x}$ 严重偏离真值 μ,然而数据仍表现服从正态分布规律。因此,固定的系统误差不易被发现,对测量精度非常不利。

固定的系统误差只有在改变形成系统误差的条件的情况下,才可能被发现。所以,在测量工作中,为了考察某一因素是否对测量造成固定的系统误差,可使该因素在两种情况下进行两组测量,用 t 检验法来判别两组测量间是否有系统误差。

t 检验的具体方法如下:

若独立测得两组数据为 $x_1,x_2,\cdots,x_{n1};y_1,y_2,\cdots,y_{n2}$,如果它们服从同一正态分布,则

$$t=(\bar{x}-\bar{y})\sqrt{\frac{n_1n_2(n_1+n_2-2)}{(n_1+n_2)(n_1S_1^2+n_2S_2^2)}} \tag{11-24}$$

为服从自由度 $k=n_1+n_2-2$ 的 t 分布变量。式中 $\bar{x}$, $\bar{y}$ 分别为两测量列的算术平均值;S_1^2 和 S_2^2 分别为两测量列的样本方差。

取定显著性水平 α,根据 α 及自由度 k 查 t 分布表 11-2 得到 $t_\alpha(k)$值。若按式

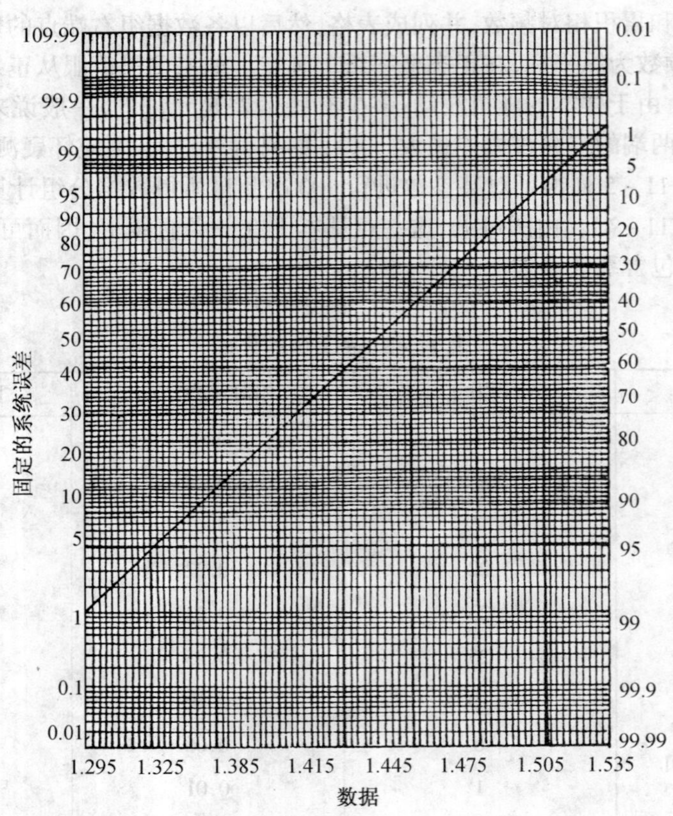

图 11 – 4　正态概率纸检验

(11 – 24)算出的实测列中之$|t| < t_\alpha(k)$,则无根据怀疑两组间有系统误差。

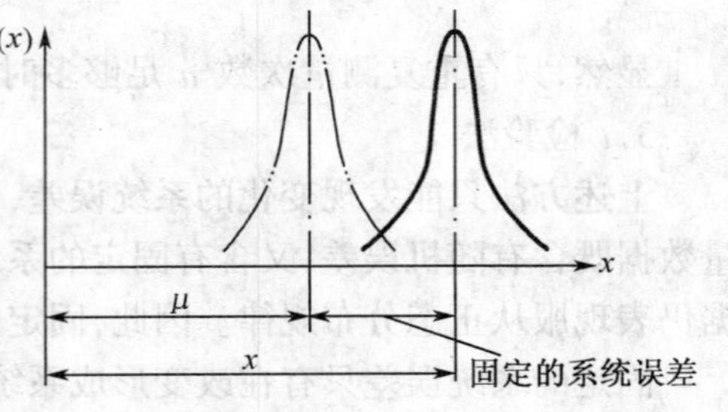

图 11 – 5　有固定系统误差的正态分布图

11.5.2　系统误差的消除

为使测量结果准确,应尽力把系统误差消除。消除系统误差有以下几个基本方法。

1.消除产生系统误差的因素

采用完善的测量方法,正确地安装和使用仪器设备,保持稳定的测量条件,防止外界的干扰,定期检查仪器设备等等,避免系统误差的产生。

2.对测量值引入修正值

研究、掌握系统误差的规律,测量前对测量系统进行校正(最好现场标定),取得仪器示值与准确值之间的关系,确定各种修正曲线或修正公式,以便对测量值进行修正,消除系统误差的影响。

3.使系统误差相互抵消

在测量过程中选择适当的方法,使系统误差抵消而不致带进测量值中。可以改变某些测量条件(例如测量方向),使两次测量值的误差大小相等、符号相反,取其平均值以消除系统误差。另外,可以使系统误差随机化,例如用度盘计量某角度,尽管度盘各部分刻度的误差大小和正负都不一样,但可在各个不同位置测角度,其系统误差时大时小、时正时负,在一定程度上被随机化了,由此抵消部分误差。

由于产生系统误差的原因是多方面的,它与测量系统的情况有密切的关系。因此,没有统一的方法消除系统误差,必须根据具体情况采取相应的措施。

11.6　测量数据的处理和表达

在测试过程中,所获得的初始测量数据,常常需要利用上述的误差判断原理,对数据整理或进一步推算出其他参量。这些原始数据和一系列计算结果需要用最合适的方式表示出来。在测试中的数据处理主要步骤是:首先对原始数据进行系统误差的判别,消除系统误差以后进行粗大误差的判别,最后用合理的表达方式表示出来。

由于测量方式不同,对测量误差的分析处理方法及步骤也不同。测量本身有直接测量与间接测量之分,某些量可以对它进行多次测量,而另一类瞬态过程量的测量却只能是一次性的,下面将对以上几种情况下的测量数据的处理和表达予以介绍。

11.6.1　直接测量数据处理步骤

1.一次性直接测量

在无粗大误差的前提下,一次性直接测量的误差是由所使用的仪表精度来决定的。在这种测量中一方面要注意正确选择仪表的精度及量程,另一方面要小心谨慎,不要引入人为的粗大误差。例如,在已知仪表精度及满量程值时,测量值 X 的测量精度可以用其绝对误差表示,写作 $X = x \pm \delta$。

2.多次重复性直接测量

在进行等精度多次重复性直接测量的误差计算时,我们假设它不含系统误差,这时在对某量 L 进行了多次测量之后,对其数据的处理可按下述步骤进行。

(1)求算术平均值

$$\bar{x} = \frac{\sum_{i=1}^{n} x_i}{n}$$

(2)求 ν_i,并检查 $\sum_{i=1}^{n} \nu_i$ 是否满足等于零的条件,若满足,则表明计算正确。如不考虑计算中的舍入误差的话

$$\nu_i = x_i - \bar{x}$$

及

$$\sum_{i=1}^{n} \nu_i = \sum_{i=1}^{n} x_i - n\bar{x}$$

(3)计算均方误差 $\hat{\sigma}$

$$\hat{\sigma} = \sqrt{\frac{1}{n-1}\sum_{i=1}^{n} \nu_i^2}$$

(4)检查有无坏值,若有坏值,应剔除掉。将坏值去除之后重复上面的步骤。

(5)若 $n < 50$ 计算出 $t_\alpha(k)(k = n - 1)$,$n > 50$ 计算出 $\sigma_{\bar{x}}$。

(6)最后写出结论：

$$n<50\text{时},X=\bar{x}\pm t_\alpha(k)\frac{\hat{\sigma}}{\sqrt{n}}\quad(P=1-\alpha)$$

$$n>50\text{时},\begin{cases}X=\bar{x}\pm\sigma_{\bar{x}} & (P=68.3\%)\\ X=\bar{x}\pm2\sigma_{\bar{x}} & (P=95.5\%)\\ X=\bar{x}\pm3\sigma_{\bar{x}} & (P=99.7\%)\end{cases}$$

例 11-1 对某量进行 8 次测量，测量值分别为 802.40，802.50，802.39，802.48，802.42，802.46，802.45，802.43。

解 在此测量中认为测量量的真值保持不变，测量是等精度的，则可得

$$\bar{x}=\frac{x_1+x_2+\cdots+x_8}{8}=802.44$$

$$\hat{\sigma}=\sqrt{\frac{1}{8-1}\sum_{i=1}^{8}(x_i-\bar{x})^2}=0.04$$

测量列坏值的检查：本例用格拉布斯准则检验，取显著性水平 $\alpha=0.01$，查表 11-4 得 $G_0(8,0.01)=2.22$，则 $G_0(8,0.01)\hat{\sigma}=2.22\times0.04=0.089$，检查各测量列的残差得 $|\nu_i|=|x_i-\bar{x}|<G_0(8,0.01)\hat{\sigma}$，可知各测量值没有包含过失误差引起的坏值，测量工作正常。

选定置信概率 P：本例选 $P=1-\alpha=0.99$，即取显著性水平为 $\alpha=0.01$，按自由度 $k=n-1=7$，查 t 分布表 11-2 得

$$t_\alpha(k)=t_\alpha(7)=3.50$$

测量结果为

$$X=\bar{x}\pm t_\alpha(k)\frac{S}{\sqrt{n-1}}=\bar{x}\pm t_\alpha(k)\frac{\hat{\sigma}}{\sqrt{n}}$$

$$=802.44\pm3.50\frac{0.04}{\sqrt{8}}=802.44\pm0.05\quad(P=0.99)$$

11.6.2 间接测量数据处理步骤

1.一次性间接测量

由于间接测量的误差是由直接测量的误差通过一定的函数关系计算出来的，而一次性直接测量的误差是由仪表精度决定的。因此，在一次性间接测量的误差计算中，首先按仪表精度给出直接测量的误差范围，再由下式计算出间接测量值的误差 $\Delta\varphi$

$$\Delta\varphi=\frac{\partial f}{\partial x}\Delta x+\frac{\partial f}{\partial y}\Delta y+\frac{\partial f}{\partial z}\Delta z+\cdots+\frac{\partial f}{\partial u}\Delta u$$

测量结果为

$$\Phi=\bar{\varphi}\pm\Delta\varphi$$

2.多次重复性间接测量

设被测量量 Φ 与各直接测量量 $X,Y,Z,\cdots,U$ 等有如下函数关系

$$\Phi=f(X,Y,Z,\cdots,U)$$

误差分析与估计的步骤如下。

(1)计算各直接测量量 $X,Y,Z,\cdots,U$ 的算术平均值及算术平均值的标准误差，同多次重复性直接测量的误差计算相同。

(2)检查坏值是否存在，若存在须剔除。

(3)利用 $\bar{\Phi}=f(\bar{X},\bar{Y},\bar{Z},\cdots,\bar{U})$ 求出 Φ 的平均值和标准方差

$$\bar{\Phi}=f(\bar{X},\bar{Y},\bar{Z},\cdots,\bar{U}) \tag{11-25}$$

$$\sigma_{\Phi}=\sqrt{\left(\frac{\partial f}{\partial x}\right)^2\sigma_x^2+\left(\frac{\partial f}{\partial y}\right)^2\sigma_y^2+\cdots+\left(\frac{\partial f}{\partial u}\right)^2\sigma_u^2} \tag{11-26}$$

(4)求 Φ 的极限误差。若 $n<50$ 计算出 $t_\alpha(k)(k=n-1)$,$n>50$ 计算出 $\sigma_{\bar{\varphi}}$。

(5)最后写出结论:

$$n<50\text{时},\Phi=\bar{\varphi}\pm t_\alpha(k)\frac{\hat{\sigma}_\varphi}{\sqrt{n}}\quad(P=1-\alpha) \tag{11-27}$$

$$n>50\text{时},\begin{cases}\Phi=\bar{\varphi}\pm\sigma_{\bar{\varphi}} & (P=68.3\%)\\ \Phi=\bar{\varphi}\pm 2\sigma_{\bar{\varphi}} & (P=95.5\%)\\ \Phi=\bar{\varphi}\pm 3\sigma_{\bar{\varphi}} & (P=99.7\%)\end{cases}$$

例 11-2　某柴油机在某一稳定工况下运行,对其输出扭矩 M 及转速 n 进行 10 次测量,测量值列于下表,试求该工况下的有效功率 P_e。

解　在发动机稳定工况下测量,可以认为其输出扭矩真值保持不变,测量是等精度的,则:

(1)列表计算,计算结果见表 11-6。

表 11-6　各种数值的计算

序号	M_i/(N·m)	$M_i-\bar{M}$	$(M_i-\bar{M})^2$	$\bar{n}$	$n_i-\bar{n}$	$(n_i-\bar{n})^2$
1	434	-1.2	1.44	1 001	2.4	5.76
2	436	0.8	0.64	1 002	3.4	11.56
3	432	-3.2	10.24	999	0.4	0.16
4	439	3.8	14.44	996	-2.6	6.76
5	431	-4.2	17.64	995	-3.6	12.96
6	441	5.8	33.64	1 001	2.4	5.76
7	435	-0.2	0.04	997	-1.6	2.56
8	434	-1.2	1.44	996	-2.6	6.67
9	436	0.8	0.64	1 001	2.4	5.76
10	434	-1.2	1.44	998	-0.6	0.36
计算结果 $\sum$	$\bar{M}=435.2$	0	81.6	$\bar{n}=998.6$	0	58.4

(2)标准差估计值

$$\hat{\sigma}_M=\sqrt{\frac{81.6}{10-1}}=3.01$$

$$\hat{\sigma}_n=\sqrt{\frac{58.4}{10-1}}=2.55$$

(3)各直接测量列坏值检查

参数 M 各测量值检查:用格拉布斯准则检验,取显著性水平 $\alpha=0.05$,查表 11-4 得 $G_0(10,0.05)=2.18$,则 $G_0(10,0.05)\hat{\sigma}_M=2.18\times3.01=6.54$,检查各测量列的残差得 $|\nu_i|=|M_i-\bar{M}|<G_0(10,0.05)\hat{\sigma}_M$,可知各测量值没有包含过失误差引起的坏值。

参数 n 各测量值检查:仍用格拉布斯准则,取显著性水平 $\alpha = 0.05$,查表 11 - 3 并计算 $G_0(10,0.05)\hat{\sigma}_n = 2.18 \times 2.55 = 5.56$,检查各 $|n_i - \bar{n}|$。检查结果,n 的各测量值均有效。

(4)根据函数关系计算间接测量参数的平均值和标准差

由 $P_e = \dfrac{M \cdot n}{9\,550}$ (kW)推得

$$\frac{\partial P_e}{\partial M} = \frac{n}{9\,550},\ \frac{\partial P_e}{\partial n} = \frac{M}{9\,550}$$

将有关数据代入式(11 - 25)和式(11 - 26),得

$$\bar{P}_e = \frac{\bar{M} \cdot \bar{n}}{9\,550} = \frac{435.2 \times 998.6}{9\,550} = 45.5\ (\text{kW})$$

$$\hat{\sigma}_{P_e} = \sqrt{\left(\frac{\partial P_e}{\partial M}\right)^2 \hat{\sigma}_M^2 + \left(\frac{\partial P_e}{\partial n}\right)^2 \hat{\sigma}_n^2} = \sqrt{\left(\frac{998.6}{9\,550}\right)^2 \times 3.01^2 + \left(\frac{435.2}{9\,550}\right)^2 \times 2.55^2} = 0.336$$

(5)选定置信概率 P(本例取 $P = 0.95$,即置信水平 $\alpha = 0.05$),按自由度 k(本例 $k = 10 - 1 = 9$),查 t 分布表 11 - 2 得 $t_{0.05}(9) = 2.26$。

(6)上述有关值代入间接测量结果表达式(11 - 27)得

$$P_e = 45.5 \pm 2.26 \times \frac{0.336}{\sqrt{10}} = 45.5 \pm 0.24\ (\text{kW}) \quad (P = 95\%)$$

由此以 $P = 95\%$ 的概率确信,此柴油机在该工况下的有效功率为 45.5 ± 0.24 (kW),即其真值在 45.26 ~ 45.74 kW 之内。

11.7 测量仪器应有的分辨力

前面讨论测定值及随机误差分布规律时,将它们都看作连续的随机变量。这意味着,测量值的变化即使微小到接近零,也能够在测量仪器上觉察出来。实际上由于测量仪器分辨性的限制,测量值及随机误差的有效数字位数是有限的,数值不等的许多测量值之间,有一个最小的差值,即引起仪器示值变化的被测信号的最小变化量,这个最小差值被称为测量仪器分辨力,或称灵敏度阈,以 ω 表示。

由于分辨力不接近于零,在计算测量列精密度参数时,就会引起误差。当分辨力大于随机误差的极限值时,多次重复测量所得测量值将完全相同,无法显示随机误差。例如用十分之一秒不能反映 0.1 s 内的变化,数字化仪器在 ±1 单位以内不能分辨等。

为使分辨力不接近于零而带来的误差可以忽略不计,则要求测量仪器的分辨力 ω 满足以下关系

$$\omega \leqslant \frac{1}{3}\sigma \tag{11 - 28}$$

式中 σ——测量仪器分辨力接近于零时测量列的标准差。

这称为三分之一法则,它表明了测量仪器应具有的分辨力。

灵敏度是测量仪器中一个十分重要的计量特性,它是反映测量仪器性能的重要指标,但有时灵敏度并不是越高越好。为了方便读数,使示值稳定,还需要特意降低灵敏度值。

思　考　题

1. 什么叫真值,为什么说它无法得到?

2. 误差有哪些分类方法,这些分类的依据是什么?

3. 简述测量的准确度、精密度和精确度之间的区别和联系。

4. 误差与精度有何异同之处?

5. 统计判别法的基本思想是什么?

6. 系统误差的判别方法有哪几种,简述之。

7. 消除系统误差的基本方法有哪些?

8. 测试中的数据处理主要方法是什么?

9. 什么是测量仪器灵敏度? 什么是三分之一法则?

10. 在某发动机试验中,对某一稳定工况下的扭矩 M_e 进行了 10 次等精度重复测量,所测结果如下,现求测量结果。

47.4,47.8,47.1,48.0,47.2,47.7,47.3,47.5,47.4,47.6　单位(kg·M)

11. 某直流电动机在某一稳定工况下运行,对其输入电流 I 及电压 V 进行 8 次测量来测量其输入功率,各次测量结果如下:

测量值

I/A	8.5	8.2	8.65	8.72	8.7	8.63	8.6	8.4
V/V	216	218	220	221	221	219	218	217

试求电动机的输入功率及误差。